Volker Ullrich

Vom Augusterlebnis zur Novemberrevolution

Beiträge zur Sozialgeschichte
Hamburgs und Norddeutschlands
im Ersten Weltkrieg 1914-1918

Donat Verlag · Bremen

Die Deutsche Bibliothek – CIP-Einheitsaufnahme

Volker Ullrich: Vom Augusterlebnis zur Novemberrevolution : Beiträge zur Sozialgeschichte Hamburgs und Norddeutschlands im Ersten Weltkrieg / Volker Ullrich. – Bremen : 1999, Donat
ISBN 3-931737-74-8

Lektorat: Helmut Donat, Bremen
Druck: Fuldaer Verlagsanstalt GmbH, Fulda

Inhalt

Vorwort

„Die größte aller Revolutionen hat wie ein plötzlich losbrechender Sturmwind das kaiserliche Regime mit allem, was oben und unten dazu gehörte, gestürzt. Man kann sie die größte aller Revolutionen nennen,weil niemals eine so fest gebaute, mit soliden Mauern umgebene Bastille so in einem Anlauf genommen worden ist." Mit diesen Worten begrüßte Theodor Wolff, der Chefredakteur des liberalen „Berliner Tageblatts", in einem Leitartikel vom 10. November 1918 den Zusammenbruch des deutschen Kaiserreichs. Daß am Ende des Krieges eine Revolution stehen könnte, hatte im August 1914 noch kaum jemand vorauszusagen gewagt. Denn die preußisch-deutsche Militärmacht, die sich auf gewaltige industriell-technische Ressourcen stützen konnte, galt als unbezwingbar. Die meisten, die blumenumkränzt in den Krieg zogen, rechneten mit einem raschen Sieg und glaubten, spätestens Weihnachten wieder zurück zu sein. Doch mit dem Scheitern des deutschen Feldzugplans an der Marne Anfang September 1914 war der Krieg bereits verloren. Hätten die Machthaber im wilhelminischen Deutschland mehr Realitätssinn und Verantwortungsgefühl besessen – sie hätten schon damals den von ihnen provozierten Kampf um die Vorherrschaft in Europa abbrechen müssen. Doch selbst noch im September und Oktober 1918, als die militärische Niederlage sich nicht mehr verheimlichen ließ, weigerten sie sich, freiwillig abzutreten. Erst die revolutionäre Bewegung der Arbeiter und Soldaten von Anfang November setzte dem kaiserlichen Obrigkeitsstaat ein Ende und fegte die Monarchien in Deutschland hinweg.

Dieses Buch schildert am Beispiel der Großstadt Hamburg und der norddeutschen Küstenregion, wie sich der Widerstand gegen den Krieg im Laufe von vier Jahren aus kleinsten Anfängen zu einer Massenbewegung entwickelte. Das vielbeschworene „Erlebnis" des August 1914 war zwar von Anfang an eine Fiktion; hinter der trügerischen Fassade nationaler Eintracht verbargen sich tiefgreifende gesellschaftliche Spannungen, die sich während des Krieges außerordentlich verschärften. Dennoch war der Protest gegen Krieg und Burgfrieden zunächst auf kleine Zirkel, vor allem im linken Spektrum der sozialdemokratischen Arbeiter- und Jugendbewegung, beschränkt. Der Entwicklung dieser frühen Opposition gilt ein besonderes Augenmerk, ebenso jenen beiden Gruppierungen, die aus den Spaltungsprozessen der Sozialdemokratie im Ersten Weltkrieg hervorgingen: der Unabhängigen Sozialdemokratischen Partei Deutschlands (USPD) und den Linksradikalen. Ihre Frühgeschichte ist in der bisherigen Forschung stark vernachlässigt worden, was wohl vor allem damit zusammenhängt, daß beide Organisationsansätze gegenüber der Konkurrenz der Mehrheitssozialdemokratie deutlich unterlegen blieben. Doch auch radikale Minderheiten können – in bestimmten historischen Konstellationen – eine große Bedeutung erlangen. Daß im Oktober 1918 die Bewegung gegen den Krieg eine systemsprengende Kraft gewann, dafür hatten die oppositionellen Kräfte in der Sozialdemokratie entscheidende Vorarbeit geleistet.

Ihre eigentliche Dynamik erhielt die Antikriegsbewegung durch den sich radikalisierenden Sozialprotest – zum einen durch die Hungerrevolten, die vor allem von Arbeiterfrauen und deren Kindern initiiert wurden, zum anderen durch Streiks in der Rüstungsindustrie, in denen die kampferprobte, klassenbewußte Werft- und Metallarbeiterschaft an der Wasserkante eine herausragende Rolle spielte. Die große Streikbewegung von Ende Januar 1918, die hier vergleichend für Kiel, Hamburg und Bremen betrachtet wird, war in mancherlei Hinsicht eine Generalprobe für die Novemberrevolution zehn Monate später.

Zur Symbolfigur des Widerstands gegen den Krieg wurde Karl Liebknecht, der als einziger sozialdemokratischer Reichstagsabgeordneter im Dezember 1914 gegen die Kriegskredite gestimmt hatte. „Hoch Liebknecht! Hoch die Republik!“ – lautete eine Parole des Antikriegsprotests. Nach der Umwälzung vom November 1918 setzte eine beispiellose Hetze gegen die Führer des Spartakusbundes ein. „Guter deutscher Michel, wie lange noch wirst du dir von der Spartakusgöre auf der Nase herumtanzen lassen?“ fragte eine Karikatur des „Kladderadatsch“ von Ende 1918, die auf dem Umschlag dieses Buches zu sehen ist. Auf diese Frage gaben die von Gustav Noske, dem mehrheitssozialdemokratischen Volksbeauftragten für Heer und Marine, befehligten Freikorps am 15. Januar 1919 eine eindeutige Antwort. Rosa Luxemburg und Karl Liebknecht wurden ermordet; die revolutionäre Linke verlor ihre besten Köpfe. Was im November 1918 so hoffnungsvoll begonnen hatte, wurde in den bürgerkriegsähnlichen Kämpfen des Jahres 1919 blutig erstickt.

„Man blickt im Geiste um sich, lauter Ermordete", notierte der Anarchist Erich Mühsam nach der Niederwerfung der Münchner Räterepublik Anfang Mai 1919. „Nie ist in Rußland derartig gewütet worden ... Das ist die Revolution, der ich entgegengejauchzt habe. Nach einem Jahr ein Bluttümpel. Mir graut."

I. Vereinzelt gefaßte Menschen

Das „Augusterlebnis" – Wunschbild und Wirklichkeit

Im August 1914 zogen die Deutschen begeistert in den Krieg – so konnte man es bis vor kurzem in allen Geschichtsbüchern lesen, aber auch in repräsentativen Werken der deutschen Geschichtswissenschaft. In der vielgepriesenen „Deutschen Geschichte" in der Zeit des Kaiserreichs von Thomas Nipperdey etwa heißt es: „Im August 1914 ergriff eine gewaltige Woge der Kriegsbegeisterung die Deutschen. Für sie war der Krieg ein Verteidigungskrieg. Das Vaterland war in Gefahr, man mußte es schützen ... Die nationale Zusammengehörigkeit im Moment von Bedrohung und Krise war ein Urerlebnis ... Kaum jemand konnte sich dieser Stimmung, diesem 'Erlebnis' des August 1914 entziehen."[1]

Diese zum Klischee erstarrte Vorstellung ist in den letzten Jahren von jüngeren Historikern zunehmend in Frage gestellt und in entscheidenden Punkten korrigiert worden.[2] An ihren Befunden gibt es kaum mehr etwas zu deuteln: Ein „Augusterlebnis" im Sinne einer alle Bevölkerungsschichten gleichermaßen erfassenden und mobilisierenden begeisterten Zustimmung zum Krieg hat es nicht gegeben. Es war ein Wunschbild, das in der zeitgenössischen Rhetorik der Kriegsapologeten beschworen, in der revisionistischen Nachkriegsliteratur ausgemalt sowie von der konservativen Geschichtsschreibung gern und ungeprüft übernommen wurde. In Wirklichkeit waren die Reaktionen auf die drohende Kriegsgefahr Ende Juli 1914 und auf den Beginn des Krieges Anfang August sehr viel komplizierter und widersprüchlicher. Dies soll im folgenden noch einmal am Fall Hamburgs gezeigt werden, wobei sich das Beispiel auch auf andere Großstädte des Kaiserreichs beziehen läßt.[3]

Der Hurra-Patriotismus der Bürger

Am Abend des 25. Juli 1914 wurde in Hamburg die Nachricht vom Abbruch der diplomatischen Beziehungen Österreich-Ungarns zu Serbien bekannt. Sie führte zu spontanen

Kundgebungen der Solidarität mit der Habsburger Monarchie. Ein Bedürfnis, Genaueres zu erfahren, trieb die Menschen zu Tausenden auf die Straße. Vor den Redaktionen der großen bürgerlichen Zeitungen der Hansestadt bildeten sich Trauben von Neugierigen, die sich um die noch druckfeuchten Extrablätter rissen und die Neuigkeit von Mund zu Mund verbreiteten. Rathausmarkt und Jungfernstieg boten ein Bild wie sonst nur am Vorabend des Hamburg-Derbys, und auch die Caféhäuser und Lokale waren bis auf den letzten Platz besetzt. „Daß der Abbruch der diplomatischen Beziehungen nicht unbedingt einer Kriegserklärung gleich zu achten sei, wollte man gar nicht wahrhaben. Niemand wollte etwas von der Möglichkeit eines friedlichen Ausgleichs wissen“, so beschrieb der „Hamburger Correspondent“ die Stimmung.[4] Am höchsten schlugen die Wogen patriotischer Erregung im Alsterpavillon am Jungfernstieg, einem beliebten Treffpunkt der feinen Hamburger Gesellschaft. „Die Kapelle mußte ohne Unterlaß spielen, und die Menschen, die sich dicht aneinander gedrängt um das Musikpodium geschart hatten, hatten pietätvoll die Häupter entblößt, sangen kräftig die patriotischen Lieder mit und schwenkten die Hüte durch die Luft ... Da klang der Radetzky-Marsch, und die Menge klatschte in die Hände, da klang es: Gott erhalte Franz den Kaiser, und begeistert stimmten alle ein, dann wieder drangen die Töne von Deutschland, Deutschland über alles, von Es braust ein Ruf wie Donnerhall und anderen gleich Donnerbrausen an das Ohr derer, die draußen vor den Türen des Pavillons warten mußten, weil drinnen auch nicht für einen Menschen mehr Platz gewesen wäre.“[5]

Es besteht kein Anlaß, die Zuverlässigkeit dieses Berichts aus den „Hamburger Nachrichten“ in Zweifel zu ziehen. Er deckt sich mit den Beobachtungen anderer Hamburger Presseorgane. Die „nationalen“ Kreise des Bürgertums steigerten sich in den letzten Julitagen in fortgesetzte Rauschzustände hinein, die alle Schranken kühler hanseatischer Zurückhaltung fortschwemmten. Ein Hurra-Patriotismus, lärmend und unduldsam, feierte den kommenden Krieg als großes Spektakel. Wer inmitten dieser aufgeladenen Stimmung einen kühlen Kopf behielt, Zweifel und Widerspruch anmeldete, dem erging es schlecht. „Wehe dem“ – so die „Hamburger Nachrichten“ – „der durch Sitzenbleiben

Gleichgültigkeit oder eine andere Gesinnung an den Tag legen wollte."[6] In einer „vaterländischen Kundgebung" im großen Versammlungssaal von Sagebiel am 29. Juli wurden Protestierer derart traktiert, daß es selbst dem „Hamburger Fremdenblatt" zuviel wurde: „Daß diese Störenfriede, die beim Kaiserhoch sitzen blieben, zum Verlassen des Saals aufgefordert wurden, ist verständlich. Daß hier aber gleich mit Fäusten dreingeschlagen wurde, entsprach gewiß nicht dem Ernst der Stunde."[7]

Die schrille Gereiztheit und die ungehemmte Aggressivität, mit denen Hamburger Bürger auf alle Äußerungen nichtkonformen Verhaltens reagierten, läßt erkennen, auf welch schwankendem Boden sich die „patriotische Begeisterung" bewegte. Die Kundgebungen und Umzüge in den letzten Julitagen hatten etwas Forciertes, fast Zwanghaftes. Man demonstrierte „vaterländische Gesinnung", und zwar möglichst lautstark, und erwartete dies auch von den anderen. Zweifellos haben die bürgerlichen Zeitungen diesen Konformitätsdruck verstärkt. Sie suchten den Eindruck zu erwecken, als sei das, was sich seit dem 25. Juli auf Straßen und in Lokalen abspielte, Ausdruck einer „allgemeinen Volksstimmung", der sich auch die sozialdemokratische Arbeiterschaft nicht entziehen könne. So schrieb der „Hamburger Correspondent" am 26. Juli 1914: „Bemerkenswert ist dabei, daß diese Stimmung nicht allein in nationalen Kreisen herrschte, sondern auch in Stadtteilen, die in der Mehrheit von solchen Bevölkerungsschichten bewohnt werden, wie Hammerbrook, die bei den politischen Wahlen nur sozialdemokratisch wählen, die antimilitaristische Gesinnung ihrer Führer mit keinem Wort zur Geltung kam. Auch hier wurde mit einer Selbstverständlichkeit von einem Waffengang zwischen Slawen und Germanen gesprochen."[8] Und die „Hamburger Nachrichten" wußten zu berichten, daß in einer ausschließlich von Arbeitern besuchten Wirtschaft Soldatenlieder gesungen worden seien „mit einer Begeisterung, die wirklich herzerfrischend war": „Es ist das jedenfalls ein Beweis dafür, daß das 'klassenbewußte Proletariat' im Ernstfall doch weiß, wie es sich zu verhalten hat."[9] Solche Einzelbeobachtungen können jedoch kein zuverlässiges Bild über die Haltung der Arbeiterschaft in den kritischen Tagen vor Kriegsbeginn vermitteln. Offensichtlich nahmen die Berichterstatter in den Arbeiterwohnvierteln nur das wahr, was ihrer eigenen Befindlichkeit entsprach. Ganz andere Eindrücke sammelten die Spitzel der Politischen Polizei, die in Hamburgs Arbeiterkneipen die Gespräche belauschten. „Was geht uns das an, wenn der österreichische Thronfolger ermordet worden ist? Dafür sollen wir unser Leben lassen? Wie kommen wir dazu?“ war eine typische Äußerung, und eine andere lautete: „Ich bin froh, daß ich nicht mehr mit (in den Krieg) brauche. Denn mich für andere Leute totschießen zu lassen, dazu habe ich keine Lust.“[10]

Antikriegsdemonstrationen der Arbeiterschaft

Disziplingewohnt, wie sie waren, warteten Hamburgs Sozialdemokraten das Kommando der Parteiführung ab. Endlich, am 28. Juli, rief diese zum „Protest gegen die Kriegshetze“ auf: „Erhebt Eure Stimme gegen das unsinnige Geschrei, das sich patriotische Begeisterung nennt.“ Die Resonanz war überwältigend und überraschte auch die lokale Parteileitung: „Wir haben in Hamburg-Altona-Wandsbek in den letzten Jahren viele große Volksversammlungen erlebt, so ungeheuerlich ist der Andrang nie gewesen. Keiner der großen Säle, die in Anspruch genommen waren, vermochte auch nur entfernt die immer erneut anrückenden Scharen werktätigen Volks zu fassen“, kommentierte das örtliche Parteiblatt, das „Hamburger Echo“. „Wie ganz anders diese Demonstration des Volkes als die des nationalistischen Janhagels, das sich in den letzten Tagen durch bezahlte Caféhausmusiker und sensationslüsterne Extrablätter zu chauvinistischem Rausch treiben ließ.“[11]

Kein Zweifel: Die große Mehrheit der 68 000 organisierten Hamburger Sozialdemokraten war gegen den Krieg und wollte dies auch mit Nachdruck der Öffentlichkeit vor Augen führen. Doch wie in Berlin schreckte die SPD-Führung in Hamburg davor zurück, den Massenprotest gegen den Krieg als politisches Druckmittel einzusetzen und den Demonstrationen der Hurra-Patrioten offensiv entgegenzutreten. Sie begrenzte ihre Antikriegsaktionen auf die von der Polizei genehmigten Versammlungen in geschlossenen Räumen und überließ so die Straße den kriegsbegeisterten Teilen des Bürgertums. Überdies beschränkten sich die Ausführungen fast aller Versammlungsredner auf einen Appell an die deutsche Reichsleitung, mäßigend auf die Kriegspartei in Österreich-Ungarn einzuwirken. Sie interpretierten also die deutsche Politik in der Julikrise immer noch als friedliebend – eine folgenschwere Fehleinschätzung, denn es war ja gerade die deutsche Reichsleitung, die seit Anfang Juli 1914 Wien bedrängte, möglichst rasch gegen Serbien loszuschlagen. In einigen Reden wurde bereits angedeutet, daß die Sozialdemokratie ihre Einstellung zum Kriege unter gewissen Bedingungen ändern könne. So erklärte der Bauarbeiterführer August Winnig: „Wenn es dem russischen Bären einfallen sollte, in Deutschland einzudringen, um die deutsche Arbeit und Kultur zu vernichten, würden die vaterlandslosen Gesellen, das deutsche Proletariat, Schulter an Schulter stehen, um ihn zum Lande hinauszutreiben."[12] Auf diesen traditionellen Antizarismus der deutschen Sozialdemokratie zielte die Taktik des deutschen Reichskanzlers von Bethmann Hollweg in der Julikrise. Ohne die Beteiligung der sozialdemokratischen Arbeiterschaft war, das wußte er, kein moderner "Volkskrieg" zu führen, und deshalb tat er alles, um das Zarenreich in die Rolle des Aggressors zu manövrieren.

In sozialdemokratischen Kreisen stieß die defensive Antikriegspolitik der Parteileitung zum Teil auf Unwillen, ebenso die einseitig die Chauvinisten begünstigende Haltung der Polizei. „Wir werden gewarnt vor Umzügen, und die können machen, was sie wollen, bloß weil die für den Krieg sind und die 'Wacht am Rhein' singen", beschwerte sich ein Arbeiter am 29. Juli 1914.[13] Doch nur wenige Hamburger Sozialdemokraten – vor allem aus dem Arbeiterjugendbund – brachen aus der Parteidisziplin aus und veranstalteten auf eigene Faust Gegendemonstrationen. So zog eine Gruppe junger Arbeiter am Abend des 29. Juli vor das österreichische Konsulatsgebäude und stimmte hier den Ruf „Nieder mit dem Krieg!" an.[14] Für die Hamburger Polizeibehörde war die überraschende Antikriegdemonstration Anlaß genug, um in einer Bekanntmachung vom 30. Juli weitere Umzüge und Ansammlungen zu verbieten.

Das Umschwenken der Sozialdemokratie

Am Nachmittag des 31. Juli 1914 ritt ein Offizier des Regiments Hamburg an der Spitze eines Zuges Infanterie durch die Stadt und verlas auf öffentlichen Plätzen die kaiserliche Verordnung über die Verhängung des Kriegszustands. „Die Nerven selbst des Ruhigsten" seien dadurch – so die „Hamburger Nachrichten" – „in einen Zustand erhöhter Spannung versetzt" worden.[15] Um 11 Uhr abends verbreiteten Extrablätter die Nachricht vom deutschen Ultimatum an Rußland. Einen Tag später, am 1. August gegen 6 Uhr abends, wurde die deutsche Mobilmachung bekannt. Der Krieg war zur Gewißheit geworden, und das wirkte offenbar abkühlend selbst auf jene Kreise der Bevölkerung, die ihn in den Tagen zuvor scheinbar gar nicht hatten abwarten können. „Überall" – berichtete der „Hamburger Correspondent" – hätte man die Meldung von der Mobilmachung „mit schweigendem Ernst" aufgenommen; gleichzeitig hätte sie aber auch „wie eine Befreiung von dem lähmenden Druck" gewirkt, „der den ganzen Tag über auf der Bevölkerung gelastet hatte".[16] Diese Ambivalenz der Gefühle war charakteristisch für das unmittelbare Erlebnis des Kriegsbeginns in bürgerlichen Kreisen: patriotische Hochstimmung mischte sich mit Zukunftsangst, Euphorie und Panik lagen dicht beieinander, ja gingen manchmal unmerklich ineinander über. Über die Reaktion in den Arbeitervierteln notierte ein junger Sozialdemokrat in seinem Tagebuch: „Die Aufregung der Bevölkerung, die sich schon vorher im panikartigen Ansturm auf die Sparkassen und Lebensmittelgeschäfte geäußert hatte, wuchs. Die meisten Menschen waren niedergeschlagen, als wenn sie am folgenden Tag geköpft werden sollten."[17]

Während im ganzen Kaiserreich noch hunderttausende von Arbeitern gegen den Krieg demonstrierten, hatte der Parteivorstand in Berlin bereits Verhandlungen mit der Reichsleitung über ein gegenseitiges Wohlverhalten bei Kriegsbeginn aufgenommen. Als unmittelbare Folge der sich anbahnenden Zusammenarbeit richtete die SPD-Führung an alle Redaktionen der Parteipresse am 29. Juli 1914 die Aufforderung, sich in der Antikriegspropaganda zu mäßigen und „die gebotene Vorsicht obwalten zu lassen".[18] An diese

Weisung hat sich das „Hamburger Echo" strikt gehalten. Nach der Erklärung der „drohenden Kriegsgefahr" am 31. Juli äußerte es die Hoffnung, „daß das Unvermeidliche, dem wir uns nicht entziehen können und nicht entziehen wollen, die Bevölkerung Hamburgs in einer Stimmung trifft, die ihrer würdig ist".[19] Noch war die Furcht vor Verfolgung und Illegalisierung der Arbeiterorganisationen im Falle eines Krieges verbreitet. Deshalb hatten die Vorstände der Hamburger SPD in den letzten Julitagen Vorkehrungen getroffen, die ein Weiterarbeiten auch unter den Bedingungen verschärfter Repressionen ermöglichen sollten. Sie erwiesen sich allerdings als unnötig. Denn in der Nacht zum 1. August 1914 wurde der Senat von einer „sicheren Mitteilung" des Kriegsministers vom Vortage in Kenntnis gesetzt, daß die Sozialdemokratie „die feste Absicht" habe, „sich so zu verhalten, wie es sich für jeden Deutschen unter den gegenwärtigen Verhältnissen geziemt".[20] Der Weg zum Burgfriedensschluß war damit vorgezeichnet.

Am 1. August schwenkte das „Hamburger Echo" – wie die meisten anderen SPD-Zeitungen – endgültig auf die Linie der Kriegsbefürwortung ein: „Deutschland steht heute, wenn nicht alle Anzeichen trügen, am Vorabend eines Verteidigungskrieges gegen den verbrecherischen Zarismus. Was in diesem Augenblick höchster Gefahr unser Land und seine Kultur schützen kann, ist vor allem eins: Unbedingtes Zusammenhalten aller Kräfte, die ehrlich um des Volkes Wohl bemüht sind."[21] In den folgenden Tagen und Wochen wurde das antizaristische Feindbild noch zusätzlich emotional aufgeladen und mit rassistischen Elementen versetzt, die bereits Anklänge an die nationalsozialistische Propaganda im Zweiten Weltkrieg erkennen lassen. Daß der „asiatische Kulturschädling" das deutsche Volk heimtückisch überfallen hätte, daß die „Höhlenbewohner von Gatschina" eine tödliche Gefahr für die deutsche Kultur darstellten, das Deutsche Reich stellvertretend einen „heiligen Krieg für die Menschheit" führen und „Europa gegen Asien" verteidigen müsse: das alles war – eines der beschämendsten Kapitel der SPD-Geschichte – im „Hamburger Echo" zu lesen.[22] Gleichzeitig suchte das sozialdemokratische Parteiblatt, den Mitgliedern und Anhängern weiszumachen, daß die deutsche Reichsleitung vollkommen unschuldig am Ausbruch des Krieges sei, daß sie sich vielmehr „bis zum letzten Augenblick ... um die Erhaltung des Friedens bemüht“ habe.[23] Jede kritische Distanz zur wilhelmischen „Weltpolitik“ war damit preisgegeben; auf nichts anderes zielte diese Propaganda als auf die widerspruchslose Identifikation der sozialdemokratischen Arbeiterbewegung mit den Kriegsanstrengungen der herrschenden Eliten im Kaiserreich.

Es verwundert nicht, daß der radikale Schwenk der Parteiführung viele SPD-Mitglieder, die noch wenige Tage zuvor gegen den Krieg demonstriert hatten, aufs höchste irritieren mußte. Desorientierung und Ratlosigkeit waren die Folge. Für manchen Sozialdemokraten brach eine Welt zusammen. Nach „der großen Enttäuschung über die sozialdemokratische Parteiführung“ habe er nicht mehr so recht gewußt, wohin er gehörte, erinnerte sich Robert Neddermeyer[24], und wie ihm ging es vielen anderen. Der sichere Ort sozialdemokratischer Gegenkultur mit ihren eindeutigen Orientierungen und Verhaltensmustern schien auf einmal nicht mehr zu existieren.

Man muß wohl annehmen, daß die systematisch geschürte antirussische Haßpropaganda und die damit verbundene Beschwörung eines „gerechten Verteidigungskrieges“ auf viele plötzlich orientierungslos gewordene Sozialdemokraten nicht ohne Einfluß blieben. Teile der SPD-Anhängerschaft wurden nun in den Strudel des Chauvinismus hineingerissen. Dennoch kann auch für die Tage nach dem 1. August 1914 nicht von einer allgemeinen Kriegsbegeisterung in der Arbeiterschaft gesprochen werden, eher von einem Gefühl der Resignation. Man hatte den Krieg nicht verhindern können, nun galt es, sich damit abzufinden. Was die „Bremer Bürgerzeitung“ am 3. August 1914 über die Mobilmachung in der Hansestadt berichtete, galt auch für Hamburg und andere Großstädte: „Wer gesehen hat, wie gestern die jungen Proletarier in dichten Scharen einrückten unter die Fahnen, wie sie ernst und sachlich und ohne Sentimentalität, aber auch mit gepreßten Lippen und ohne Begeisterung dahinzogen, der weiß: Es ist kein Krieg, von dem die Völker wissen!“[25] Und der junge Bremer Sozialdemokrat Wilhelm Eildermann hielt Anfang August 1914 in seinem Tagebuch den Eindruck fest: „Die katzenjämmerlichste Stimmung herrscht, die ich je erlebt habe. Mütter, Frauen und Bräute und die übrigen Angehörigen bringen die jungen Männer zum Zuge und weinen. Alle haben das Gefühl: es geht direkt zur Schlachtbank."[26]

Die Psychose der Mobilmachungstage

Von der ernsten Stimmung in der Arbeiterschaft stach das Treiben der Hurra-Patrioten um so deutlicher ab. In den ersten Augusttagen nahm es Züge einer regelrechten Mobilmachungspsychose an. Ein Symptom war die allenthalben grassierende Spionagefurcht, die sogenannte „Spionitis". Wer nur entfernt fremd aussah oder sich auffällig verhielt, geriet rasch in Verdacht, ein feindlicher Spion zu sein. Am 5. August 1914 berichtete das „Hamburger Fremdenblatt", „daß augenblicklich die Anzeigen wegen Spionageverdachts zu Hunderten, ja, man kann sagen zu Tausenden einlaufen".[27] Und die Hamburger Politische Polizei hatte nichts Besseres zu tun, als all den haltlosen Verdächtigungen nachzugehen. In Hamburg wie in vielen anderen Großstädten wurden harmlose Passanten, die als ausländische Agenten verdächtigt wurden, zusammengeschlagen. „Wie viel Mißbrauch, wie viele Bosheiten, Racheakte, Bestialitäten wurden in diesen gräßlichen Tagen geübt. Keiner war seines Lebens sicher", schrieb der Hannoveraner Privatdozent für Philosophie Theodor Lessing, der am 4. August als russischer Spion verhaftet wurde.[28]

Ein weiteres Merkmal der ans Pathologische grenzenden kollektiven Hysterie war die Sucht, alle ausländischen Namen und Bezeichnungen aus dem Straßenbild Hamburgs zu tilgen. Den Anfang machte das Café Belvedere, das sich in Kaffeehaus Vaterland umbenannte. Aus dem Café Boulevard wurde das Kaffee Braun, und aus dem Moulin Rouge die Jungmühle. Befriedigt konnten die „Hamburger Nachrichten" am 9. August 1914 feststellen, daß der Kriegsbeginn „mit einem kräftigen Striche diesen welschen Namensunfug hinweggefegt hat": „Auch hier Morgenluft!"[29] Unter den chauvinistischen Exzessen hatten unter anderem die Geschäfte zu leiden, die ausländische Waren anboten: „Wie die Deutschen sich gegen ausländische Produkte verhalten, grenzt bald ans Lächerliche. Engl. Marmelade ist verpönt, franz. Camembert will kein Mensch; selbst von den Bonbongläsern haben wir die Streifen einer englischen Firma entfernen müssen", klagte eine Kolonialwarenhändlerin.[30]

Dennoch: Im August 1914 schien die Welt für viele Bürger noch oder besser wieder in Ordnung zu sein. „Es hat etwas ungemein Erfrischendes, Zeuge der Erhebung eines ganzen Volkes zu sein", jubelte das „Hamburger Fremdenblatt". „Wieviel friedlicher leben wir unter uns! Wie suchen wir uns in die Verhältnisse zu finden, wie macht uns die eiserne Zeit menschlich weich! Und dann: wie schön solide können wir sein! Um 11 Uhr erlischt das Licht, das sonst seine hellen Reflexe aus den großen Wirtschafts-Lokalitäten auf die Straße warf, und verlassen und öde liegen die Straßen. Die gewaltige Elbmetropole macht nach 11 Uhr den Eindruck einer verschlafenen Kleinstadt."[31]

Der Krieg hatte – so schien es – die Gegensätze zwischen den Klassen aufgehoben, die Kämpfe zwischen den Parteien stillgelegt und eine einzige große „nationale Verteidigungsgemeinschaft" gestiftet. „Und es gibt keine Parteien mehr unter uns, keine Unterschiede. Wir sind ein Volk, das jetzt nur ein Gedanke beherrscht: das Vaterland zu verteidigen", schrieben die „Hamburger Nachrichten" am 6. August.[32] Nach den heftigen innenpolitischen Auseinandersetzungen der Vorkriegszeit empfanden viele zeitgenössische Beobachter diese Wendung der Dinge als ein Wunder, und sie nannten es „Augusterlebnis". Und auch die Historiker haben sich davon bis noch vor nicht allzulanger Zeit derart blenden lassen, daß sie es für müßig hielten, einmal einen Blick hinter die Fassade zu werfen.

Die Drohung mit der sozialen Revolution

Der Kriegsalltag sprach bereits im August 1914 eine andere Sprache, die nichts zu tun hatte mit den Beschwörungsformeln von „nationaler Gemeinschaft" und „Burgfrieden". Obwohl bereits in den ersten Kriegswochen ein großer Teil der wehrfähigen Männer einberufen wurde, kam es zu einer Massenarbeitslosigkeit, wie es sie lange nicht mehr gegeben hatte. In Hamburg machte sie sich besonders bemerkbar, weil hier mit Kriegsbeginn der Schiffsverkehr fast schlagartig aufhörte. Viele Geschäfte und Betriebe wurden in Mitleidenschaft gezogen, Lohnkürzungen und Entlassungen waren die Folge. Im August/September registrierten die Behörden in Hamburg rund 30 000 Arbeitslose (ein Zehntel aller Beschäftigten), darunter viele Hafenarbeiter, die sich plötzlich fast jeder Beschäftigungsmöglichkeit beraubt sahen. Ein „Notschrei aus Hafenarbeiterkreisen" beklagte am 11. August: „Waren die Arbeitsverhältnisse für einen Teil der Hafenarbeiter schon vor Ausbruch des Krieges sehr schlechte, so hat der jetzige Zustand namenloses Elend heraufbeschworen."[33] Da die Arbeitslosen keine staatliche Unterstützung bezogen, mußten sie sich an die „Kriegshilfe" – eine bei Kriegsbeginn eingerichtete Wohltätigkeitsorganisation – oder, was noch demütigender war, an die öffentliche Armenpflege wenden. Am 13. August war im „Hamburger Echo" zu lesen: „Der Notstand in den Familien der Arbeitslosen ist ungeheuerlich und wird sich zu einer Katastrophe auswachsen, wenn die bürgerlichen Verwaltungsbehörden noch länger zögern, diesem grenzenlosen Elend abzuhelfen."[34] Eine Woche später, am 20. August hieß es, daß in „den ärmeren Stadtteilen ... die Not unendlich groß ist, ja, daß vielfach schon direkt gehungert wird".[35] In einer Eingabe an den Hamburger Senat von Mitte August 1914 drohten arbeitslos gewordene Landsturmleute: „In nächster Zeit wird hier auch Krieg geführt werden, da schlägt der Mann die Frau und Kinder tot, der Tod ist doch leichter als das Verhungern."[36]

An die Familien der eingezogenen Soldaten zahlten Reich und Kommunen zwar eine Kriegsunterstützung, doch war diese viel zu niedrig bemessen, um die Verteuerung der Lebenshaltungskosten auszugleichen. Viele Familien konnten ihre Miete nicht mehr bezahlen und wurden auf die Straße gesetzt. Die Zahl der Obdachlosen verdoppelte sich im August 1914 auf 16 000 (gegenüber 7 000 im Juli). In einem anonymen Schreiben von Ende August wurde der Senat aufgefordert, einen Zahlungsaufschub für Mieten zu erwirken oder „ganz schnell Baracken zu bauen", weil es sonst „ein großes Unglück" gebe. „Viele Tausende sind brotlos, hungern und dürsten, wissen nicht ein noch aus und in den nächsten Tagen werden unzählige Familien erbarmungslos auf die Straße gesetzt werden ... Ich habe mein Testament gemacht! Habe mich mit allem abgefunden – kann nicht mehr als verhungern u(nd) auf der Straße umkommen. – Zum Betteln und Stehlen tauge ich nicht! Schafft der Staat jetzt nicht sofort Wandel, Arbeit u(nd) Verdienst ..., so wird die Erbitterung des Volkes des sich um nichts kümmernden, laxen, wohlgeborgenen Hamburger Staates so groß, daß eine Umwälzung, Krawalle, Revolution, Einbruch über Einbruch unausweichlich werden."[37] Zum ersten Mal klingt hier an, was dann im weiteren Verlauf des Krieges immer deutlichere Konturen gewann: die Drohung mit der sozialen Revolution.

Der zitierte anonyme Brief ist unterschrieben: „In toller Verzweiflung!" Das war die andere Seite des „Augusterlebnisses", die von der Geschichtsschreibung lange Zeit sträflich vernachlässigt worden ist. Am 16. August 1914, zur selben Zeit, als die Spalten der Zeitungen voll waren mit Siegesmeldungen, vertraute ein junger Hamburger Sozialdemokrat seinem Tagebuch an: „Wegen Einberufung der Genossen mußte ich Parteibeiträge kassieren – Wohnungselend, Kummer verlassener Frauen, Arbeitslosigkeit, Mutlosigkeit, vereinzelt gefaßte Menschen."[38]

Nach der relativ günstigen wirtschaftlichen Entwicklung der Vorkriegsjahre, die auch den Arbeitern eine zwar bescheidene, aber doch stetige Steigerung der Reallöhne beschert hatte, mußte die plötzlich hereinbrechende Notlage von den betroffenen Familien doppelt schwer empfunden werden. Schon die ersten Kriegswochen enthüllten, wie trügerisch die Parole von der „nationalen Gemeinschaft", wie brüchig der proklamierte innenpolitische „Burgfriede" war. Diese Erfahrung wirkte nach, auch als seit Oktober 1914 die Arbeitslosigkeit infolge fortgesetzter Einberufungen und vermehrter Heeresaufträge zurückging. Die Normalität des Vorkriegsalltags stellte sich nicht wieder her. Im Gegenteil, der Krieg entfaltete, je länger desto mehr, seine zerstörerischen Kräfte auch an der sogenannten „Heimatfront". Denn die Materialschlachten, die seit dem Übergang zum Stellungskrieg im Herbst 1914 das Kriegsgeschehen bestimmten, verschlangen nicht nur immer mehr Soldaten und Kriegsgerät, sie verlangten auch eine rücksichtslose Ausnutzung aller ökonomischen, technischen und menschlichen Ressourcen. Überlange Arbeitszeiten, mangelnde Betriebsicherheit, sinkende Reallöhne, chronische Unterernährung prägten in zunehmendem Maße den Arbeitsalltag im Ersten Weltkrieg.

Seit dem Scheitern des Blitzkriegs im Westen wurden die Verlustlisten länger und länger. Immer häufiger überbrachten Briefträger die Nachricht „gefallen“. Nach Hause kamen nicht die Männer, die so siegesgewiß ausgezogen waren, sondern gräßlich verstümmelte Verwundete, Invaliden, Krüppel. Schon Anfang Oktober 1914 war von der Euphorie der Augusttage auch in Hamburg nichts mehr zu spüren. „Die Stimmung ist so gedrückt, keine Fahne, kein Extrablatt – man weiß nicht, was noch werden mag“, schrieb eine Hamburger Kolonialwarenhändlerin ihrem Mann ins Feld, und Ende des Monats klagte sie: „Wenn doch dieser schreckliche Krieg erst zu Ende wäre! Nichts wünschen die Menschen mehr herbei als das Ende dieses unseligen Krieges.“[39]

II. Disziplinierung nach innen

Die frühe Opposition in der Sozialdemokratie 1914/15

Die Entscheidung der sozialdemokratischen Reichstagsfraktion vom 4. August 1914, den Kriegskrediten zuzustimmen, bedeutete, obwohl sie in Struktur und Entwicklung der SPD vor 1914 angelegt war, dennoch einen Wendepunkt in der Geschichte der Partei. Zum ersten Mal stellte sie sich erklärtermaßen auf den Boden des bestehenden wilhelminischen Staates – und hoffte, durch diese Vorleistung endlich ihre faktische Ausnahmestellung beseitigen und die gleichberechtigte Teilhabe am politischen Leben erreichen zu können. Die Gewerkschaftsleitungen folgten der SPD und setzten in einer Parallelaktion die Unterstützung aller Lohnbewegungen und Streiks für die Kriegszeit aus, womit die Politik des „Burgfriedens" erst etabliert wurde.[1]

Es war allerdings auch klar, daß diese Wende in der SPD nicht unwidersprochen bleiben konnte, daß sie vielmehr die vor 1914 bestehenden Richtungskämpfe verschärfen und die Partei vor eine Zerreißprobe stellen mußte. Zweifelsohne stieß die Bewilligung der Kriegskredite bei einer Mehrheit der Parteimitglieder auf Zustimmung, und zwar vor allem deshalb, weil sie – wie die Parteiführung – der subjektiv ehrlichen, aber grundfalschen Überzeugung waren, daß das Deutsche Reich sich einer russischen Aggression erwehren müsse, also einen Verteidigungskrieg gegen den verhaßten Zarismus führe. Andererseits wirkte die Koppelung der Kriegskreditbewilligung mit der Proklamation des "Burgfriedens" auf viele Sozialdemokraten auch irritierend. Wurden damit nicht geheiligte Parteiprinzipien verletzt, ja, die Hoffnungen auf eine sozialistischen Veränderung der Gesellschaft verabschiedet?

Schon bald nach Kriegsausbruch begann sich an vielen Orten die Opposition linker Sozialdemokraten gegen die Politik des 4. August zu formieren. Allerdings waren ihre Aktivitäten zunächst noch unorganisiert und unkoordiniert – ein Beweis dafür, wie wenig sich die Linke in der SPD vor 1914, allen Vorwürfen der „Sondernbündelei" zum Trotz, bereits fraktionell verselbständigt hatte. Symptomatisch war, daß ein von Rosa Luxemburg und Franz Mehring noch am Abend des 4. August 1914 unternommener Versuch, Gleichgesinnte nach Berlin zusammenzutrommeln, fast überall auf Ablehnung stieß. In ihrem Antwortschreiben vom 5. August verwies Clara Zetkin aus Stuttgart auf den entscheidenden Grund: Eine Protestaktion wie die angestrebte würde nur offenbaren, „daß wir völlig isoliert in der Luft stehen und wie klein und ohnmächtig wir sind".[2]

Tatsächlich bot die Massenstimmung zu Beginn des Krieges den Linken in der Sozialdemokratie, die nicht ins Lager der Kriegsbefürworter wechselten, nur wenig Anknüpfungspunkte. Zwar regte sich vielerorts Unzufriedenheit über die sich rasch einstellenden Beschwernisse des Kriegsalltags – über die in den ersten Kriegswochen stark zunehmende Arbeitslosigkeit, über Preissteigerungen für Lebensmittel, auch über die unzureichende finanzielle Unterstützung der Familien, deren Ernährer eingezogen worden waren. Doch wurden solche kritischen Stimmungen im August und September 1914 noch überlagert durch nationale Hochgefühle, denen offenbar auch Teile der Arbeiterschaft erlegen waren.[3] Die Ernüchterung setzte erst im Herbst 1914 ein, als sich die Hoffnungen auf einen raschen Sieg im Westen zerschlagen hatten.

Noch ungünstiger wurden die Aktionsmöglichkeiten der Opposition durch die veränderten politischen Rahmenbedingungen seit Kriegsausbruch beeinflußt. Mit Verkündung des Kriegszustands ging die vollziehende Gewalt im Innern auf die Militärbefehlshaber in den einzelnen Regionen, die sogenannten stellvertretenden Generalkommandeure, über. Sie nutzten die weitreichenden Vollmachten des Belagerungszustands, um „Deutschland in eine Reihe von Gewaltherrschaften" umzuwandeln.[4] Das Vereins- und Versammlungsrecht wurde weitgehend außer Kraft gesetzt, die Presse einer scharfen Zensur unterworfen. In der Praxis richteten sich die Repressivmaßnahmen vor allem gegen die oppositionellen Teile der Arbeiter- und Friedensbewegung, während sich die kooperationsbereiten Kräfte schon bald in der Rolle umworbener Partner von Zivil- und Militärbehörden wiederfanden. Dieser doppelte Kurs staatlicher Politik im Kriege begünstigte die innerparteiliche Kräfteverschiebung nach rechts und bewirkte, daß der Kampf der auseinanderstrebenden Richtungen um die Unterstützung der Mitgliedschaft unter sehr ungleichen Bedingungen geführt wurde.

Erste Widerstände gegen die Burgfriedenspolitik

In Hamburg wurde der Formierungsprozeß der oppositionellen Kräfte durch besondere, in der Entwicklung der lokalen Arbeiterorganisationen begründete Faktoren erschwert. Die Hansestadt genoß zwar seit altersher den Ruf einer „radikalen Hochburg" der Arbeiterbewegung; doch in Wirklichkeit hatte sich der Reformismus hier eine besonders starke Position erobern können. Das hing zum einen mit der gewerblichen Struktur Hamburgs als Handels- und Dienstleistungszentrum zusammen. Vor 1914 gab es nur fünf Industriebetriebe mit mehr als 1 000 Arbeitern, darunter die drei großen Werften Blohm & Voss, die Vulcan AG und die Reiherstieg-Schiffswerft. Der hochmobilen, im Qualifikationsniveau stark differenzierten Werftarbeiterschaft und den ebenfalls sehr heterogenen, stark fluktuierenden Hafenarbeitern in den Kai- und Stauereibetrieben stand die große Masse der bodenständigen, noch in handwerklich-zünftlerischen Traditionen befangenen Facharbeiter in den kleinen und mittleren Betrieben der Holz- und Bauindustrie, im Bekleidungs- und Reinigungsgewerbe, der Nahrungs- und Genußmittelindustrie, der metallverarbeitenden Industrie gegenüber. Es war kein Zufall, daß Schneider, Schuhmacher, Tischler, Zigarrenarbeiter und Maurer das Rückgrat der frühen Hamburger Arbeiterbewegung bildeten und bis 1914 die Führungspositionen in den Arbeiterorganisationen bekleideten.[5]

Zum anderen beruhte die Durchsetzungsfähigkeit des Reformismus in der Hamburger Arbeiterbewegung darauf, daß hier das bürokratische Element stark ausgeprägt war. Die Hansestadt war Sitz einiger gewerkschaftlicher Zentralverbände (zeitweilig auch der Generalkommission der Gewerkschaften Deutschlands), darüber hinaus auch Zentrum der Genossenschaftsbewegung. Die Angestellten von Gewerkschaften und Genossenschaften waren nicht nur personell und ideologisch eng miteinander verzahnt, sie übten auch beträchtlichen Einfluß auf die Parteiorganisation aus.

Zug um Zug waren vor 1914 die Schlüsselpositionen des SPD-Apparats – die Vorstände der drei Wahlkreisvereine, die Bürgerschaftsfraktion, die Zentralkommission für das Arbeiterbildungswesen und die Redaktion des lokalen Parteiblatts, des „Hamburger Echo“ – von gewerkschaftlich geschulten Funktionären besetzt worden, die, gelegentlicher „verbalradikaler“ Eskapaden zum Trotz, einen bedächtigen, auf Ausgleich und Arrangement mit dem hanseatischen Bürgertum gerichteten Reformkurs steuerten.[6] Die wenigen profilierten Vertreter der Linken hatten hingegen weder stabile Machtpositionen in der Parteiorganisation aufbauen noch feste Kontakte zu den kämpferischen Teilen des Hamburger Industrieproletariats, vor allem den Werft- und Metallarbeitern, herstellen können – ganz im Unterschied zum benachbarten Bremen, wo die Linke Führungspositionen im Ortsverein erringen und über die „Bremer Bürgerzeitung“ das politische Bewußtsein der Mitglieder in ihrem Sinne beeinflussen konnte.[7]

Die schwache Position der linken Sozialdemokraten in der Hamburger Arbeiterbewegung erklärt, warum sich hier die Opposition gegen Krieg und „Burgfrieden“ nicht als Bewegung ‘von unten’, von der Basis aus formierte, sondern erst allmählich aus den verstreuten Aktivitäten kleiner Zirkel herauskristallisierte. Eine führende Rolle fiel jenen sozialistischen Intellektuellen zu, die bereits vor dem Krieg als Wortführer gegen den Anpassungskurs der Hamburger SPD- und Gewerkschaftsführung aufgetreten waren: dem Schriftsteller Dr. Heinrich Laufenberg, der 1907 auf Empfehlung Franz Mehrings nach Hamburg gekommen war, um hier eine Geschichte der lokalen Arbeiterbewegung zu verfassen,[8] Dr. Carl Herz, Rechtsanwalt in Altona, der sich im Juni 1914 in einer ausgedehnten „Preßdebatte“ als Kritiker des „Hamburger Echo“ einen Namen gemacht hatte;[9] schließlich dem Schriftsteller Fritz Wolffheim, der sich nach einem längeren Aufenthalt in Amerika im Juni 1913 in der Hansestadt niedergelassen und Laufenberg eng angeschlossen hatte.[10] Dieses „Trifolium von Hamburg-Altona“ – wie es genannt wurde[11] – bildete Kern und Kristallisationspunkt der frühen Opposition in der Hamburger Arbeiterbewegung. Was die Gruppe zusammenführte, war weniger Einigkeit in theoretischen Fragen als vielmehr der gemeinsame

Wille, der Burgfriedenspolitik mit allen Mitteln entgegenzutreten. Zu diesem Zweck veranstaltete sie Zusammenkünfte mit Gleichgesinnten, bemühte sie sich um die Herausgabe und den Vertrieb von Propagandamaterial gegen den Krieg. Dabei konnte sie sich in der Anfangsphase des Krieges vor allem auf die im „Jugendbund für Hamburg-Altona" organisierte Arbeiterjugend stützen, die durch den im September 1914 bekanntgewordenen Plan des stellvertretenden Generalkommandos in Altona, die sozialdemokratische Jugendorganisation am Aufbau einer „Jugendwehr" im Bereich des Korpsbezirks zu beteiligen, förmlich in die Arme der Opposition getrieben wurde.[12]

Ihren Kampf im Rahmen der Hamburger Parteiorganisation eröffneten Laufenberg, Wolffheim und Herz mit einer gemeinsam unterzeichneten Erklärung vom 13. August 1914, dem ersten Todestag August Bebels. Darin legten sie Protest ein gegen die Berichterstattung des „Hamburger Echo", „dessen Bewertung der Ereignisse sich von der bürgerlichen Auffassung kaum unterscheidet".[13] Tatsächlich hatte sich das lokale Parteiblatt, wie die meisten sozialdemokratischen Zeitungen, das antizaristische Feindbild rückhaltlos zu eigen gemacht, wobei es auch vor rassistischen Stereotypen nicht zurückschreckte. Daß das deutsche Volk einem „Hunneneinfall" ausgesetzt sei, daß es sich der Vernichtung durch den „asiatischen Kulturschädling" und der von ihm aufgebotenen „Höhlenbewohner von Gatschina" erwehren müsse, war durchgehender Tenor der „Echo"-Leitartikel in den ersten Kriegswochen.[14] Auf der anderen Seite hatte das Blatt den Skandal der Massenarbeitslosigkeit und die Untätigkeit der Behörden zu Kriegsbeginn angeprangert, wofür es vom stellvertretenden Generalkommando in Altona mehrfach verwarnt und zeitweilig sogar mit Verbot bedroht wurde.[15] Um so mehr legte sich die Redaktion künftig eine noch größere Selbstzensur auf und stellte sich noch eifriger in den Dienst der Kriegspropaganda. Erst am 13. November 1914, als der Unmut über die neue Linie des Blattes offenbar weite Kreise gezogen hatte, sah sich die Redaktion veranlaßt, in einer „notwendigen Erklärung" der Kritik aus den eigenen Reihen entgegenzutreten. Darin wies sie den Vorwurf, die Parteigrundsätze preisgegeben zu haben, zurück, lehnte es aber zugleich ab, sich während des Krieges mit „sinn- und zwecklosen Erörterungen theoretischer und historischer Doktorfragen" zu befassen.[16] Eine von den Hamburger Parteivorständen bei den Vertrauensleuten der drei Wahlkreise eingeleitete „Tadelsaktion gegen Laufenberg, Wolffheim und andere" mußte jedoch abgebrochen werden, nachdem sich mehrere Bezirke und Distrikte im dritten Wahlkreis – dem mitgliederstärksten der Hamburger SPD – mit den gescholtenen Kritikern solidarisiert hatten.[17]

Schon diese erste Runde der Auseinandersetzung machte deutlich: Die Hamburger Parteiführung suchte, ganz in Übereinstimmung mit der Berliner Zentrale, das Problem der innerparteilichen Opposition nicht argumentativ, sondern administrativ zu lösen. Der sozialdemokratische Disziplinbegriff, ursprünglich dazu bestimmt, die Geschlossenheit und Schlagkraft der Partei nach außen zu erhöhen, degenerierte nun zum Instrument der Disziplinierung nach innen – und zwar in dem Maße, wie seit Oktober 1914 die Stimmung umschlug und die linke Minderheit an Boden gewann.

Im Dezember 1914 wagte die Opposition in der Hamburger SPD eine offene Kraftprobe, als für den verstorbenen Reichstagsabgeordneten des dritten Hamburger Wahlkreises, Wilhelm Metzger, ein Nachfolger nominiert werden mußte. Gegen den Kandidaten des Vorstands, den Vorsitzenden der SPD-Landesorganisation und Parteisekretär Heinrich Stubbe, trat Laufenberg an, und er konnte immerhin ein Drittel der abgegebenen Delegiertenstimmen auf sich vereinigen.[18]

Dieser Achtungserfolg bestärkte die Wortführer der Hamburger Opposition in der Überzeugung, eine Mehrheit der Hamburger SPD-Mitglieder für ihre Auffassungen gewinnen zu können. „In Hamburg, dem wichtigen Parteiort, leben die Vorstände in der Tat nur noch von Gnaden des Kriegszustands", schrieb Laufenberg am 14. Januar 1915 an Arthur Crispien, einen der Sprecher der Opposition in Stuttgart[19] – ein Urteil, das mehr dem eigenen Wunschdenken als der Realität entsprach. Ganz offensichtlich unterschätzte Laufenberg den Rückhalt, den die Parteiführung in Hamburg immer noch in großen Teilen der sozialdemokratischen Anhängerschaft besaß. Trotz mancher Kritik an den Unzuträglichkeiten des „Burgfriedens" war die grundsätzliche Berechtigung der Politik des 4. August unter den meisten Parteimitgliedern noch nicht umstritten. Darin wurden sie bestärkt durch das „Hamburger Echo", das seine Spalten hermetisch gegen abweichende Meinungen abriegelte und die Sprecher der Opposition als exzentrische „Quertreiber" verteufelte. Die in Schärfe und Gehässigkeit sich steigernden Angriffe gipfelten bereits im März 1915 in der Forderung, die linken Sozialdemokraten aus der Partei hinauszuwerfen. In einem Leitartikel vom 21. März 1915 „Wohin geht die Reise?" fragte die Redaktion des „Hamburger Echo": „Darf sich eine Millionenpartei gefallen lassen, daß mit ihr Schindluder gespielt wird von einigen Leuten, die eigensinnig sind und eine übertrieben hohe Meinung von sich haben?"[20]

Stellt man die große Bedeutung des lokalen Parteiblatts als Instrument der Meinungsbildung in Rechnung, so muß angenommen werden, daß die pausenlose Diffamierungskampagne des „Hamburger Echo" auf die Einstellung der Parteimitglieder zur Opposition nicht unmaßgeblich zurückgewirkt hat, zumal diese immer weniger Gelegenheit hatte, den gegen sie gerichteten Angriffen entgegenzutreten. Anfang Januar 1915 wurden die Bezirksversamlungen der SPD verboten, um den Spielraum für oppositionelle Aktivitäten an der Parteibasis zu begrenzen.[21] Gleichzeitig setzten in verstärktem Maße Versuche der Parteivorstände ein, die noch schweigende Mehrheit der Parteimitglieder zur Unterstützung ihrer Politik zu mobilisieren. Zu diesem Zweck veranstalteten sie im Frühjahr 1915 eine Serie von Versammlungen, in denen prominente Redner der Mehrheitsrichtung den seit August 1914 eingeschlagenen Kurs verteidigten. Darüber hinaus sorgten die Parteivorstände dafür, daß alle durch Einberufungen freiwerdenden Posten mit den eigenen Gesinnungsfreunden besetzt wurden. Gestützt auf die Machtmittel des Apparats und sekundiert von der höchst einseitigen Berichterstattung des „Hamburger Echo" gelang es der SPD-Führung in Hamburg, den Einfluß der oppositionellen Kräfte geringer zu halten als in anderen großstädtischen Zentren der Arbeiterbewegung. In den ersten Delegiertenversammlungen der Landesorganisation im Kriege, die sich von Juni bis August 1915 hinzogen, erlitt die Opposition eine deutliche Niederlage. Mit überwältigender Mehrheit stimmten die Delegierten einer von August Winnig eingebrachten Resolution zu, die den Vorständen für ihre „umsichtige Vertretung der Parteiinteressen" Anerkennung aussprach und alle Mitglieder aufforderte, den „unheilvollen Treibereien" der Opposition „rücksichtslos entgegenzutreten".[22]

Flankiert wurde die Ausgrenzungsstrategie der Parteioberen durch verschärfte Verfolgungsmaßnahmen seitens des stellvertretenden Generalkommandos in Altona und der Hamburger Polizeibehörde, die alle bekannten Vertreter der Opposition unter Postkontrolle stellte und deren Wohnungen überwachte. Erleichtert wurde die Arbeit der Politischen Polizei durch Denunziationen, deren Herkunft aus chauvinistisch beeinflußten Parteikreisen nicht auszuschließen ist. So gingen im Januar und Februar 1915 bei der Polizeibehörde mehrere anonyme Briefe mit der Aufforderung ein, die Wohnung des „Juden Wolffheim" zu durchsuchen und die „nötigen Schritte zu tun, diesen Hund von Kerl festzunehmen".[23] Die Anzeige hatte Erfolg: Anfang März 1915 wurde Wolffheim an die Front geschickt. Im Juli 1915 ordnete das stellvertretende Generalkommando eine Beschlagnahme der von Laufenberg und Wolffheim gemeinsam verfaßten Broschüren an; Haussuchungen folgten dem Verbot. Anfang August 1915, noch bevor die Delegiertenversammlungen der Landesorganisation beendet waren, wurde auch Laufenberg eingezogen. Die frühe Opposition in der Hamburger Sozialdemokratie hatte ihre prominentesten Sprecher verloren.[24]

Die politisch-ideologischen Vorstellungen der Hamburger Linken (Laufenberg/Wolffheim)

Im führenden Zirkel der Hamburger Opposition verständigte man sich schon frühzeitig darauf, in Auseinandersetzung mit der Burgfriedenspolitik die eigenen politisch-ideologischen Positionen zu präzisieren. Dies geschah in mehreren Abhandlungen, die im Privatdruck verlegt wurden. Mit ihrer ersten Broschüre „Imperialismus und Demokratie" vom November 1914 wollten Laufenberg und Wolffheim, ihrem eigenen Bekunden zufolge, „der Selbstorientierung der sozialdemokratischen Parteien und damit dem Wiederaufbau der Internationale den Weg bereiten" helfen.[25] In einer zweiten Schrift „Demokratie und Organisation" vom Februar 1915 ging es ihnen um die Skizzierung von „Grundlinien proletarischer Klassenpolitik", wie sie in ihren Augen der veränderten Situation des Krieges entsprachen.[26] In einer dritten, im April 1915 von Laufenberg, Wolffheim und Herz gemeinsam veröffentlichten Dokumentation war schließlich der Versuch unternommen, die SPD-Mitglieder mit den internen Vorgängen in der Hamburger Partei bekanntzumachen.[27] Mit allen drei Publikationen wollten die Sprecher der Hamburger Linken nicht nur ihren Anhängern Argumentationsmaterial an die Hand geben, sondern zugleich den Prozeß der Selbstverständigung über die Aufgaben und Ziele der Opposition voranbringen.

In ihrer Beurteilung des Krieges knüpften Laufenberg/Wolffheim an die in der deutschen Sozialdemokratie vor 1914 ausgearbeiteten Imperialismus-Analysen Rudolf Hilferdings, Rosa Luxemburgs und Karl Radeks an.[28] In „Imperialismus und Demokratie" bemühten sie sich um den Nachweis, daß die imperialistische Entwicklung vor 1914 notwendig in den Weltkrieg hatte führen müssen. Prägnant zusammengefaßt findet sich dieser Standpunkt in der Erklärung an die Redaktion des „Hamburger Echo" vom 13. August 1914: „Der jetzige Krieg ist nicht ein Krieg der Völker wider die Völker und nicht im Interesse der Völker, sondern ein Krieg im Interesse des internationalen Finanzkapitals. Er ist seiner Grundlage nach ein Krieg zwischen dem jungen, nach Ausdehnung drängenden deutschen und dem gefestigten, sich bedroht fühlenden englischen Imperialismus."[29]

Mit der Betonung des allgemeinen imperialistischen Charakters des Krieges beabsichtigten Laufenberg/Wolffheim jedoch nicht, die besondere Verantwortung der deutschen Regierung für die Auslösung des Krieges zu verringern: In der Julikrise 1914 hätten die herrschenden Kreise in Deutschland und Österreich-Ungarn „unter Ausnutzung der Erregung über einen Fürstenmord und unter der falschen Vorspiegelung einer Strafexpedition gegen Serbien" den Krieg vom Zaun gebrochen.[30] Wiederholt sprachen sie davon, daß es sich bei diesem Konflikt um einen „imperialistischen Angriffskrieg Deutschlands" handele[31] – eine Formel, die plakativ blieb, weil die Verfasser damals den Nachweis für ihre Behauptung schuldig bleiben mußten. Aus dieser Analyse ergab sich für Laufenberg/Wolffheim die zwingende Konsequenz, den neugestifteten nationalen Konsens aufzukündigen: Der „Burgfrieden“, der die Einheit des Volkes über alle Klassenschranken hinweg postuliere, sei nichts weiter als eine „reaktionäre Utopie“.[32] Statt der Sozialdemokratie die gewünschte Gleichberechtigung zu bescheren, sichere er nur die bürgerliche Klassenherrschaft. Nach Auffassung der Wortführer der Hamburger Opposition hätte sich die SPD-Reichstagsfraktion bei der Abstimmung vom 4. August zumindest der Stimme enthalten müssen. Mit der Zustimmung zu den Kriegskrediten und der Akzeptierung des „Burgfriedens“ habe die Sozialdemokratie ihren Charakter als eine „grundsätzliche Oppositionspartei“ preisgegeben.[33]

Diese Auffassungen entsprachen weitgehend dem, was auch von anderen linken Sozialdemokraten in den ersten Kriegsmonaten formuliert worden war, wie etwa von Karl Liebknecht in seinen Thesen vom November 1914. Während aber Liebknecht aus der Analyse der imperialistischen Ursachen des Weltkrieges und der besonderen Verantwortung der deutschen Regierung den Schluß zog, daß die „Vaterlandsverteidigung“ im gegenwärtigen Krieg bedingungslos abzulehnen sei,[34] konnte Laufenberg noch im Mai 1915 in einer SPD-Versammlung in Wilhelmsburg erklären: „Solange wir nicht stark genug sind, den Krieg zu verhindern, haben wir die Pflicht, für den Schutz des Vaterlandes einzutreten.“[35] Die theoretische Begründung lieferten Laufenberg/Wolffheim in ihrer Broschüre „Demokratie und Organisation“. Sie unterschieden reichlich sophistisch zwischen politischer und militärischer Unterordnung des Proletariats im Kriege; die erste lehnten sie ab, während sie die letztere befürworteten: „Nicht soweit die gesellschaftliche Wirtschaft Ausbeutungsfunktion der Minderheit ist, sondern soweit sie Lebensfunktion der Gesamtheit ist, erwächst dem Proletariat ein natürliches Interesse an ihrer Erhaltung ... Hieraus resultiert in Kriegsfällen, die die Wirtschaft in ihrer Lebensfunktion bedrohen, die militärische Unterordnung des Proletariats unter die gegebene Heeresleitung.“[36]

Es wäre indessen verfehlt, darin bereits im Kern das von Laufenberg/Wolffheim nach 1918 entwickelte nationalkommunistische Programm erkennen zu wollen.[37] Vielmehr bezogen sie sich, in fast wörtlicher Anlehnung, auf einen Aufsatz Karl Kautskys „Die deutsche Sozialdemokratie im Kriege“ in „Die Neue Zeit“ vom Oktober 1914.[38] In dieser Anleihe beim einstigen Cheftheoretiker der SPD zeigt sich die eigentümliche Zwitterstellung der Hamburger Linken zwischen Parteizentrum und radikalem Flügel, die bereits für Laufenbergs Position vor 1914 kennzeichnend war.[39]

Die Vorgänge bei Kriegsausbruch waren für Laufenberg und Wolffheim ein Beweis dafür, daß die Organisationen der Sozialdemokratie den an sie gerichteten Anforderungen nicht gerecht geworden waren. Die eigentliche Aufgabe der Opposition schien ihnen darin zu liegen, „zeitgemäße Änderungen in der Organisationsform des deutschen Proletariats hervorzubringen, das entsprechend der früheren deutschen Gesamtsituation, die das Proletariat jahrzehntelang zu einer überwiegend reformistischen Aktion zwang, auf der Grundlage der Führerbewegung in der Organisation, Nurparlamentarismus in der Aktion, orientiert war".[40] In „Organisation, Krieg und Kritik" entwickelten die Wortführer der Hamburger Linken praktische Vorschläge zur Organisationsreform, die stark basisdemokratische Züge trugen. Im Zentrum stand die Forderung, die SPD-Landesorganisation zum obersten Entscheidungsorgan der Mitgliedschaft umzuwandeln. Sie sollte mindestens einmal im Monat zusammentreten und den Vorständen Weisungen erteilen. Alle Beschlüsse der Vorstände bedurften der Zustimmung der Landesorganisation. Aus ihrer Mitte sollte sich auch ein politischer Ausschuß konstituieren, der über die politische Haltung der Presse zu wachen hatte. Allen Parteibeamten und Redakteuren wurde zur Pflicht gemacht, sich alljährlich in der Landesorganisation zur Wahl zu stellen. Der ständigen Kontrolle durch die Mitgliedschaft sollten auch die Reichstags- und Bürgerschaftsabgeordneten unterliegen; ihnen wurde aufgetragen, "vor allen wichtigen Abstimmungen die Anweisungen der Vertrauensleute entgegenzunehmen, wie sie sich innerhalb der Fraktion zu verhalten haben".[41]

Unverkennbar spiegeln sich in solchen Vorstellungen, obschon sie als Modell für eine Reorganisation der Gesamtpartei gedacht waren, die spezifischen Erfahrungen im Umgang mit der Hamburger SPD- und Gewerkschaftsführung. Schon vor 1914 war es in Gewerkschaftsversammlungen zu stürmischen Debatten über das „Massen-Führer"-Problem in der Arbeiterbewegung gekommen. „Hier handelt es sich wirklich um eine von unten her kommende und an Stärke stetig zunehmende Bewegung gegen die Herrschaft der Bürokratie, die in letzter Zeit das Entschließungsrecht der Mitglieder sozusagen aufgehoben hat", beschrieb Gustav Stengele, Redakteur beim „Hamburger Echo", in einem Brief an Karl Kautsky vom April 1911 den Kern der Differenzen.[42] Der antibürokratische Affekt, der auch den Streik der Werftarbeiter von 1913 begleitete, setzte sich in der Oppositionsbewegung gegen die Burgfriedenspolitik fort. Dahinter verbarg sich die stillschweigende oder auch ausgesprochene Annahme, daß die Masse der Hamburger Arbeiter im Grunde radikal gesinnt, durch die Manipulationen der Organisationsbürokratie jedoch gelähmt und desorientiert sei.[43] Daraus wiederum schöpften die Hamburger Oppositionellen ihre Zuversicht, im Kampf mit den Parteiinstanzen am Ende doch die Oberhand zu behalten: „Wir werden die Hamburger Arbeiter auf den von uns gekennzeichneten Standpunkt sammeln können."[44]

Einheit oder Spaltung? – Die Position der Hamburger Linken in der frühen Oppositionsbewegung

Obwohl sich der Kampf der Hamburger Linken an den besonderen Bedingungen und lokalen Traditionen der Hamburger Arbeiterbewegung orientierte, muß er als Teil der seit Kriegsausbruch unternommenen Anstrengungen betrachtet werden, die Gegner von Kreditbewilligung und „Burgfrieden" zusammenzuführen und auf gemeinsame Positionen zu verpflichten.

Zwischen den Linken in Hamburg und in Bremen bestanden traditionell enge Beziehungen. Alfred Henke war, bevor er 1901 in die Redaktion der „Bremer Bürgerzeitung" berufen wurde, an führender Stelle in der Altonaer Parteiorganisation tätig gewesen, an deren Entwicklung er auch von Bremen aus lebhaften Anteil nahm.[45] Im September 1914 zwar als Chefredakteur der „Bremer Bürgerzeitung" abgesetzt, konnte er als Leiter des politischen Ressorts die Linie des Blattes doch weiterhin maßgeblich bestimmen.[46] Seinem Einfluß verdankten es Laufenberg und Wolffheim, daß mehrere ihrer Artikel, deren Veröffentlichung das „Hamburger Echo" verweigert hatte, in der „Bremer Bürgerzeitung" gedruckt wurden.[47] In ihrer Auseinandersetzung mit der Redaktion des „Hamburger Echo“ beriefen sich die Wortführer der Hamburger Opposition auf die Haltung der „Bremer Bürgerzeitung“ als ein positives Beispiel dafür, daß die sozialdemokratische Presse im Kriege sich nicht bedingungslos der Militärzensur unterwerfen müsse.[48] Auch Paul Frölich hatte, bevor er im Mai 1914 zur „Bremer Bürgerzeitung“ wechselte, als Redakteur des „Hamburger Echo“ freundschaftliche Beziehungen zu den Exponenten der Hamburger Linken angeknüpft, die er noch pflegte, nachdem er unmittelbar nach Kriegsausbruch eingezogen worden war.[49]

Enge Verbindungen unterhielten die Hamburger Linken auch zur SPD-Opposition in Berlin, insbesondere zu Franz Mehring, mit dem Laufenberg vor 1914 in einem engen Gedankenaustausch gestanden hatte.[50] Mehring griff im Februar 1915 in einem „Offenen Brief an die Hamburger Parteigenossen“ in die Kontroverse um das „Hamburger Echo“ ein. Darin zeigte er aufgrund eigener Erfahrungen auf, welcher Methoden sich die Redaktion des Hamburger Parteiblatts im Umgang mit Mitarbeitern bediente, „die nicht leichtfüßig genug sind, um auf den noch immer rechtsgültigen Beschlüssen herumzutanzen, die die deutsche Sozialdemokratie auf so und soviel nationalen Parteitagen und auf so und soviel internationalen Kongressen für den Fall eines imperialistischen Weltkrieges gefaßt hat“.[51]

Kristallisationspunkt der Verbindungen zu den oppositionellen Gruppen war der sogenannte "Schriftenvertrieb“, eine mit Unterstützung der oppositionellen Jugendorganisation aufgebaute Verteilerorganisation, die für den Austausch und die Weiterleitung von Rundschreiben und Agitationsbroschüren zuständig war. Die Referentenmaterialien des Kreises Niederbarnim wurden – ebenso wie später die Spartakusbriefe – in Hamburg vervielfältigt und verbreitet.[52] Die erste und einzige Nummer der „Internationale“ vom März 1915 gelangte in mehreren hundert Exemplaren nach Hamburg und ging im oppositionellen „Jugendbund“ „wegen ihres aufrüttelnden Inhalts von Hand zu Hand, von Abteilung zu Abteilung“.[53] Liebknechts Flugblatt „Der Hauptfeind steht im eigenen Land“ vom Mai 1915 wurde in Hamburg-Eimsbüttel in mehreren Tausend Exemplaren nachgedruckt und verteilt.[54] Umgekehrt fanden auch die Publikationen der Hamburger Linken in oppositionellen Zirkeln in Deutschland Verbreitung. In Stuttgart, wo die innerparteilichen Konflikte nach Kriegsausbruch besonders heftig aufbrachen und schon bald zur ersten Parteispaltung im Weltkrieg führten,[55] wurden die Broschüren von Laufenberg/Wolffheim „mit großer Aufmerksamkeit gelesen".[56] Die Gruppe „Internationale" in Berlin bestellte für den Zahlabend im Mai 1915 1100 Exemplare von „Demokratie und Organisation".[57] In den wenigen oppositionellen sozialdemokratischen Blättern wie der „Leipziger Volkszeitung" und der „Bremer Bürgerzeitung" erschienen ausführliche Besprechungen der Arbeiten von Laufenberg und Wolffheim.[58] Auch der „Vorwärts" hob in einer Sammelrezension der drei Broschüren hervor, daß sie „wegen ihres allgemeinen Charakters auch in den übrigen Parteiorten Aufmerksamkeit beanspruchen können".[59]

Die Kontakte, welche in den ersten Monaten des Krieges zwischen den verschiedenen Stützpunkten der Opposition bestanden, waren überwiegend informeller Natur. Von einer organisierten überregionalen Kooperation der Linken konnte noch gar keine Rede sein, auch wenn die Stuttgarter Oppositionellen in mehreren Treffen sich darum bemühten, die Fäden fester zu knüpfen.[60] Um die hemmende Zersplitterung zu überwinden, schien zunächst die Schaffung eines eigenen Publikationsorgans als gemeinsames Sprachrohr vordringlich. Im September 1914 trat Laufenberg an Alfred Henke mit der Anregung heran, eine Zeitschrift ins Leben zu rufen. Ihr politischer Zweck sollte sein, „ein neues Band zwischen der deutschen Partei und der Internationale zu schlagen durch literarische Sammlung der Linken in u[nd] außerhalb Deutschlands".[61] Für diesen Plan hatte Laufenberg bereits Karl Radek gewonnen, der sich zu dieser Zeit noch – halb illegal – in Berlin aufhielt.[62] Das Projekt zerschlug sich jedoch, offenbar weil Laufenberg die nötigen finanziellen Mittel nicht zusammenbekommen konnte.[63]

Eine „literarische Sammlung" der Linken bedeutete für Laufenberg nicht, daß nun auch ihr organisatorischer Zusammenschluß angestrebt werden sollte. Darin stimmte er ganz mit Radek überein. Dieser war zwar, wie er Henke in einem Brief vom Oktober 1914 wissen ließ, auch von der Notwendigkeit überzeugt, „mit allen Kräften die Sammlung der radikalen Kräfte zu fordern", doch müsse diese Sammlung „einstweilen mehr eine geistige als eine organisatorische sein": „Auf eine Spaltung darf man nicht hinarbeiten, da wir nicht wissen, ob die weiteren Ereignisse die Mehrheit der organisierten Arbeiterschaft nicht in unsere Arme treiben."[64] Aus diesem Grunde lehnte die Hamburger Opposition im Januar 1915 auch den von Arthur Crispien in Stuttgart ausgehenden Vorschlag ab, eine Konferenz von Delegierten nach Berlin einzuberufen, die über eine engere Zusammenarbeit beraten sollte.[65] Ein solcher Schritt würde nach Laufenbergs Ansicht „nicht nur als Vorwegnahme des Parteitages, als der Versuch der Gründung einer neuen Partei, *aufgefaßt* werden, sondern er würde es auch *tatsächlich sein*". Dazu hätten die Radikalen jedoch am allerwenigsten Ursache: „Schon jetzt, noch unter dem Kriegszustand, rebellieren die Mitgliedschaften der grossen Städte gegen ihre versimpelte Bürokratie ... Die Rebellion gegen sie ist nicht Sache einiger 'Führer', sondern die Sache der Organisation selbst, für die wir nur als Wortführer agieren. Jeder Versuch einzelner Führer, auf eine Splitterung hinzuarbeiten, würde die Führer mit ihrem persönlichen Anhang isolieren und die Massen nur noch fester an ihre Bürokratie schließen, die, sie mag sein, wie sie will, doch immerhin als Bürokratie ein Teil der Organisation selbst ist."[66]

Laufenbergs Kritik war insofern unbegründet, als die beabsichtigte Zusammenkunft, der unter anderem auch Rosa Luxemburg und Karl Liebknecht zugestimmt hatten, nicht auf eine organisatorische Verselbständigung der Linken zielte, sondern einer Verbesserung der Arbeitsmöglichkeiten innerhalb der SPD dienen sollte. Gegen eine Spaltung sprach nicht nur die Furcht vor einer Isolierung von den Arbeitermassen, sondern auch die Hoffnung, die Partei von innen heraus erobern und regenerieren zu können. Wenn Laufenberg/Wolffheim gegenüber den offenen oder versteckten Drohungen des „Hamburger Echo", die Dissidenten aus der Partei auszuschließen, gerade „das Prinzip der Einheit der Arbeiterbewegung" hervorkehrten, befanden sie sich in Übereinstimmung mit den meisten führenden Vertretern der Opposition.[67]

Die Vorbehalte der Hamburger gegen eine engere organisatorische Zusammenarbeit der Linken schlossen gemeinsame Aktionen von Fall zu Fall nicht aus. So beteiligte sich Laufenberg an der Schlußredaktion des Protestschreibens oppositioneller Sozialdemokraten an den Parteivorstand und die Reichstagsfraktion, zu der er von Liebknecht am 9. Juni 1915 in dessen Berliner Wohnung eingeladen wurde.[68] Der Brief, in kurzer Zeit von etwa tausend Funktionären unterzeichnet, fand in Hamburg-Altona nur elf Unterschriften – ein Indiz dafür, wie schwach die Opposition hier im Funktionärsapparat von Partei und Gewerkschaften verankert war.[69]

Versucht man, den Standort der Hamburger Opposition mit der ihr am nächsten stehenden Gruppe der Bremer Linken zu vergleichen, so fallen Unterschiede ins Auge. Sie wurden deutlich, als Johann Knief, der Kopf der radikalen Linken in Bremen, und Paul Frölich im August 1915 – kurz vor Laufenbergs Einziehung – zu einem Meinungsaustausch nach Hamburg fuhren. „Der Kampf der Hamburger ist gut gemeint, aber total verschwommen", faßte Knief enttäuscht das Ergebnis der Gespräche zusammen. „Statt eines klaren Kampfes auf der Grundlage der neuen Taktik fand ich ein wüstes Kuddelmuddel von allem möglichen radikalen Phrasentum. Nichts von Prinzip; dafür eine Zerfahrenheit, die notwendig den Gegnern die beste Gelegenheit zum Hieb geben muß." Nachdrücklich distanzierte sich Knief von den politisch-ideologischen Vorstellungen Laufenbergs und Wolffheims, weil sie ihre „ganze historische Wissenschaft u[nd] theoretische Einsicht ... in den Dienst der Rechtfertigung der Nichtaktion" gestellt hätten, statt die Arbeiter an Massenkämpfe gegen den Krieg heranzuführen. Über Laufenberg urteilte Knief, daß er „nicht zu den Kommunisten zu rechnen" sei, vielmehr die Gefahr bestehe, daß er sich „prächtig mit der Richtung Kautsky etc. zusammenfinden" werde.[70]

Der wesentliche Aspekt dieser Kritik bezog sich auf das ungeklärte Verhältnis der Hamburger Linken zur „zentristischen" Richtung der Opposition um Hugo Haase und Karl Kautsky. Nicht nur, daß die Gruppe um Laufenberg/Wolffheim/Herz in der Auseinandersetzung mit der lokalen Parteibürokratie sich der Autorität Kautskys zu versichern suchte;[71] ihre in „Demokratie und Organisation" entwickelte Konzeption einer „militärischen Unterordnung des Proletariats“ im Kriege kam, wie gezeigt wurde, der auch von Kautsky betonten Notwendigkeit der „Landesverteidigung“ sehr nahe.

In dieser von Knief als „eine Verirrung, eine Inkonsequenz radikaler Sozialdemokraten“[72] gewerteten Position spiegelte sich das Entwicklungsgefälle der Linken in den beiden wichtigsten Parteiorten Nordwestdeutschlands. In Bremen, wo der linke Flügel in der Vorkriegs-SPD eine Mehrheit in der lokalen Parteiorganisation erkämpft hatte, war es schon vor 1914 zu einer Differenzierung im radikalen Lager gekommen, zu deren Exponenten der sich „zentristischen“ Positionen annähernde Henke auf der einen und der eine konsequente linksradikale Politik propagierende Knief auf der anderen Seite zählten.[73] Nach einer kurzen Phase des gemeinsamen Kampfes um die Fortführung der alten Linie der „Bremer Bürgerzeitung“ nach Kriegsausbruch brachen schon Ende 1914 die Gegensätze zwischen den beiden Richtungen wieder auf und verschärften sich im weiteren Verlauf des Krieges.[74] In Hamburg, wo die Linke vor 1914 schwach geblieben war und kaum eigenes Profil hatte gewinnen können, mußte der Differenzierungsprozeß innerhalb der Parteiopposition langwieriger und komplizierter verlaufen. Erst seit Ende 1916, als sich die Spaltung der SPD immer deutlicher abzeichnete, begannen sich im Hamburger Oppositionszirkel die Fronten zu klären: Eine entschiedene Richtung, die für Massenaktionen und die Gründung einer eigenen revolutionären Partei eintrat, drängte auf Anschluß an Johann Knief und dessen im Juni 1916 gegründete Zeitschrift „Arbeiterpolitik“. Aus diesen Kontakten entstand 1917 die Gruppe der Bremer und Hamburger Linksradikalen.

III. Trotz alledem!

Der Konflikt um den Hamburger Jugendbund 1916

Die Auseinandersetzungen zwischen der SPD und ihren Jugendorganisationen zählen zu den wichtigsten, wenn auch bislang am wenigsten gründlich erforschten Aspekten sozialdemokratischer Parteigeschichte im Ersten Weltkrieg.[1] An vielen Orten bildete die organisierte Arbeiterjugend Kern und Kristallisationspunkt der Opposition gegen den Krieg und die „Burgfriedenspolitik" des sozialdemokratischen Mehrheitsflügels. Wie unterschiedlich sich auch diese oppositionellen Tendenzen – je nach den regionalen und lokalen Gegebenheiten und Kräfteverhältnissen in der Arbeiterbewegung – ausprägen mochten, so waren sie doch auf einen gemeinsamen Bezugspunkt zurückzuführen: den Antimilitarismus, der in der sozialdemokratischen Jugendbewegung offenkundig stärkere Wurzeln geschlagen hatte als in der Mutterpartei und in den Gewerkschaften. Aus der offenen Abkehr der SPD-Führung von ihren vor 1914 zumindest verbal bekundeten antimilitaristischen Prinzipien und aus den Versuchen, die neue „Politik des 4. August" auch auf die Jugendarbeit zu übertragen, bezog der Widerstand innerhalb der sozialistischen Arbeiterjugend seine kräftigsten Impulse.

Streit um die Selbstverwaltung

Es war kein Zufall, daß die Konflikte um die Jugendorganisation in Hamburg, der alten Hochburg der sozialdemokratischen Arbeiterbewegung, schon frühzeitig aufbrachen und zu besonders spektakulären Konsequenzen führten. Der „Jugendbund für Hamburg-Altona" war 1908/09 aus der Vereinigung einer Unterabteilung des „Fortbildungsvereins" mit dem Hamburger Ortsverein des „Verbandes junger Arbeiter und Arbeiterinnen Deutschlands (Sitz Mannheim")" und einem Altonaer Ableger des Berliner „Vereins der Lehrlingen und jugendlichen Arbeiter" entstanden.[2] Er hatte in den Vorkriegsjahren eine stete Aufwärtsentwicklung zu verzeichnen: 1909 zählte er 1 202, 1911/12 schon 1 868 und 1913/14 sogar 2 633 Mitglieder.[3]

Die einzelnen Abteilungen des Jugendbundes unterhielten mehrere Jugendheime – das bekannteste am Heinskamp in Barmbek in einem alten Speicher –, in denen sich eine homogene sozialdemokratische Jugendsubkultur herausbilden konnte.[4] Regelmäßige Bildungsveranstaltungen, Diskussionsabende, Singen, Spielen, Ausflüge sorgten für einen intensiven Zusammenhalt und förderten eine enge Gruppenbindung. Das rege Leben im Jugendbund stand in einem auffälligen Kontrast zur Organisationspraxis in der Hamburger SPD und den Gewerkschaften, die vor 1914 bereits deutliche Anzeichen der Erstarrung und Stagnation aufwies.[5] Die Möglichkeiten der organisierten Arbeiterjugend, die Angelegenheiten der eigenen Organisation autonom zu gestalten, waren freilich begrenzt. Zwar besaßen die einzelnen Abteilungen des Jugendbundes – 1913 waren es insgesamt 43, die in 5 Distrikten zusammengefaßt waren[6] – weitgehende Selbstverwaltungsbefugnisse. Die gemeinsamen Angelegenheiten regelte eine Delegiertenversammlung, in die jede Abteilung zwei Delegierte und einen Leiter entsandte. Die oberste Leitung und Kontrolle der Jugendorganisation lag jedoch seit 1909 in den Händen der „Zentralkommission für das Arbeiterbildungswesen“, welche die Beschlüsse der Delegiertenversammlung und die von den Jugendlichen vorgeschlagenen Leiter bestätigen und die erforderlichen Geldmittel bewilligen mußte. In ihr besaßen SPD und Gewerkschaften mit je fünf Mitgliedern ein deutliches Übergewicht über die fünf Distriktleiter als Vertreter der Jugendlichen. Damit waren alle wesentlichen Entscheidungen von der Zustimmung der älteren Mitglieder der Zentralkommission abhängig, die in der Regel kaum über praktische Erfahrungen in der Jugendbundarbeit verfügten und in der Jugendorganisation lediglich „eine Art Rekrutendepot für Partei und Gewerkschaften“ sahen.[7]

Dieser Zustand erregte insbesondere bei den Jugendbundleitern Unzufriedenheit, waren sie doch die eigentlichen Träger der organisatorischen Kleinarbeit in den Abteilungen und Distrikten. Ein Teil von ihnen sympathisierte überdies mit den politischen Positionen der Linken in der Hamburger Sozialdemokratie, vor allem ihres Wortführers

Heinrich Laufenberg[8], dem der bedächtig-pragmatische Reformkurs der SPD- und Gewerkschaftsführer schon längst ein Dorn im Auge war. Den Bemühungen um eine Politisierung der Arbeiterjugend im Sinne des radikalen Flügels der Sozialdemokratie suchte die Zentralkommission einen Riegel vorzuschieben, indem sie stärkeren Einfluß auf die Auswahl ihr geeignet erscheinender Leiter im Jugendbund nahm. So lehnte sie Anfang 1914 die Wiederbestellung Rudolf Lindaus, der ein Anhänger Laufenbergs und Jugendredakteur beim lokalen Parteiblatt „Hamburger Echo“ war, zum Distriktleiter ab – eine Maßnahme, die wiederum den Unmut der Jugendlichen schürte.[9]

Die Arbeiterjugend im Kampf gegen den Krieg

Das gespannte Verhältnis zwischen den Leitungen von SPD und Gewerkschaften und der Jugendorganisation spitzte sich nach Kriegsausbruch rasch zu. Der plötzliche Schwenk der Parteiführung auf die Linie der Kriegsbefürworter und die ungewohnt nationalistische Schreibweise des „Hamburger Echo“ stießen in den Reihen der organisierten Hamburger Arbeiterjugend weithin auf Unverständnis. Vor 1914 hatte das Antikriegsbuch des Hamburger Volksschullehrers Wilhelm Lamszus „Das Menschenschlachthaus“ – eine expressionistische Vision des kommenden Krieges – zur meistgelesenen Lektüre in den Abteilungen des Jugendbundes gezählt und eine nachhaltige Wirkung hinterlassen.[10] Schon in den ersten Kriegstagen war die Antikriegsstimmung unter den Mitgliedern des Jugendbundes so stark, daß das „Hamburger Echo“ eine deutliche Warnung an ihre Adresse aussprach, sich nicht „zu unbedachten, aber folgenschweren Äußerungen oder gar zwecklosen Demonstrationen hinreißen zu lassen.“[11]

Auf die Jugendlichen machte das wenig Eindruck. Schon bald nach Kriegsausbruch bildeten sich in fast allen Abteilungen des Jugendbundes oppositionelle Gruppierungen, die untereinander Kontakte aufnahmen und gemeinsam oder selbständig die Propagandaarbeit gegen den Krieg organisierten. Einen wesentlichen Auftrieb erhielten diese Aktivitäten, als im September 1914 bekannt wurde, daß führende

Vertreter der Hamburger SPD und Gewerkschaften dem stellvertretenden Generalkommando in Altona zugesagt hatten, den Jugendbund am Aufbau einer „Jugendwehr" im Bereich des Korpsbezirks zu beteiligen.[12] Dieser Plan löste unter den Jugendlichen große Erregung aus, rührte er doch an den Kern ihrer antimilitaristischen Überzeugungen. Den Protesten im Jugendbund schlossen sich mehrere Parteibezirke an, so daß sich die Zentralkommission im Oktober 1914 gezwungen sah, sich öffentlich von der Beteiligung an der „Jugendwehr" zu distanzieren.

Die wenig ermutigenden Erfahrungen im Umgang mit den Parteioberen in den ersten Kriegswochen ließen es den Jugendlichen geraten erscheinen, auf einen Ausbau der Selbstverwaltung im Jugendbund zu drängen. Dem widersprach aber das Interesse der SPD- und Gewerkschaftsleitungen, die Jugendorganisation während der Kriegszeit stärker unter ihrer Aufsicht zu halten. Im Laufe des Jahres 1915 kam es in den Delegiertenversammlungen des Jugendbundes immer wieder zu heftigen Auseinandersetzungen mit Mitgliedern der Zentralkommission, wobei letztere sich nachdrücklich gegen jede Ausweitung der Mitbestimmungsrechte der Jugendlichen aussprachen.[13] Als dann die Zentralkommission im Dezember 1915 trotz eines akuten Mangels an qualifizierten Jugendleitern erneut die Bestellung Rudolf Lindaus ablehnte, die Jugendlichen aber dieses Votum demonstrativ mißachteten und Lindau aufforderten, sich der Jugendorganisation zur Verfügung zu stellen, war für manchen führenden Repräsentanten der Hamburger SPD und Gewerkschaften das Maß voll. So drohte der Gewerkschaftskassierer Louis Schoene, einer der Vertreter seiner Organisation in der Zentralkommission, offen damit, „daß, wenn es so weitergehe, eventuell Schluß mit der ganzen Jugendbewegung gemacht werden könne".[14]

Noch mehr als die Bestrebungen der Jugendlichen nach größerer organisatorischer Selbständigkeit beunruhigte Hamburger SPD- und Gewerkschaftsführer deren Engagement gegen den Krieg. Im Rahmen der SPD-Parteiorganisation selbst hatte die Kriegsopposition 1914/15 kaum Boden gewinnen können. Umso größeren Rückhalt besaß sie aber im Jugendbund, der sich mehr und mehr zum Zentrum der Antikriegsarbeit in Hamburg entwickelte. Wie vielfältig die

Aktivitäten der Jugendlichen waren, zeigt ein Erinnerungsbericht Rudolf Lindaus: „Jede Abschiedsfeier für einen zum Heer einberufenen Jugendlichen wurde zum Gelöbnis, im Feld wie in der Heimat im Geiste der sozialistischen Ideale weiterzukämpfen. Jede Trauerveranstaltung zu Ehren eines gefallenen Freundes wurde zu einem erschütternden Erlebnis. Unzählig waren die Feldpostbriefe, die zwischen Front und Heimat gewechselt wurden und über das Grauen im Krieg und das kämpferische Leben in der Jugendorganisation berichteten. Die bewußtesten Freunde und Freundinnen organisierten den Versand von gedrucktem und vervielfältigtem illegalem politischen Material in Umschlägen und Päckchen aller Formate mit den Namen bekannter unverdächtiger Bürger als Absender ... Die überzeugtesten und mutigsten Jugendlichen liefen treppauf, treppab, wenn ein illegales Flugblatt aus der Feder Karl Liebknechts oder Rosa Luxemburgs erschienen war und schnell verbreitet werden mußte. Nie reichten die gedruckten Flugblätter aus, und oft wurden sie gleichzeitig in den Aktivgruppen mehrerer Jugendabteilungen mit primitivsten Mitteln auf mühsam beschafftem Papier vervielfältigt, nachdem sie von Jugendfreundinnen in kaufmännischen Büros heimlich mit Kopierfarbband geschrieben worden waren."[15]

Da größere Versammlungen in der Stadt von den Beamten der Politischen Polizei entdeckt und gestört worden wären, organisierten die Abteilungen des Jugendbundes gemeinsame Sternwanderungen in die Umgebung Hamburgs, an denen häufig mehrere hundert Jugendliche teilnahmen. Ansprachen, Rezitationen und Gesang alter Kampflieder gestalteten diese Treffen zu eindrucksvollen Kundgebungen gegen den Krieg.[16]

Im September 1915 wurde die vom Sekretariat der Internationalen Verbindung sozialistischer Jugendorganisationen in Zürich herausgegebene Zeitschrift „Jugend-Internationale" auch in Hamburg verbreitet.[17] Sie ging wegen ihres aufrüttelnden Inhalts von Hand zu Hand, von Abteilung zu Abteilung und löste lebhafte Diskussionen aus. Die erwachsenen Vertreter der Zentralkommission suchten den Vertrieb der Zeitschrift mit allen Mitteln zu unterbinden. Einer von ihnen erklärte auf der Delegiertenversammlung des Jugendbunds am 13. Februar 1916 unter heftigem Protest der Jugendlichen: „Es ist in letzter Zeit eine Schmutzzeitschrift, die 'Jugend-Internationale' verbreitet worden, deren Inhalt nichts weiter als anarchistisch ist." Dies sei „eine Schande für die Jugendbewegung" und könne vom Stellvertretenden Generalkommando zum Anlaß genommen werden, den Jugendbund zu verbieten.[18] Tatsächlich erfolgte die Auflösung des Jugendbundes aber nicht auf Initiative der Militärbehörde, sondern wurde von den leitenden Gremien der Hamburger SPD und Gewerkschaften selbst ins Werk gesetzt.

Die Auflösung des Jugendbundes

Am 3. März 1916 tagte eine gemeinsame Delegiertenversammlung der SPD-Landesorganisation und des Gewerkschaftskartells im Gewerkschaftshaus. Einziger Tagesordnungspunkt war der Antrag der Vorstände, die Tätigkeit des Jugendbundes „bis auf weiteres einzustellen".[19] Begründet wurde dieser Schritt damit, daß Partei und Gewerkschaften angesichts rückläufiger Einnahmen aus Mitgliederbeiträgen und gestiegener Ausgaben für Kriegsunterstützung keine finanziellen Mittel für die Jugendorganisation mehr aufbringen könnten. Nach stundenlanger, emotional aufgeladener Debatte stimmte die Versammlungsmehrheit dem Antrag der Vorstände zu. Einer der Jugendlichen, der die Diskussion auf den Galerien verfolgt hatte, schilderte die Reaktion auf den Beschluß zwei Tage später in einem Feldpostbrief: „Dann kam die historische Abstimmung selbst. Alles war mäuschenstill, als sich aber ergab, daß der Beschluß angenommen war, da entstand eine Empörung sondergleichen. Kurz danach brausten die Klänge der jungen Garde durch den Saal. Mit leuchtenden Augen und glühender Begeisterung im Herzen haben wir dagestanden und gesungen. Ein Gelübde war es, auch fernerhin die Bewegung hochzuhalten."[20]

Bei der Entscheidung der Vorstände von SPD und Gewerkschaften hat die schwierige Finanzlage der Arbeiterorganisationen im Krieg sicher auch eine Rolle gespielt. Es wären aber kaum so weitreichende Konsequenzen gezogen worden, wenn die Jugendorganisation sich nicht so unbotmäßig gezeigt hätte. So ging es den Vorständen weniger um die Entlastung der angespannten Partei- und Gewerkschaftskassen als darum, der antimilitaristischen Agitation im Jugendbund den Boden zu entziehen und der Kriegsopposition in Hamburg die organisatorische Stütze zu nehmen. Sie erreichten freilich das genaue Gegenteil. Die Solidarisierungswelle, die der Beschluß vom 3. März in der organisierten Arbeiterjugend auslöste, führte der Opposition im Jugendbund auch solche Abteilungen zu, die bislang eher zur Mehrheitsrichtung in der Sozialdemokratie tendiert hatten. In der „Neustädter Feldpost“ – einem hektografierten Mitteilungsblatt – schrieb eine Jugendbündlerin: „Da rebelliert die Jugend gegen die machthabende Mehrheitspartei. Sie hat gewissermaßen selbst den Gewaltstoß getan, die Jugend nun erst recht der Minderheit zuzuschieben.”[21]

Der Beschluß vom 3. März 1916 erregte in der gesamten deutschen Arbeiterbewegung und darüber hinaus großes Aufsehen. In verschiedenen oppositionellen Parteiblättern wurde das Vorgehen der Hamburger SPD- und Gewerkschaftsführung scharf kritisiert. Die „Leipziger Volkszeitung“ bemerkte: „Uns scheinen die Gründe, die die Hamburger Instanzen zur Auflösung der Hamburger Jugend bewogen, reichlich fadenscheinig. Seit wann hat sich die Arbeiterschaft von der ihr notwendig erscheinenden Betätigung durch Mangel an Mitteln abhalten lassen?“[22] Dieser Kritik schloß sich auch die „Arbeiter-Jugend“, das Organ der mehrheitssozialdemokratischen „Zentralstelle für die arbeitende Jugend Deutschlands“, an. In einem Kommentar zu den Hamburger Vorgängen vertrat sie die Ansicht, „daß ein solches Kulturwerk, wie unsere Jugendbewegung, in einem führenden Ort wie Hamburg an der Finanzfrage nicht Schiffbruch leiden darf“.[23]

Auch in Kreisen der Hamburger SPD- und Gewerkschaftsmitglieder provozierte der Auflösungsbeschluß ein überwiegend negatives Echo. So verurteilte eine Versammlung des Distrikts Uhlenhorst im 3. Hamburger Wahlkreis die Entscheidung der Vorstände, da sie „gegen alle bisherigen Grundsätze in Partei und Gewerkschaften“ verstoße.[24] In mehreren Mitgliederversammlungen der Gewerkschaften, darunter der Handlungsgehilfen, der Transportarbeiter und der Holzarbeiter, wurde der Einstellungsbeschluß ebenfalls mißbilligt und seine Aufhebung gefordert.[25]

Diese in ihrer Heftigkeit offenbar nicht erwarteten Reaktionen zwangen die Spitzen von SPD und Gewerkschaften zu einer öffentlichen Rechtfertigung. Anfang Juni 1916 gaben sie eine Broschüre „Zur Aufklärung!" heraus, die in einer Auflage von 20 000 Exemplaren an die Parteimitglieder verteilt wurde. Darin versuchten sie dem Verdacht entgegenzutreten, daß „den leitenden Personen in der Partei und den Gewerkschaften die ‚freiheitliche Betätigung' der Jugendlichen unliebsam geworden" sei. Mit dem gegen die Jugendleiter erhobenen Vorwurf, systematisch auf die Verselbständigung des Jugendbunds und die Gründung einer „Sonderorganisation" hingearbeitet zu haben, gaben sie jedoch selbst zu erkennen, daß noch andere als finanzielle Gründe eine Rolle gespielt hatten.[26]

Die Jugendleiter blieben die Antwort nicht schuldig. In einer Gegenbroschüre „Abbruch oder Aufbau? Ein Wort zur Abwehr" resümierten sie noch einmal die Entstehungsgeschichte des Konflikts zwischen Jugendbund und Zentralkommission. Der Kernpunkt der Differenzen wurde in die Formel gefaßt: „Jugendbewegung und Bürokratie sind zwei Begriffe, die sich wie Feuer und Wasser scheiden." Es dürfe nicht zugelassen werden, „daß Einflüsse, die dem Wesen der proletarischen Jugendbewegung fremd sind, von außen her störend in das feingliedrige Getriebe der Bewegung eingreifen": „Der 3. März darf sich nicht wiederholen."[27]

Aufbau und Verbot der Freien Jugendorganisation

Nicht Abbruch, sondern Aufbau – unter diesem Motto stand auch eine eiligst einberufene Funktionärsversammlung der Jugendlichen am 4. März 1916. Sie beschloß, die bisherige Arbeit des Jugendbundes in neuem organisatorischem Rahmen fortzusetzen. Eine Kommission erhielt den Auftrag, das alte Statut den veränderten Verhältnissen anzupassen.[28] Schon vierzehn Tage später, am 17. März 1916, wurde die „Freie Jugendorganisation von Hamburg-Altona und Umgebung" gegründet. Mit der Herausgabe der „Proletarier-Jugend" schuf sie sich ein eigenes kleines monatliches Publikationsorgan.[29] Oppositionelle Kreise der Arbeiterschaft halfen mit Spenden. Auch von Sympathisanten im Felde liefen fortlaufend kleinere Beträge ein – unter den Spendern war der Kanonier Ernst Thälmann.[30] Dagegen suchten die

Leitungen der Hamburger SPD und Gewerkschaften den Aufbau der „Freien Jugendorganisation" zu behindern.

Unmittelbar nach dem 3. März wurden die Abteilungslokale des Jugendbundes gekündigt, die Jugendheime geschlossen und deren Inventar zusammen mit den Abteilungsschränken auf dem Boden des Gewerkschaftshauses eingelagert.[31] Ende März 1916 untersagte man der „Freien Jugendorganisation" die Benutzung der Räume im Gewerkschaftshaus, weil sie sich als „Sonderorganisation" außerhalb der Arbeiterbewegung gestellt habe.[32] Schließlich sperrte das „Hamburger Echo" Ende April seinen Anzeigenteil für Bekanntmachungen der „Freien Jugendorganisation".[33]

Dennoch gelang es dem neuen Unternehmen, sich in erstaunlich kurzer Zeit organisatorisch zu konsolidieren und auch finanziell unabhängig zu machen. Der aktive Kern des alten Jugendbundes (rund 1 500 Mitglieder) blieb der neuen Organisation treu. Über die erste Generalversammlung Ende Juli 1916 meldete die „Proletarier-Jugend" voller Stolz: „Die Freie Jugendbewegung Hamburg-Altonas lebt, trotz alledem."[34]

Neben der Stärkung des organisatorischen Zusammenhalts bemühte sich die „Freie Jugendorganisation" vor allem um einen Ausbau der Verbindungen zu den zum Kriegsdienst einberufenen Jugendlichen. Zu diesem Zweck wurde im Sommer 1916 eine „Feldpostzentrale" eingerichtet, die den Vertrieb von oppositionellen Zeitungen und illegalem Propagandamaterial an die Front leitete und koordinierte.[35] In welch regem Gedankenaustausch die oppositionelle Hamburger Arbeiterjugend mit ihren Freunden und Anhängern an der Front stand, zeigen die zahlreichen Feldpostbriefe, die in den „Erinnerungen an die Heimat"[36] oder anderen kleinen Mitteilungsblättern der Abteilungen abgedruckt wurden.

Zur illegalen Jenaer Jugendkonferenz am 23./24. April 1916 entsandte die oppositionelle Hamburger Jugend zwei Vertreter: Arthur Rehberg, erster Vorsitzender der „Freien Jugendorganisation", und Hans Hackmack, einer der fünf Beisitzer im Vorstand.[37] Die Konferenz, deren Verlauf stark durch die Autorität des anwesenden Mitbegründers der Spartakusgruppe, Karl Liebknecht, bestimmt wurde, erzielte grundsätzliche Übereinstimmung darin, die Aktivitäten gegen Krieg und Burgfrieden zu verstärken. Das immer deutlichere Hervortreten der oppositionellen Jugend im Rahmen der Antikriegsbewegung wurde von zivilen und militärischen Behörden aufmerksam registriert. So hieß es in einem Bericht des Büros für Sozialpolitik vom Juli 1916: „Die Jugendbewegung verdient dauernde Beobachtung. Die radikalste Richtung sucht die 14- bis 18jährigen einzufangen, verbreitet schmeichlerische und aufhetzende Flugblätter und treibt die jungen Leute in den Großstädten zur Auflehnung gegen die alte Partei.“[38]

Seit ihrer Konstituierung wurde auch der „Freien Jugendorganisation“ die besondere Aufmerksamkeit der Polizeibehörde zuteil. Den Beamten der Hamburger Politischen Polizei blieb nicht verborgen, daß Funktionäre und Mitglieder der oppositionellen Jugend in Versammlungen der SPD-Landesorganisation sich wiederholt und lautstark bemerkbar machten. Durch ihr Benehmen in den Parteiversammlungen – vermerkte ein Polizeibericht – hätten die Jugendlichen bewiesen, „daß sie, durch ihre Leitung veranlaßt, in das Fahrwasser der Liebknechtschen Richtung geraten sind“.[39] Die Überlegungen der Polizeibehörde, auf welche Weise die oppositionelle Aktivität der Arbeiterjugend unterbunden werden könne, traten Ende August 1916 in ein entscheidendes Stadium.

Den konkreten Anlaß bot die erste Friedensdemonstration in Hamburg am 18. August 1916, die von Mitgliedern der „Freien Jugendorganisation“ organisiert und durchgeführt wurde. Durch Flugblätter und Handzettel aufgefordert, fanden sich in den frühen Abendstunden vor dem Gewerkschaftshaus am Besenbinderhof mehrere hundert Jugendliche und Frauen ein. Die Ansammlung verstärkte sich allmählich auf annähernd 2 000 Personen, die sich zu einem Zug formierten. Die Demonstranten versuchten, auf verschiedenen Wegen zum Rathaus vorzudringen, um dort ihren Protest gegen den Krieg zu bekunden. Es gelang ihnen jedoch nicht, die Polizeiketten, die um den Rathausmarkt zusammengezogen worden waren, zu durchbrechen. Während ihres Marsches durch die Innenstadt sangen die Kriegsgegner sozialdemokratische Kampflieder. Wie schon Ende Juli 1914 erklang in Hamburgs Straßen der Ruf „Nieder mit dem Krieg!“ Mehrere Male wurde der Demonstrationszug von

Schutzleuten auseinandergetrieben, doch sammelte er sich sofort wieder an anderer Stelle. Schließlich löste er sich in kleinere Abteilungen auf, die in die Außenbezirke der Stadt zogen.[40]

Die führende Rolle der oppositionellen Arbeiterjugend bei der Demonstration wurde in den Polizeiberichten ausdrücklich hervorgehoben: „Wie auf Kommando stellten die Jugendlichen sich vor dem Gewerkschaftshaus ein, und sie bildeten auch später die Spitze des Zuges. Überall hatten sie die Führung und machten den nötigen Spektakel dazu."[41] Als unmittelbare Folge der Demonstration beantragte der Polizeipräsident beim stellvertretenden kommandierenden General von Falk in Altona ein Verbot der „Freien Jugendorganisation", da sie „die öffentliche Ruhe und Ordnung im höchsten Maße" gefährde.[42] Das Generalkommando kam der Bitte der Polizeibehörde umgehend nach. Am 28. August 1916 erklärte es die „Freie Jugendorganisation" für aufgelöst. Ihren Vorstandsmitgliedern wurde „jede Tätigkeit auf dem Gebiete der Jugendorganisation, insbesondere die Gründung neuer Verbindungen gleicher oder ähnlicher Art" untersagt. In das Verbot einbezogen wurden Veranstaltungen und Zusammenkünfte von Jugendlichen, „auch unter dem Deckmantel von Ausflügen, Vorträgen, Unterhaltungsabenden und dergleichen", sowie „die Verbreitung von Druckschriften aller Art". „Zuwiderhandlungen" sollten mit Gefängnis bis zu einem Jahr bestraft werden.[43]

Nur wenige Tage, nachdem der „Freien Jugendorganisation" jede weitere legale Betätigung unmöglich gemacht worden war, gingen die Vorstände der Hamburger SPD und Gewerkschaften daran, den Jugendbund wieder ins Leben zu rufen. Als Rechtfertigung für diese überraschende Kehrtwende diente ihnen die Tatsache, daß die seit Mai 1916 geführten Einigungsverhandlungen mit der oppositionellen Jugend zu keinem Ergebnis geführt hatten. In Wirklichkeit freilich sahen sie nach dem Verbot der „Freien Jugendorganisation" eine günstige Gelegenheit, um die Entscheidung vom 3. März 1916, die sie längst als schweren Fehler erkannt hatten, zu revidieren. Am 8. September 1916 beauftragte eine gemeinsame Delegiertenversammlung der SPD-Landesorganisation und des Gewerkschaftskartells Partei- und Gewerkschaftsführung mit dem Neuaufbau der Jugendorganisation.[44]

Schon einen Monat später waren die organisatorischen Vorbereitungen abgeschlossen. Am 22. Oktober 1916 veröffentlichte das „Hamburger Echo" die neue Satzung des „Jugendbunds von Hamburg-Altona und Umgebung".[45] Sie sicherte den Vorständen der Erwachsenen-Organisation noch weitergehendere Mitsprache- und Kontrollrechte als im alten Jugendbund. Den Vorsitz im jetzt 20köpfigen Zentralausschuß übernahm der Gewerkschaftssekretär Karl Hense. Auf Antrag des Gewerkschaftskartells war er im Sommer 1916 vom Heeresdienst freigestellt worden, um sich ganz in den Dienst des Wiederaufbaus der Jugendorganisation stellen zu können.[46] Jetzt waren auch genügend finanzielle Mittel vorhanden, um eine Anzahl von Volksschullehrern, die schon vor 1914 im Arbeiterbildungswesen tätig gewesen waren, für die Arbeit im neuen Jugendbund zu engagieren. Wie Johannes Schult, der seit Herbst 1916 als pädagogischer Berater im Jugendbund fungierte, freimütig eingesteht, war den Lehrern vor allem die Aufgabe zugedacht, „die oppositionellen Umtriebe" einzudämmen.[47]

Trotz aufwendiger organisatorischer und propagandistischer Vorarbeiten ging der Neuaufbau des Jugendbundes nur sehr langsam voran. Bis Ende 1916 existierten erst wieder fünf Abteilungen, dic zusammen nur rund 200 Mitglieder zählten.[48] Das Gros der Mitglieder der für aufgelöst erklärten „Freien Jugendorganisation" verharrte vorerst in Distanz zum Konkurrenzunternehmen. Denn zu deutlich war dessen Ausrichtung auf die Burgfriedenspolitik der Mehrheitssozialdemokratie, als daß es auf die oppositionell eingestellten Teile der Arbeiterjugend größere Anziehungskraft hätte ausüben können.

Die Freie Jugendorganisation in der Illegalität

Nach dem Verbot durch das stellvertretende Generalkommando gab es für die „Freie Jugendorganisation" drei Möglichkeiten: „1. Sie zerstreut sich in alle Winde; 2. sie begibt sich in die geplante Organisation der örtlichen Bürokratie ... oder 3. sie hält durch und schlägt sich durch."[49] Die oppositionelle Hamburger Arbeiterjugend entschied sich zum „Durchhalten" und damit für eine Periode der Illegalität. Ihr hervorstechendstes Merkmal war die Entwicklung neuer, der veränderten Situation angepaßter Organisations- und Aktionsformen. Die Erfahrungen aus der Zeit der Sozialistengesetze wurden von den Jugendlichen studiert und für die eigene illegale politische Arbeit verwertet.[50] Als erstes wechselte man die Wirtschaftslokale und stellte die Abteilungsschränke vor dem Zugriff der Politischen Polizei in Privatwohnungen sicher.[51] Um die Auflösungsorder zu unterlaufen, konstituierten sich die einzelnen Abteilungen der „Freien Jugendorganisation" neu als Wandervereine, die sich möglichst harmlos klingende Namen zulegten – „Jungvolk", „Reform" oder „Wohlfahrt".[52] Die Arbeit der „Freien Jugendorganisation" konnte auf diese Weise, wenn auch unter wesentlich erschwerten Bedingungen, fortgesetzt werden. Die „Proletarier-Jugend" sicherte ihr Weitererscheinen als „Korrespondenz für die Hamburg-Altonaer Arbeiterjugend", indem sie sich als „unabhängig von irgendeiner Organisation" deklarierte.[53]

Während sich der Wiederaufbau des mehrheitssozialdemokratischen Jugendbundes wohlwollender Duldung durch Polizei- und Militärbehörden erfreute, wurde die oppositionelle Arbeiterjugend verschärfter polizeilicher Beobachtung und Verfolgung ausgesetzt. Zu den bevorzugt angewandten Methoden, die jungen Kriegsgegner auszuschalten, gehörte die Einberufung zum Heer. Anfang September 1916 erhielt Rudolf Lindau seinen Gestellungsbefehl. In ihm sah die Polizei den eigentlichen Drahtzieher des „aufhetzenden Treibens" unter den Jugendlichen.[54] Nach und nach wurden auch die anderen führenden Mitglieder der „Freien Jugendorganisation" eingezogen. In die frei gewordenen Leitungsfunktionen rückten immer mehr junge Frauen nach, die vom Militärdienst befreit waren.

Die ehemaligen Vorstandsmitglieder und Leiter der „Freien Jugendorganisation" wurden auf Schritt und Tritt bespitzelt.[55] Stets war eine größere Anzahl von Polizeibeamten im Einsatz, um geheime Zusammenkünfte und Treffen der Jugendlichen aufzuspüren und bei verdächtigen Personen eine Durchsuchung der Wohnungen und der Arbeitsstellen vorzunehmen.[56] In Betrieben, in denen oppositionelle Jugendliche beschäftigt waren, wurden die Geschäftsleitungen von der Polizeibehörde informiert und um Unterstützung gebeten.[57] Verschiedentlich übte man auch auf Eltern Druck aus, ihre Söhne und Töchter dahingehend zu beeinflussen, sich von der oppositionellen Jugendbewegung fernzuhalten.[58] Über Jugendliche, die im Verdacht standen, sich weiter an den Aktivitäten der verbotenen „Freien Jugendorganisation" zu beteiligen, ließ die Polizei Postsperre verhängen. Bei der Postüberwachungsstelle Hamburg war ein Offizier des stellvertretenden Generalkommandos ständig damit beschäftigt, den Briefverkehr dieser Personen zu kontrollieren.[59]

Trotz der vielfältigen Behinderungen beschloß eine geheim tagende Generalversammlung der oppositionellen Jugend Anfang Dezember 1916, die Arbeit der „Freien Jugendorganisation" unter dem Deckmantel der Wandervereine weiterzuführen und den neugegründeten Jugendbund der Mehrheitsrichtung zu boykottieren.[60] Die fortgesetzten Einberufungen gerade der aktivsten Kräfte und die in Ausmaß und Intensität sich steigernden polizeilichen Unterdrückungsmaßnahmen führten freilich im Laufe des Jahres 1917 zu einer kontinuierlichen Schwächung der jugendlichen Kriegsopposition in Hamburg. Hinzu kam, daß seit Anfang 1917 der Richtungsstreit zwischen den verschiedenen linken Gruppierungen in der Arbeiterbewegung zunehmend auch in die oppositionelle Jugend hineingetragen wurde und deren Aktionsfähigkeit lähmte. In Hamburg suchte eine Gruppe um Karl Plättner[61] den engen Anschluß an die Bremer Linksradikalen um die Zeitschrift „Arbeiterpolitik" und erklärte die Forderung nach Massenaktionen zur wichtigsten tagespolitischen Aufgabe der oppositionellen Jugendarbeit.

Im Zusammenhang mit der Vorbereitung eines allgemeinen Demonstrationsstreiks aus Anlaß des Internationalen Jugendtags am 2./3. September 1917 wurden jedoch in einer großangelegten Polizeiaktion die führenden Funktionäre der linksradikalen Jugend verhaftet, die „Proletarier-Jugend" verboten und die „unter dem Namen 'Wanderverein Jungvolk' und sonstigen Bezeichnungen insgeheim fortbestehende radikal-sozialistische Jugendorganisation" zum zweiten Mal für aufgelöst erklärt.[62] Von diesem Schlag erholte sich die oppositionelle Hamburger Jugendbewegung nicht mehr. Im Frühjahr und Sommer 1918 lösten sich die letzten illegalen Abteilungen der „Freien Jugendorganisation" auf;

ein Teil ihrer Mitglieder kehrte in den mehrheitssozialdemokratischen Jugendbund zurück, um hier – unter dem Schutz der Legalität – weiter im oppositionellen Sinne zu arbeiten.

IV. Brot und Frieden

Die Hungerrevolten 1916/17

Die historische Protestforschung hat seit den achtziger Jahren auch hierzulande bedeutende Fortschritte gemacht. Dabei rückten nicht nur die Streikbewegungen, sondern auch andere Formen des Sozialprotests, unter anderem die „foot riots", die Hungerrevolten, in den Blickpunkt.[1] Allerdings fällt auf, daß es bislang – außer einigen lokal- und regionalgeschichtlichen Untersuchungen[2] – keine einzige umfassende Studie zu den Lebensmittelunruhen im Ersten Weltkrieg gibt. Das ist umso verwunderlicher, als diese Nahrungsproteste und Hungerrevolten im Prozeß der inneren Revolutionierung der wilhelminischen Gesellschaft zweifellos eine kaum zu unterschätzende Rolle spielten. Wiederum kann hier das Hamburger Beispiel aufschlußreich sein für die Probleme auch in anderen deutschen Großstädten im Ersten Weltkrieg.

Die Mängel der Lebensmittelversorgung

Bereits in den ersten Tagen der Mobilmachung setzte ein Sturm auf die Lebensmittelgeschäfte ein. Panikkäufe trieben die Preise in die Höhe. Auch die Festlegung von „Höchstpreisen" konnte die Teuerung nicht wirksam eindämmen, förderte sie doch die Neigung der landwirtschaftlichen Produzenten, ihre Erzeugnisse vom Markt zu nehmen und unter der Hand an zahlungskräftige Kunden zu verkaufen. Ende Oktober 1914 berichtete das „Hamburger Echo", daß „die Preise der unentbehrlichen Nahrungs- und Genußmittel außerordentlich hoch gestiegen" seien: „Daß die Not des Volkes in solchem Maße vergrößert wird, hätten wir nicht für möglich gehalten."[3]

Anfang März 1915 kam es im Hamburger Arbeiterquartier Hammerbrook zu den ersten Ansammlungen vor den Brotläden. Einem Beobachter drängte sich angesichts der erregten Auftritte die Sorge auf, daß das Deutsche Reich „der Aufgabe, dieses Volk durch den Krieg zu leiten, schließlich doch nicht Herr werden" könnte.[4] Am 22. März 1915 wurde in Hamburg die Brotkarte eingeführt – der erste Schritt auf dem Wege zu einer umfassenden Rationierung aller Lebensmittel. Mit dem Kartensystem war allerdings kein Garantieanspruch für die Verbraucher verbunden. Denn häufig waren die Lebensmittelzufuhren so unregelmäßig, daß nicht einmal die auf den Karten verzeichnete Mindestmenge abgegeben werden konnte.

Die plötzlich auftretende Brotknappheit und die gleichzeitig immer fühlbareren Preissteigerungen auch für andere Lebensmittel riefen im Frühjahr 1915 in weiten Kreisen der „minderbemittelten Bevölkerung“ eine „sehr ernste Mißstimmung“ hervor.[5] „Ich habe den Eindruck“, schrieb ein Barmbeker Pastor, „daß jetzt Notstände einsetzen, wie wir sie bisher nicht kannten und daß das wirksamste Mittel zu der Bekämpfung dieser Not jetzt durchaus die Volksküche ist.“[6] Tatsächlich bemühte sich die Hamburger Kriegshilfe seit Frühjahr 1915 um einen verstärkten Ausbau der seit Kriegsbeginn eingerichteten Kriegsküchen. Ursprünglich nur für bedürftige Arbeitslose gedacht, wurden sie im Laufe des Krieges zu einer nicht mehr wegzudenkenden – und von vielen anderen Großstädten kopierten – Institution im Versorgungssystem der Hansestadt. Jeder, der wollte, konnte hier ein billiges Mittagessen bekommen. Das „Hamburger Echo“ versuchte seinen Lesern den Besuch der Kriegsküchen mit dem Argument schmackhaft zu machen, daß sie „ja unsern sozialistischen Forderungen nicht ganz fern liegen“.[7] Doch bei vielen Arbeitern bestand zunächst eine deutliche Abneigung gegen die „Bettelsuppen“, wie das Kriegsküchenessen vielfach bezeichnet wurde.

Im Sommer 1915 waren viele hochwertige Nahrungsmittel für die Masse der großstädtischen Bevölkerung bereits zu kaum erschwinglichen Luxusartikeln geworden. Das „Hamburger Echo“ mußte als „nackte, traurige Wahrheit“ feststellen, „daß heute trotz der reichen Ernte zahllose Familien der Männer, die ihr Herzblut für das Vaterland vergießen, wochenlang kein Stück Fleisch genießen, kein Ei, keine Butter kaufen können“: „Arbeiter, Handwerker und kleine Beamte klagen bitterlich über diese Not, die jeden Tag schlimmer wird.“[8] Waren die anhaltenden Ernährungsschwierigkeiten an sich schon geeignet, die Stimmung dauernd kritisch zu beeinflussen, so rief das „sich einschleichende Bewußtsein, daß nicht überall Gerechtigkeit allein die zu treffenden Maßnahmen diktiert"[9], eine immer größere Verbitterung hervor. Da die Behörden nur die gröbsten Auswüchse des Lebensmittelwuchers, nicht aber dessen Ursachen bekämpfen konnten, büßten sie in den Augen weiter Kreise der Bevölkerung Autorität und Glaubwürdigkeit ein. „Wo ist eigentlich die Regierung von Hamburg?" hieß es in einem Protestbrief „vieler Krieger- und Nichtkriegerfrauen" an den Senat vom Juni 1915. „Tut es Ihnen nicht in der Seele weh, daß das arme Volk so ausgebeutet wird? Es ist doch jetzt die höchste Zeit, daß mit Gewalt da eingegriffen wird, um den Preistreibereien ein Ende zu machen ... Eine wahre himmelschreiende Sünde ist es, wie es zugeht, es müßte all den Wucherern alles weggenommen und an arme Leute verschenkt werden. Wir wollen mal sehen, wenn wir es unseren Männern schreiben, wie es uns geht. Es sind doch unsere Männer, die den Feind von all den Verwüstungen zurückhalten."[10] Ein anderer anonymer Briefschreiber drohte im Oktober 1915 damit, daß, wenn nicht den Wucherern bald das Handwerk gelegt werde, das Volk zur Selbsthilfe greifen und dem Krieg ein Ende setzen würde: „Auf den Barrikaden in den Straßen werdet Ihr uns bald kennenlernen."[11] Diese Drohung wurde vom Senat durchaus ernstgenommen. In weiten Kreisen der Bevölkerung, so ließ er im August 1915 den Reichskanzler wissen, setze sich „in zunehmendem Maße die Vorstellung fest, daß wucherische Machenschaften die eigentliche Ursache des Steigens der Preise seien". Dadurch entstünde die Gefahr, „daß, wenn diese Vorstellungen und die sich daraus ergebenden Stimmungen weiter genährt werden, eine Zuspitzung der Lage herbeigeführt wird, die nicht unbedenklich ist".[12]

Anfang November 1915 beantragte die sozialdemokratische Bürgerschaftsfraktion die Beschlagnahme und Kontrolle aller wichtigen Lebensmittel sowie eine einheitliche Höchstpreisregulierung. Für diesen Antrag stimmten jedoch nur die Sozialdemokraten, was das „Hamburger Echo" so kommentierte: „Die Kaufmannsrepublik Hamburg hat bisweilen doch auch etwas von einer Krämerrepublik. Man schont die Händlerinteressen aufs sorglichste ... Der Zwischenhandelsprofit ist in Hamburg ein Kräutlein Rührmichnichtan, das selbst in dieser schlimmen Kriegszeit üppig gedeiht. Zum Schaden der Verbraucher."[13]

Seit Anfang 1916 trat die Versorgungslage in Hamburg wie in anderen Großstädten in ein kritisches Stadium. Schlangen vor Geschäften und Marktständen gehörten seitdem zum Alltagsbild. Bei Tag und Nacht, Wind und Wetter harrten Frauen und Kinder aus, um ein Stück Brot, ein Pfund Butter oder ein paar Eier zu ergattern. Die Behörden beobachteten diese „Lebensmittelpolonaisen" mit großer Sorge. Denn sie bildeten Kristallisationspunkte der Unzufriedenheit und des Protests, aus denen sich – wie die Lebensmittelkommission von SPD und Gewerkschaften warnte – jederzeit „die Gefahr erregter Straßenauftritte von größerer Tragweite" entwickeln konnte.[14] In den Unterhaltungen der abgearbeiteten und hungernden Frauen vor den Läden äußerte sich manches, was in der auf den „Burgfrieden" eingeschworenen Presse nicht mehr geschrieben werden durfte. Keine Zensur, kein Polizeibeamter konnte die Frauen hier daran hindern, das zu sagen und miteinander zu besprechen, was sie an täglichen Sorgen und Nöten bedrückte. Das stellvertretende Generalkommando in Altona ermahnte deshalb Hamburgs Stadtväter wiederholt, aber erfolglos, „diesen unerfreulichen Erscheinungen durch angemessene Verteilungsmaßregeln [zu] begegnen".[15]

Da Brot und Mehl frühzeitig rationiert wurden, Butter und Milch für viele unerschwinglich teuer waren, spielte die Kartoffel im Ernährungshaushalt der Arbeiter eine immer größere Rolle. Jede Einschränkung des Kartoffelverbrauchs mußte sich daher viel unmittelbarer auf die Stimmung auswirken als etwa die Kürzung der Fleisch- und Butterration. Als im März 1916 die wöchentliche Kartoffelration auf vier Pfund pro Kopf festgesetzt wurde, löste das großen Ärger aus, zumal die Mängel und Ungerechtigkeiten der Verteilung dafür verantwortlich gemacht wurden. Wenn die Arbeiterschaft täglich erfahren müsse, daß die Besitzenden sich immer noch besser versorgen könnten, hieß es in einem Schreiben führender Vertreter der Hamburger Sozialdemokraten an den Senat vom 11. März 1916, „dann muß Erbitterung entstehen und, wie psychologisch ganz erklärlich, allmählich lawinenartig anwachsen".[16]

Seit Frühjahr 1916 verzeichneten die Kriegsküchen einen „erschreckend großen Zulauf".[17] Täglich wurden in siebzig Küchen über 100 000 Personen gespeist. Nachdem Ende Mai die Kartoffelzufuhren nach Hamburg fast ganz aussetzten, stieg die Zahl der täglichen Besucher auf 150 000, das heißt, jeder sechste Hamburger war inzwischen auf die öffentliche Speisung angewiesen. Je mehr Menschen in den Kriegsküchen verpflegt werden mußten, desto schlechter wurde das Essen. Ende Juli 1916 berichtete der Vertreter der Gewerkschaften im Speiseausschuß der Kriegshilfe, er könne sich der „Flut von Beschwerden“ kaum noch erwehren. Verschiedentlich sei festgestellt worden, daß die Kessel einfach durch Wasser aufgefüllt würden, um das Essen zu verlängern.[18] Es werde „in letzter Zeit derart schlecht gekocht“, klagte ein Benutzer der Kriegsküchen „im Namen vieler“, „daß man an manchen Tagen diesen Brei mit Ekel u[nd] Brechreiz in sich hineinquält“. Man erwarte ja „keine Leckerbissen..., aber auch nicht Schweinefutter“.[19]

Sozialprotest und Friedenssehnsucht

Während es im Juni und Juli 1916 in Hamburg kaum Kartoffeln gab, trafen Ende Juli plötzlich so reichliche Lieferungen ein, daß ein großer Teil nicht mehr rechtzeitig an die Verbraucher abgegeben werden konnte und verdarb. Anfang August stockte die Kartoffelzufuhr dann abermals, und Mitte August waren in vielen Hamburger Stadtteilen wiederum keine Kartoffeln zu haben. Gerade diese Unregelmäßigkeiten in der Versorgung, hervorgerufen durch bürokratischen Schlendrian, verschärften die ohnehin vorhandene Mißstimmung. Diese verband sich im Sommer 1916 mit dem Verlangen nach Frieden. In einer Eingabe „im Namen mehrerer Kriegerfrauen“ an den Senat vom 11. August 1916 wurde gefordert: „Wir wollen unsere Männer und Söhne aus dem Krieg wiederhaben und wollen nicht länger noch hungern – es muß Frieden gemacht werden. Der hohe Senat muß uns darin beistehen, sonst machen wir was anderes.“[20]

Wenige Tage später kam es in Hamburg zu den ersten Hungerrevolten im Kriege. Ihren Ausgang nahmen sie von Barmbek, einem vorwiegend von Arbeitern bewohnten Stadtteil, der als besonderer Unruheherd galt. In den Abendstunden des 18. August 1916 sammelten sich hier vor den Brotgeschäften mehrere Tausend Menschen, die versuchten, Brot ohne Marken zu bekommen. „In der Hauptsache handelte es sich um Frauen, halberwachsene Burschen, Mädchen und Kinder aus den unteren Ständen", bemerkte ein Polizeibericht. „Es wurde zeitweise gejohlt und gepfiffen. Die Kinder sangen 'Brot her, Brot her, oder wir fall'n um!'"[21] Am späten Abend wurden Schaufensterscheiben eingeschlagen und mehrere Geschäfte geplündert.

Am 19. August erreichten die Unruhen ihren Höhepunkt. In Barmbek, vor allem in der Hamburgerstraße, protestierten erneut Tausende, „hauptsächlich junge Leute von 14 bis 16 Jahren, auch viele Frauen". Wieder gingen Schaufenster zu Bruch, doch diesmal sah die Polizei nicht tatenlos zu. „Da die Menschen keine Anstalten machten fortzugehen, gingen die Schutzleute nach 11 Uhr ganz energisch vor und machten von ihrem Säbel Gebrauch. Durch dieses Vorgehen wurden die Straßen bald gesäubert."[22] Doch schon war der Funke nach Hammerbrook übergesprungen. Hier versammelten sich „die Volksmassen von einigen tausend Köpfen" in der Hammerbrookstraße. „Je dunkler es auf den Straßen wurde, desto erregter wurde die Menschenmenge."[23] Allein vor dem Brotgeschäft Busch drängten sich über tausend Menschen, die versuchten, die Polizeikette zu durchbrechen und in den Laden einzudringen. „Die Menge schrie fortgesetzt: 'Brot heraus! Wir wollen nicht mehr hungern! Busch hat genug Brot! Kriegen wir kein Brot, schlagen wir die Fensterscheiben ein!' Den wiederholten Aufforderungen von seiten der Beamten, sich ruhig zu verhalten, kamen die Leute nicht nach, sondern schrien und johlten nur noch mehr."[24] Vergeblich versuchten die Polizeibeamten, die erregten Menschen in die Seitenstraßen abzudrängen. Schließlich gingen sie auch hier „mit blanker Waffe" vor: „Die in die Häuser gelaufene Menge schimpfte aus den Fenstern und warf mit Flaschen gegen die Polizeibeamten."[25] Zur Unterstützung der Polizei wurde am Abend Militär eingesetzt, darunter eine Abteilung Wandsbeker Husaren, die für besonders „schneidigen Einsatz" bekannt waren. Dahinter fuhr im Auto – wie zur Frontbesichtigung – der in Altona ansässige stellvertretende kommandierende General von Falk. Gegen Mitternacht „war die Ruhe und Ordnung im Stadtteil Hammerbrook wieder hergestellt".[26]

Die Bilanz: In sechzig Geschäften waren Scheiben eingeschlagen und Eßwaren entwendet, 13 Personen waren zum

Teil erheblich verletzt, 37 weitere festgenommen und dem Gericht zugeführt worden.[27] Das stellvertretende Generalkommando forderte eine strenge Bestrafung, und das Schwurgericht erfüllte die Erwartungen voll und ganz: 23 Arbeiter, Arbeiterinnen und Kriegerfrauen wurden wegen „Aufruhr", „Landfriedensbruch", „Hehlerei" und „Unterschlagung" zu insgesamt 26 Jahren und 6 Monaten Gefängnis und 3 Jahren Zuchthaus verurteilt.[28]

Darüber hinaus erließ General von Falk am 21. August 1916 eine Verordnung, die Jugendlichen unter 18 Jahren „das ziellose Auf- und Abgehen und den zwecklosen Aufenthalt auf öffentlichen Straßen und Plätzen" verbot; Kinder unter 14 Jahren durften sich nach 8 Uhr abends nur noch in Begleitung von Erwachsenen sehen lassen.[29] Proletarische Jugendliche, sogenannte „Halbstarke", hatten sich während der Unruhen durch besondere Militanz ausgezeichnet. Das überrascht nicht, denn infolge der Auflösung der familiären Autoritätsstrukturen sahen sich gerade Jugendliche im Kriege einer radikalen Veränderung ihrer bisherigen Lebensweise ausgesetzt. Da die Väter an der Front waren, die Mütter in der Fabrik arbeiteten und in ihrer knappen Freizeit sich um die Beschaffung von Lebensmitteln kümmern mußten, blieben die Heranwachsenden sich weitgehend selbst überlassen. Die zunehmenden Klagen der Behörden über die „Disziplinlosigkeit" und „Verwahrlosung" der Großstadtjugend hatten darin eine Wurzel.

Neben den Jugendlichen waren es vor allem Frauen aus den unteren Schichten, die sich an der Plünderung von Lebensmittelgeschäften beteiligten und auch vor handgreiflichen Auseinandersetzungen mit den Ordnungshütern nicht zurückschreckten. Das zeigt, wie sehr gerade diese Frauen sich von den Behörden im Stich gelassen fühlten und sich moralisch im Recht glaubten, wenn sie sich nahmen, was sie zum Leben brauchten. Manche empfanden ihre Rebellion auch als eine Art Vergeltung dafür, daß der Staat ihnen ihre Männer genommen und nicht für deren Unversehrtheit gesorgt hatte. „Nehmt nur hin, solange der Vorrat reicht. Meinen Mann haben die Schweine kaputtschießen lassen", rief eine Frau, die während der Plünderung eines Spirituosengeschäfts Rum- und Cognacflaschen an die Umstehenden verteilte.[30]

„Hoch Liebknecht! Hoch die Republik!“

Nach Niederschlagung der Unruhen liefen bei Senat und Polizeibehörde zahlreiche anonyme Briefe ein. Sie machen deutlich, wie groß die Erbitterung über das rücksichtslose Vorgehen der Polizeibeamten war. Ein Soldat, der auf Urlaub in Hamburg war und die Prügelszenen beobachtet hatte, drohte den „Tag der Vergeltung“ an: „Es werden Männer zurückkehren, die keine Furcht kennen vor Säbeln, denen das Morden gelehrt worden ist. Es wird eine Zeit kommen, daß die Leichen an den Laternenpfählen hängen, natürlich die der Schutzleute ... Das Blut der Arbeiter wird gerächt mit dem der Patrioten. Nieder mit den Lumpen von Polizisten, nieder mit den Mördern, sie verdienen gehängt zu werden, nieder mit dem Kaiser nebst Angehörigen, nieder mit den Kapitalisten, nieder mit den Wucherern, sie alle gehören zur Hölle.“ Der Brief endete mit dem Ruf „Hoch Liebknecht! Hoch die Republik!“[31] Der Briefschreiber war gewiß kein blinder Liebknecht-Anhänger. Aber der Wortführer des Spartakusbundes, Anfang Juli 1916 zu zweieinhalb Jahren Zuchthaus verurteilt, war inzwischen offenbar auch für viele kriegsmüden Soldaten zur Symbolfigur des Widerstands gegen den Krieg geworden.

Ein anderer anonymer Schreiber drohte, daß Hamburg „an allen Ecken angesteckt“ würde, falls der Hunger nicht endlich aufhöre: „Wir machen nicht mehr mit! Gebt uns wenigstens genug zu essen!“[32] Und in einem Schreiben „mehrerer Hamburger Genossen“ an Reichskanzler von Bethmann Hollweg war davon die Rede, daß „die Unruhen in kurzer Zeit zu Barrikadenkämpfen ausarten“ könnten, falls die Regierung den Lebensmittelwucher nicht entschlossen bekämpfe.[33]

Unter Hamburgs herrschenden Eliten begann seit Sommer 1916 die Furcht vor einer sozialen Revolution umzugehen. Die Sicherheitsvorkehrungen wurden verstärkt. Auf Ersuchen der Militärkommission des Senats wies die Kommandantur in Altona eine Kompanie des Landsturm-Infanterie-Bataillons in Hamburg an, den Anforderungen der Polizeibehörde „zur Hilfeleistung bei inneren Unruhen“ unverzüglich zu entsprechen.[34] Überdies verstärkte der Senat seine Anstrengungen, die Vorkehrungen auf dem Ernährungssektor zu zentralisieren. Ende September 1916 nahm das neue Kriegsversorgungsamt in Hamburg seine Tätigkeit auf. Allerdings besserte sich dadurch die Versorgungslage nicht nennenswert. Bereits Anfang November 1916 kam es vor zahlreichen Brotläden zu krawallartigen Szenen. Ein führender Hamburger Sozialdemokrat, der sich nach den Ursachen erkundigte, erfuhr, „daß die Leute 1 bis 3 Stunden lang vor den Läden stehen und auf Brot warten. Andere Frauen laufen von Laden zu Laden und gar von Stadtteil zu Stadtteil, um Brot aufzutreiben". Für die nächste Zeit sei „das Allerschlimmste" zu befürchten, denn es herrsche in der Bevölkerung „eine geradezu furchtbare Stimmung über diese Kalamitäten in der Brotversorgung".[35] Gerüchte trugen dazu bei, die erregte Stimmung weiter anzuheizen. So erzählte man sich Mitte November 1916 „in den Stadtteilen, in denen kleine Leute wohnen – St. Pauli, Eimsbüttel, Barmbek, Hammerbrook – ..., spätestens mit Jahresende werde die Kartoffelernte völlig aufgebracht sein": „Man soll sich darauf vorbereiten, daß es dann zu Tumulten kommen werde, gegen die die bisherigen nur Kinderspiel gewesen seien."[36]

Tatsächlich stellte der Winter 1916/17 die Geduld der Bevölkerung auf eine besonders harte Probe. Die Kartoffelzufuhren setzten fast vollständig aus, die Brotrationen wurden noch einmal gekürzt, Kohlen gab es nicht einmal mehr auf Bezugsschein. Die Zahl der täglich in den Kriegsküchen ausgegebenen Portionen stieg von 130 000 im Januar 1917 auf 300 000 im April 1917. Mit anderen Worten: Nahezu ein Drittel aller Hamburger Einwohner mußte täglich die öffentlichen Speiseanstalten aufsuchen.

An die Stelle der Kartoffel trat die Steckrübe – das Ernährungssymbol dieses Winters. Sie diente zur Herstellung der Suppe, des Gemüses und selbst des Nachtisches. Es wurden Kriegskochbücher verfaßt und in großer Auflage verbreitet, die den Hausfrauen die Zubereitung von Steckrübengerichten schmackhaft machen sollten, doch schließlich empfand fast jeder einen Widerwillen gegen das ungeliebte Ersatzmittel. Da die knappen Rationen und dürftigen Massenspeisungen längst nicht mehr ausreichten, litten immer mehr Menschen an Hunger. So klagte eine Hamburger Arbeiterfrau Ende Februar 1917 ihrem Sohn, der als Soldat an der

Front diente: „Hier bei uns in Hamburg sieht es traurig aus, schon 5 Wochen keine Kartoffeln, Mehl und Brot knapp … man geht hungrig zu Bett und steht hungrig wieder auf, es wird Zeit, daß bald Schluß kommt … nur die ewigen Rüben, ohne Kartoffeln, ohne Fleisch, alles in Wasser gekocht."[37] Im Frühjahr 1917 wurden in Hamburg die ersten Fälle von Hungerödemen registriert – eine Krankheit, bei der Arme und Beine stark anschwollen. Zugleich nahm die Sterblichkeit besonders bei älteren Leuten stark zu.

Nicht alle mußten hungern. Wer genügend Geld hatte, der konnte sich unter der Hand, auf dem schwarzen Markt, immer noch all die heiß begehrten Waren beschaffen. Und das erregte mehr Unzufriedenheit und Erbitterung als die schwierige Ernährungssituation selbst. „Alles wird für die Reichen, für die Besitzenden reserviert", empörte sich eine Hamburger Arbeiterin im Februar 1917. „Sobald es heißt, Entbehrungen mitmachen zu müssen, dann wollen die Herrschaften keine Brüder und Schwestern mehr von der arbeitenden Klasse sein. Die schönen Reden vom Durchhalten gelten nur für die arbeitende Klasse, die herrschende Klasse hat sich mit ihrem Geldsack schon genügend versorgt."[38] Und in einem anonymen Schreiben an das Kriegsversorgungsamt hieß es: „Wenn nichts mehr zu fressen da ist, nun so brecht ab, wir dummes Volk haben nichts zu verlieren, wir sollen bloß mit unseren Entbehrungen den Krieg gewinnen … Es wäre besser, dem reichen, faulen Gesindel das Essen zu verbieten, das bloß zum Spott und Hohn dem arbeitenden Volk im Wege rumläuft und ihm das beste Essen wegfrißt wie die Bandwürmer."[39]

Die Unzufriedenheit über die Misere der Lebensmittelversorgung und der Wunsch nach Friede verbanden sich, je länger desto mehr, mit Ressentiments gegen die Besitzenden und Privilegierten. Bevorzugtes Transportmittel dieser Ressentiments waren Gerüchte. So wurde in Versammlungen von Arbeitern immer wieder berichtet, daß in den Kellern der Villen in Harvestehude große Lebensmittelvorräte gehortet würden. Ein anderes Gerücht besagte, daß bei den auf Bahnhöfen vorgenommenen Kontrollen zur Feststellung von Hamsterern „immer nur einfache Leute herausgegriffen" worden seien, „während man anscheinend Angehörige besserer Stände habe passieren lassen".[40] So übertrieben und verzerrt solche Gerüchte sein mochten – sie fanden bereitwillige Ohren, weil sie an die für alle sichtbare Tatsache der Besserstellung der Wohlhabenden anknüpften. Insofern hatten sie eine die gesellschaftliche Ungleichheit zugleich enthüllende wie die Unzufriedenheit darüber verstärkende Funktion.

Wachsende Neigung zur kollektiven Selbsthilfe

Die Erbitterung über die katastrophalen Ernährungsverhältnisse entlud sich im Januar und Februar 1917 in einer zweiten Welle von Hungerrevolten. Den Anfang machte diesmal Harburg, eine Industrieort südlich von Hamburg. Hier versammelte sich am Nachmittag des 12. Januar eine über tausendköpfige Menschenmenge, um unter Rufen wie „Hunger!" „Wir wollen die Steckrüben nicht mehr!" gegen die herrschende Lebensmittelnot zu protestieren. Ehe die Polizei einschreiten konnte, gingen einige Fenster des Rathauses und der Wohnung des Oberbürgermeisters zu Bruch. Nur mit Unterstützung eines Zuges Pioniersoldaten eines bei Harburg stationierten Ersatzbataillons gelang es dem Polizeiaufgebot, „allmählich der erregten Menge Herr zu werden und die vollständige Ordnung wiederherzustellen".[41] Am 22. und 23. Februar 1917 wurde auch Hamburg zum Schauplatz erneuter Hungerunruhen. Wie im August 1916 nahmen sie ihren Ausgang von Barmbek, dehnten sich aber am folgenden Tag auf die Stadtteile Winterhude, Uhlenhorst, Eimsbüttel, Eilbek, Hamm, Eppendorf aus und kamen schließlich auch in der Neustadt zum Ausbruch.[42] Das Übergreifen der Revolte auch auf nicht rein proletarische Bezirke kann wohl als ein Anzeichen dafür genommen werden, daß in wachsendem Maße auch kleinbürgerliche und mittelständische Schichten von der Hungersnot betroffen waren und dagegen zu rebellieren begannen.

Nach den Feststellungen der Polizeibehörde wurden in 105 Geschäften die Schaufensterscheiben eingeschlagen und in 116 Geschäften Brotdiebstähle verübt. Da die Schutzleute allein der Unruhen nicht Herr zu werden vermochten, forderte der Hamburger Polizeipräsident bei der Kommandantur in Altona militärische Unterstützung an. In den Abendstunden des 23. Februar rückten sechs Kompanien Infanterie und eine Abteilung Husaren in die Stadt ein. Die Truppen wurden in verschiedenen Stadtteilen in Bereitschaft gehalten, um „etwaige Unruhen sofort im Keim" zu ersticken.[43]

Von Hamburg aus griffen die Hungerrevolten auf die Nachbarstädte der Provinz Schleswig über. Am Abend des 23. und Morgen des 24. Februar 1917 wurden in Wandsbek fast sämtliche Bäckerläden gestürmt und geplündert.[44] Von Wandsbek aus sprang der Funke über nach Altona. Die Unruhen, die hier am Abend des 24. Februar begannen und sich am 25. Februar auch auf Ottensen und Bahrenfeld ausweiteten, konnten wie zuvor in Harburg, Hamburg und Wandsbek nur durch den Einsatz von Militär niedergeschlagen werden.[45] Kaum waren in Altona „Ruhe und Ordnung" wiederhergestellt, ereigneten sich am 27. Februar auch in Wilhelmsburg „Lebensmittelkrawalle in ziemlich erheblichem Maße".[46] Nachdem die Protestierer zunächst vergeblich versucht hatten, sich Zugang zum Rathaus zu verschaffen, kam es in den Abendstunden zu Plünderungen von Brotläden und Lebensmittelgeschäften.

Vergleicht man die Serie der Unruhen in und um Hamburg, so lassen sich einige Gemeinsamkeiten feststellen. Die Ursache lag nicht in einer bestimmten Maßnahme auf dem Ernährungssektor, sondern in der „allgemeinen Verstimmung und Beunruhigung weiter Volkskreise".[47] Diese Tatsache erklärt auch, warum die Revolte, anders als noch im August 1916, nicht auf Hamburg beschränkt blieb, sondern in einer Art Kettenreaktion das gesamte Vierstädtegebiet erfaßte. Daß darüber hinaus zunehmend auch kleinere Städte in der weiteren Umgebung Hamburgs zum Schauplatz von Hungerunruhen wurden, macht deutlich, daß auch dort die Lebensbedingungen immer schwieriger geworden waren und die kommunalen Behörden kein Vertrauen mehr besaßen.

Neben Frauen und Jugendlichen traten diesmal auffällig viele Schulkinder in Erscheinung. So beobachtete die Polizei in Harburg unter der protestierenden Menge vor dem Rathaus „in der Mehrheit Kinder aus allen Schulen", wobei sich die Schüler des Realgymnasiums „besonders unangenehm bemerkbar" gemacht hätten.[48] Diese Beobachtung scheint die Vermutung zu stützen, daß sich auch in Mittelschicht-Familien zunehmend Verelendungserscheinungen zeigten, welche die Neigung zu militanten Formen des Protests förderten. Auf Wunsch der Polizeibehörde wurden die Lehrer an Hamburger Schulen angewiesen, „für Belehrung der Kinder [zu] sorgen und sie insbesondere vor Teilnahme an den Ansammlungen auf der Straße [zu] warnen".[49]

Die Plünderungsaktionen liefen überall nach dem gleichen Muster ab. Die Protestierer zogen in kleinen Gruppen von einem Bäckerladen zum anderen, um die Herausgabe von Brot zu verlangen. Zu Gewalttätigkeiten kam es erst, wenn die Verkäufer sich dem Verlangen widersetzten. Manchmal forderten Bäcker die Menge selbst auf, die Scheiben einzuschlagen, damit sie den auf sie ausgeübten Zwang gegenüber den Behörden glaubhaft dokumentieren konnten. Akte wahlloser Destruktion blieben die Ausnahme.

Auf die Bereitschaft eines wachsenden Teils der Bevölkerung, zur Befriedigung seiner elementarsten Lebensbedürfnisse zum Mittel der kollektiven Selbsthilfe zu greifen, reagierten die Militär- und Zivilbehörden mit einem Ausbau des Repressionsapparats. Anfang März 1917 wurden vom stellvertretenden Generalkommando in Altona neue „Richtlinien für das Verhalten der Garnisonskommandos bei Unterdrückung innerer Unruhen" erlassen. Sie sahen unter anderem die dauernde Bereitstellung von Truppen in den Kasernen und enge Kontakte mit den örtlichen Zivilbehörden vor. Die zur Bekämpfung von Unruhen angeforderten Truppen sollten „stets mit scharfen Patronen" ausgerüstet, bei der Auswahl der Offiziere allerdings „nur besonnene, energische und umsichtige Persönlichkeiten" berücksichtigt werden.[50] Als oberste Maxime galt: „Bei allen Maßnahmen ist anzustreben, daß Zusammenstöße zwischen Militär und Volk vermieden werden. So lange die polizeiliche Gewalt irgend ausreicht, darf ein militärisches Eingreifen nicht stattfinden."[51] Offenbar hatte der stellvertretende kommandierende General Grund zur Befürchtung, daß Konfrontationen mit hungernden Frauen und Kindern auf die „Kampfmoral" der Soldaten nicht ohne Einfluß bleiben würden. Im April 1917 war in der Hamburger Bevölkerung bereits die Auffassung verbreitet, daß man sich vor dem Militär „im gegebenen Falle nicht zu fürchten" brauche: „dies würde nicht schießen."[52] Der Legitimationsverlust des herrschenden Systems hatte, wie es scheint, auch bereits auf die Garnisonen übergegriffen. Die Möglichkeit begann sich abzuzeichnen, daß die Soldaten sich mit dem Volk verbrüderten und ihren Befehlshabern den Gehorsam aufkündigten.

V. Sammelbecken der Kriegsgegner

Die USPD in Hamburg und im Bezirk Wasserkante 1917/18

Anfang April 1917 wurde in Gotha, dem traditionsreichen Ort des Vereinigungsparteitags von Eisenachern und Lassalleanern 1875, die Unabhängige Sozialdemokratische Partei Deutschlands (USPD) gegründet. Die neue Partei, ein Produkt der Spaltung der Sozialdemokratie im Ersten Weltkrieg, erlebte nach der gescheiterten Novemberrevolution von 1918 einen kometenhaften Aufstieg, schien Mitte 1920 sogar die Mehrheitssozialdemokratie zu überflügeln, und versank doch nur wenige Monate später in die politische Bedeutungslosigkeit, nachdem sie an der Frage des Anschlusses an die Kommunistische Internationale zerbrochen war.

Die Frühgeschichte der USPD, ohne deren Kenntnis ihre Entwicklung nach 1918 kaum verständlich wird, ist bislang nur unzureichend erforscht. Hartfrid Krause geht in seiner Gesamtdarstellung zur USPD- Geschichte auch auf die Entstehungsbedingungen und die Entwicklung der neuen Partei vor 1918 ein, konzentriert sich aber ganz auf die Diskussion und Auseinandersetzungen in den Führungsgremien.[1] Dieser Ansatz ist insofern ungeeignet, ein umfassendes und differenziertes Bild zu vermitteln, als damit ein wesentliches Charakteristikum der frühen USPD ausgeblendet wird: ihre ungleichzeitige und ungleichgewichtige Verankerung in den einzelnen Industriezentren. Der Trennungsprozeß von der Mutterpartei vollzog sich nicht nach einem einheitlichen Muster, sondern war von jeweils spezifischen lokalen und regionalen Konstellationen abhängig. Zu Recht hat Susanne Miller daher darauf aufmerksam gemacht, daß hinreichende Erklärungen für die unterschiedliche Entwicklung der USPD sich nur aufgrund eingehender Lokal- und Regionaluntersuchungen gewinnen ließen.[2] Einige Vorarbeiten dazu liegen bereits vor.[3]

Der Kreisverein Hamburg-Altona der USPD – Entstehung und Entwicklung

Die Spaltung der Sozialdemokratischen Partei, an die zu Beginn des Krieges noch kaum jemand gedacht hatte, wurde Ende 1916/Anfang 1917 Wirklichkeit. Immer mehr hatten sich im Laufe des Krieges die Gegensätze zwischen Mehrheit und Minderheit zugespitzt, immer größer war die Bereitschaft auf beiden Seiten geworden, das Risiko einer Parteispaltung in Kauf zu nehmen. Dabei befanden sich die Gegner von Kriegskreditbewilligung und Burgfriedenspolitik von vornherein in einer ungünstigen Ausgangslage, denn gegen ihre oppositionellen Aktivitäten vor allem richtete sich die restriktive Praxis des Belagerungszustands, während die Führungen von Sozialdemokratie und Gewerkschaften sich wohlwollender Duldung durch Militär- und Zivilbehörden erfreuten. Für besondere Erbitterung sorgte, daß der Berliner Parteivorstand diesen Positionsvorteil rigoros ausnutzte, um die Kritiker in den eigenen Reihen zu disziplinieren und zum Schweigen zu bringen.

Am 7. Januar 1917 trafen sich auf Einladung der Sozialdemokratischen Arbeitsgemeinschaft (SAG), der Minderheitsfraktion im Reichstag, Vertreter aller Oppositionsrichtungen in Berlin, um zu überlegen, wie den Repressalien der Parteiführung am wirksamsten zu begegnen sei. Diese „Reichskonferenz" bot den Führungsgremien der SPD die gewünschte Handhabe, um die Minderheit aus der Partei herauszudrängen. Am 18. Januar erklärte der Parteiausschuß, daß die Opposition eine „Sonderorganisation gegen die Partei" gebildet und sich „nunmehr auch von der Partei selbst getrennt" habe. Im Anschluß daran sanktionierte der Parteivorstand in einem Aufruf die Unvereinbarkeit der Zugehörigkeit zur Opposition mit der weiteren Mitgliedschaft in der SPD. Damit war der Bruch vollzogen.[4]

In Hamburg stimmte eine von fast 500 Delegierten besuchte Versammlung der SPD-Landesorganisation am 11. Februar 1917 den Beschlüssen der Parteiführung zu und beauftragte die Vorstände der drei Hamburger Wahlkreise, „die notwendigen organisatorischen Maßahmen zu ergreifen und durchzuführen".[5] In den folgenden Wochen wurden die Vertreter der Opposition aus der Partei ausgeschlossen; einige traten zuvor auch freiwillig aus.

Nach der Spaltung der Partei verschärften sich die Differenzen innerhalb der Opposition, die in der Phase des gemeinsamen Kampfes gegen die SPD- und Gewerkschaftsführung hatten überbrückt werden können. Zwar trafen sich die Mitglieder des oppositionellen Zirkels, der bereits im August 1914 unter Führung von Heinrich Laufenberg und Fritz Wolffheim konstituiert worden war[6], weiterhin zu regelmäßigen Sitzungen. Doch drängte eine entschiedene Richtung, die sich an den Positionen der Bremer Linksradikalen um Johann Knief und des von ihm herausgegebenen Wochenblatts, der „Arbeiterpolitik", orientierte, zunehmend auf eine prinzipielle Klärung der Standpunkte, vor allem auf eine deutliche Abgrenzung von der als inkonsequent und halbherzig verurteilten Politik der SAG. Eine andere Gruppe, die sich mit der Minderheitsfraktion im Reichstag verbunden fühlte, vertrat demgegenüber die Auffassung, daß die Opposition – ungeachtet aller Meinungsverschiedenheiten – in ihrem Kampf gegen die Mehrheitssozialdemokratie zusammenstehen müsse und sich eine Zersplitterung ihrer ohnehin schwachen Kräfte nicht leisten könne.

Die Gegensätze spitzten sich rasch zu und führten Ende Februar 1917 zu einer Sprengung des Oppositionszirkels.[7] Unmittelbar danach, am 28. Februar, gaben die der Richtung „Arbeiterpolitik" nahestehenden Hamburger Linken um Heinrich Laufenberg die Gründung einer eigenen Organisation bekannt. Die Resolution, mit der sie ihren Schritt begründeten, spiegelte die mittlerweile vollzogene Annäherung an die Bremer Linksradikalen wider. Neben der charakteristisch scharfen Distanzierung von der SAG enthielt sie das Bekenntnis zu Massenaktionen als der wichtigsten Kampfform der Arbeiterklasse, „in deren Dienst auch der Parlamentarismus zu stellen" sei.[8]

Die Anhänger der SAG blieben nicht untätig. Anfang März 1917, kurz nachdem die Hamburger Linksradikalen sich selbständig gemacht hatten, sagten sich zwei Bezirke in Barmbek, dem mitgliederstärksten Distrikt im dritten Hamburger Wahlkreis, von der alten SPD los und erklärten, künftig „nur die Sozialdemokratische Arbeitsgemeinschaft als Vertreterin ihrer Interessen" anerkennen zu wollen.[9] Ein ähnlicher Vorgang wiederholte sich im Landdistrikt Geesthacht, der ebenfalls zum dritten Hamburger Wahlkreis gehörte. Hier nahm eine von 75 Mitgliedern besuchte Versammlung am 11. März 1917 eine Entschließung an, in der „mit aller Scharfe gegen die parteizerstörende Tätigkeit des Parteivorstands" Protest eingelegt, die Haltung des Reichstagsabgeordneten des dritten Hamburger Wahlkreises, Heinrich Stubbe, mißbilligt und den Mitgliedern empfohlen wurde, anstelle des lokalen Parteiblatts, des „Hamburger Echo", das zum „Zentralorgan des großen Umlernens" sich entwickelt habe, die „Leipziger Volkszeitung" zu abonnieren.[10] Obwohl die Hamburger Parteileitung sich bemühte, den unbotmäßigen Distrikt zur Räson zu bringen, bekräftigte eine weitere Distriktversammlung am 1. April die Trennung von der alten Partei und den Anschluß an die SAG.[11] So waren in Hamburg, noch vor der offiziellen Gründung der USPD, Keimzellen einer neuen Partei vorhanden.

Die endgültige Konstituierung des Kreisvereins Hamburg-Altona der USPD erfolgte am 29. April 1917 – im Anschluß an ein Referat des Parteivorsitzenden Hugo Haase über die Gründungskonferenz in Gotha. Die Hamburger Polizeibehörde hatte die Versammlung zunächst verbieten wollen, sie dann aber doch gestattet – allerdings nur unter der Bedingung, daß eine Diskussion über das Referat Haases nicht stattfinden dürfe. Außerdem durfte die Versammlung nicht öffentlich bekannt gemacht werden. Dennoch fanden sich etwa 600 Personen ein, von denen offenbar ein großer Teil sich in die Mitgliederlisten eintrug.[12]

Zunächst schien sich die neue Partei in Hamburg ganz erfolgversprechend zu entwickeln. Mitte Mai 1917 bereits berichtete die „Leipziger Volkszeitung", daß die USPD in der Hansestadt, der „bisherigen Hochburg der Regierungs- und Durchhaltesozialisten", täglich an Boden gewinne: „Zahlreich laufen die Meldungen zum Übertritt und Anschluß zur USPD bei den Vertrauensleuten ein."[13] Auch im benachbarten 8. schleswig-holsteinischen Reichstagswahlkreis Altona-Stormarn gelang es der USPD, in die Domäne der Mehrheitssozialdemokratie einzubrechen. Am 5. Mai 1917 trat der Ortsverein Bramfeld aus der SPD aus und erklärte seinen Anschluß an den Kreisverein Hamburg-Altona der USPD.[14]

Insgesamt hielt sich jedoch der Zulauf zur USPD in Hamburg-Altona in engen Grenzen. Die Angaben über die Mitgliederzahlen weichen stark voneinander ab. Während die „Leipziger Volkszeitung“ schon Anfang Mai 1917 über 1 000 Mitglieder in Hamburg zählte[15], sprechen Erinnerungsberichte ehemaliger USPD-Funktionäre von „ein paar hundert“.[16] In einem Verzeichnis der Politischen Polizei ist die Mitgliederzahl des Kreisvereins Hamburg-Altona der USPD Ende 1917 sogar nur mit 120 angegeben.[17] Man wird kaum fehlgehen, wenn man für 1917 und die erste Hälfte des Jahres 1918 von höchstens 500 Mitgliedern ausgeht. Das war, gemessen am Organisationsgrad der Mehrheitssozialdemokratie in Hamburg, eine verschwindend geringe Zahl. Am 1. April 1917 waren in den drei Hamburger Wahlkreisvereinen noch 40 743 Sozialdemokraten organisiert; gegenüber dem Stand vom 1. April 1914 bedeutete dies einen Verlust von 27 119 Mitgliedern. Hierbei ist zu berücksichtigen, daß die kriegshalber eingezogenen Mitglieder in der Statistik weitergeführt wurden.[18] Was immer die Gründe für die Austrittswelle gewesen sein mögen – wirtschaftliche Nöte oder Verärgerung über die Kriegspolitik der Parteioberen –, Tatsache bleibt, daß der Mitgliederschwund nur zu einem ganz geringen Prozentsatz der USPD zugute kam. Noch weniger profitierten die Hamburger Linksradikalen davon. Sie zählten gerade 100 bis 200 Mitglieder, also nicht einmal halb so viele wie die USPD in Hamburg-Altona.[19]

Gründe für die schwache Position der USPD in Hamburg

Susanne Miller hat vier Faktoren genannt, die bei der unterschiedlichen Herausbildung oppositioneller Zentren im Ersten Weltkrieg bedeutend gewesen sind: Sozialstruktur, Rolle der Persönlichkeit, Parteipresse und lokale Parteigeschichte.[20] So wichtig diese Faktoren auch sein mögen, so ist doch ein weiterer in die Überlegungen einzubeziehen: die Repression durch zivile und militärische Behörden.

Offenbar waren die Schwierigkeiten, mit denen die USPD in Hamburg, aber auch in anderen Städten, zum Beispiel Köln, zu kämpfen hatte, zurückzuführen auf die Kombination aus scharfer behördlicher Verfolgung und gleichzeitiger Konfrontation mit einer übermächtigen Mehrheitssozialdemokratie.[21] Die Dominanz der MSPD wiederum hing zusammen mit Sozialstruktur und Parteitradition. Begünstigt durch die gewerbliche Struktur Hamburgs als eines Handels- und Dienstleistungszentrums, gefördert auch durch die massierte Präsenz von Gewerkschafts- und Genossenschaftsbürokratie, war es den reformistischen Kräften vor dem Ersten Weltkrieg gelungen in der „radikalen Hochburg" der SPD eine starke Position zu erobern.[22] Ein profilierter linker Parteiflügel hatte sich in Hamburg – im Unterschied zu Bremen – nicht herausbilden können. Die wenigen intellektuellen Wortführer der Linken, allen voran Heinrich Laufenberg, besaßen keine Schlüsselpositionen im Organisationsapparat. Diese Schwäche konnten sie nach Kriegsausbruch um so weniger kompensieren, als sich die staatliche Überwachungs- und Verfolgungspraxis unter den Bedingungen des Belagerungszustandes ausschließlich gegen die oppositionellen Teile der Arbeiterbewegung sowie des organisierten Pazifismus richtete, während die kooperationsbereiten Kräfte in den Führungen von SPD und Gewerkschaften sich nach Überwindung anfänglicher Schwierigkeiten relativ ungehindert betätigen konnten.

Die doppelgleisige Politik verstärkte das Übergewicht der Mehrheitsrichtung in der Hamburger Sozialdemokratie. In den großen Debatten der SPD-Landesorganisation im Sommer 1915 und 1916 erlitt die Opposition jeweils deutliche Abstimmungsniederlagen.[23] Nur im sozialdemokratischen Jugendbund – wo der disziplinierende Zugriff der Parteioberen nicht direkt erfolgte – vermochte die Opposition Fuß zu fassen. Doch eine konzertierte Aktion von Polizeibehörde und stellvertretendem Generalkommando in Altona sorgte dafür, daß die „Freie Jugendorganisation von Hamburg-Altona und Umgebung", die nach der Auflösung des Jugendbundes durch die Hamburger SPD- und Gewerkschaftsführung im März 1916 gegründet worden war, bereits Ende August 1916 verboten wurde.[24]

Auch die USPD in Hamburg-Altona unterlag vom ersten Tag ihrer Existenz intensiver polizeilicher Beobachtung und Verfolgung. Am 18. Juli 1917 ordnete der stellvertretende kommandierende General in Altona, von Falk, an, daß dem

„gefährlichen Treiben der unabhängigen Sozialdemokratie ... mit aller Entschiedenheit entgegengetreten und ihr die Möglichkeit zur Verbreitung ihrer Gesinnung im Volke unterbunden werden“ müsse. Daher sei eine „Verbreitung kriegsgegnerischer, staatsfeindlicher Schriften und Flugblätter mit allen Mitteln zu verhindern“, ebenso die Gründung neuer Parteizeitungen.[25]

So scheiterte auch der Versuch der Hamburger USPD, eine Wochenzeitung unter dem Titel „Der Lotse“ herauszubringen. Die Kriegswirtschaftsstelle für das deutsche Zeitungsgewerbe, die von der Zentralleitung der USPD in Berlin um Genehmigung ersucht wurde, schützte in ihrem ablehnenden Bescheid „Papiermangel“ vor. Auch Beschwerden beim Kriegsministerium blieben ohne Erfolg.[26] Während der gesamten Dauer des Krieges besaß die USPD in Hamburg-Altona keine eigene Zeitung und damit auch kaum eine Möglichkeit, dem Informationsmonopol der Mehrheitssozialdemokratie wirksam entgegenzutreten, was sich angesichts der einseitigen, die Opposition aggressiv bekämpfenden Berichterstattung des „Hamburger Echo“ besonders nachteilig auswirkte. Gelegentliche Notizen in der „Leipziger Volkszeitung“ und dem „Mitteilungsblatt des Verbandes der sozialdemokratischen Wahlvereine Berlins und Umgebung“ über die Hamburger Parteiverhältnisse konnten kein Ersatz für ein eigenes Periodikum sein.

Bis in den Oktober 1918 hinein war es der USPD in Hamburg-Altona auch nicht erlaubt, öffentliche politische Versammlungen abzuhalten. Nur einmal, im Mai 1918, machte die Polizeibehörde eine Ausnahme und gestattete eine Feier zu Karl Marx' 100. Geburtstag. Aber auch für diese Versammlung durfte nicht öffentlich geworben werden.[27]

Wollten die Wortführer der USPD ihren Auffassungen Gehör verschaffen, blieb ihnen nichts anderes übrig, als in öffentlichen Versammlungen der Mehrheitssozialdemokratie aufzutreten. Selbst dieser Möglichkeit suchte das stellvertretende Generalkommando in Altona einen Riegel vorzuschieben, indem es Anfang November 1917 anordnete, daß Anhänger der USPD in Versammlungen „auch gelegentlich der Aussprache nicht als Redner auftreten“ dürften.[28] Dieses Redeverbot war allerdings eine zweischneidige Waffe; es löste auch bei Anhängern der Mehrheitssozialdemokratie Unwillen aus und führte zu einem unerwünschten Solidarisierungseffekt – wie das Beispiel einer Versammlung mit dem MSPD-Parteivorsitzenden Friedrich Ebert zeigt, die unter Tumult geschlossen werden mußte, nachdem der überwachende Polizeibeamte dem Bremer USPD-Reichstagsabgeordneten Alfred Henke das Wort entzogen hatte.[29] Solche Vorfälle veranlaßten sogar das „Hamburger Echo", gegen die Redeverbote zu protestieren, da sie „nur eine – wenn auch ungewollte – Begünstigung der Unabhängigen-Bewegung" darstellten.[30] Dieser Argumentation konnte sich auch das stellvertretende Generalkommando nicht verschließen. In einem modifizierten Erlaß vom 11. Dezember 1917 stellte es dem Ermessen der Polizeibehörde frei, das Auftreten von Rednern der USPD in der Diskussion zu dulden, wenn „hiervon eine Störung der öffentlichen Ordnung und Sicherheit nicht zu besorgen ist".[31]

Zu den genannten Schwierigkeiten – Fehlen einer eigenen Presse, Versammlungs- und Redeverbot – kam ein Mangel an Führungspersönlichkeiten. Die wenigen bekannten Funktionäre der Hamburger USPD wurden – wie auch schon die Wortführer der Opposition in den Jahren 1915/16 – eingezogen, wobei die Zivil- und Militärbehörden wiederum eng mit den Spitzen der MSPD und Gewerkschaften in Hamburg zusammenarbeiteten.

Prominentestes Opfer dieser Kooperation war Paul Dittmann, der Sprecher des Werftarbeiterstreiks von 1913 und Wortführer der Opposition im Metallarbeiterverband. Während der Versammlung der Landesorganisation am 11. Februar 1917, die den Spaltungsbeschluß durchsetzte, machte er von der Galerie des großen Saals im Gewerkschaftshaus einige markante Zwischenrufe, worauf ihn der Versammlungsleiter – Arbeitersekretär Berthold Grosse – namentlich aufforderte, sich ruhig zu verhalten.[32] Der überwachende Polizeibeamte notierte mit, und die Einberufung folgte auf dem Fuße. Nachdem sein Bruder, der Reichstagsabgeordnete der USPD, Wilhelm Dittmann, beim Kriegsamt in Berlin den Fall zur Sprache gebracht hatte[33], wurde Paul Dittmann Ende März 1917 wieder als hochspezialisierter Facharbeiter für die Fertigung von U-Boot-Torpedos bei der Firma Maihak vom Militär freigestellt – „reklamiert", wie es damals hieß. Doch statt sich politische Zurückhaltung aufzuerlegen, arbeitete Dittmann nach seiner Rückkehr weiter in oppositionellem Sinne. Zusammen mit seinen Gesinnungsfreunden gründete er den Kreisverein Hamburg-Altona der USPD, zu dessen erstem Vorsitzenden er im Mai 1917 gewählt wurde. Für seine Kontrahenten im Gewerkschaftshaus war dies ein Grund mehr zu überlegen, wie sie sich des unbequemen Mannes entledigen konnten. Ein gefälschter Versammlungsbericht im „Hamburger Echo", der Dittmann anschwärzte, einen Generalstreik der Rüstungsarbeiter propagiert zu haben, machte das stellvertretende Generalkommando erneut auf ihn aufmerksam.[34] Anfang August 1917 zog man ihn erneut ein, und diesmal lehnte das Kriegsamt in Berlin seine Wiederentlassung strikt ab: „Es ist einwandfrei festgestellt, daß Paul Dittmann zum Munitionsstreik gehetzt hat, und es ist unmöglich, daß die Militärbehörde weiter einen Mann als reklamiert in der Rüstungsindustrie belassen kann, der in solcher Weise gegen die vaterländische Arbeit Stellung nimmt."[35]

Mit Dittmann hatte die Hamburger USPD ihren populärsten Sprecher verloren. Der zweite Vorsitzende des Kreisvereins Hamburg-Altona der USPD, der Schlosser Ferdinand Kalweit, war zwar ein fleißiger Parteiarbeiter, besaß aber keinen größeren Bekanntheitsgrad. Das gleiche gilt für die übrigen Vorstandsmitglieder der Hamburger USPD.[36]

Kennzeichnend für den Mangel an profilierten Persönlichkeiten war, daß eine so schillernde Figur wie der Redakteur Wilhelm Düwell während seines kurzen Gastspiels in der Hansestadt in der ersten Hälfte des Jahres 1917 gleich eine führende Rolle bei der Hamburger USPD spielen konnte. Düwell, vor dem Krieg Vertreter des linken Parteiflügels, stimmte nach Kriegsausbruch als Kriegsberichterstatter des „Vorwärts" mit Verve in den Chor der nationalen Begeisterung ein.[37] Nachdem er aber 1916 seine Stellung beim „Vorwärts" verlor, erinnerte er sich wieder seiner radikalen Parteivergangenheit. Im Dezember 1916 zog er als Berichterstatter der „Leipziger Volkszeitung" nach Hamburg, wo er in verschiedenen Parteiversammlungen als "ein eifriger Anhanger der radikalen Minderheit der deutschen Sozialdemokratie" hervortrat.[38] Nach Gründung der USPD in

Hamburg wurde er als Schriftführer in den Vorstand gewählt. Anfang Juni 1917 verzog er bereits wieder nach Gotha, wo er die Redaktion des oppositionellen „General-Anzeigers für das Herzogtum Gotha" übernahm.[39] Trotz seiner Zugehörigkeit zur USPD konnte es sich Düwell nicht versagen, 1917 eine Sammlung seiner chauvinistisch eingefärbten Frontberichte aus den Jahren 1915/16 zu veröffentlichen. Damit bot er dem „Hamburger Echo" einen glänzenden Agitationsstoff, den das MSPD-Blatt auch weidlich ausnutzte, um in Gestalt des Düwell „einen der ehrenwerten Parteigänger der Opposition" vorzuführen, der seine Überzeugung wechsele „wie ein schmutziges Hemd ohne Bezugsschein".[40]

Bei der inneren Geschlossenheit des Funktionärskörpers von MSPD und Gewerkschaften in Hamburg verwundert es nicht, daß die USPD hier kaum Einbrüche erzielen konnte. Nur eine einzige Funktionärin trat zur neuen Partei über: Karoline Baumann, Beisitzerin im Vorstand des sozialdemokratischen Vereins für den dritten Hamburger Wahlkreis. Sie hatte sich in der sozialdemokratischen Frauenbewegung in Hamburg und Schleswig-Holstein einen Namen gemacht.[41] Um so mehr richteten Polizeibehörde und stellvertretendes Generalkommando auf sie ein wachsames Auge. Im Mai 1918 erhielt sie Redeverbot, weil – wie es in der Begründung hieß – zu befürchten sei, daß sie sich „in einer die öffentliche Sicherheit gefährdenden Weise zu Ausfällen gegen die Regierung und politisch Andersdenkende hinreißen" lasse.[42]

Infolge der vielfältigen Behinderungen ihrer politischen Wirkungsmöglichkeiten vermochte es die USPD in Hamburg nicht, sich als organisatorische Alternative zur MSPD zu profilieren. Weder für das Gros der enttäuschten Sozialdemokraten, die ihrer Organisation im Kriege den Rücken kehrten, noch für jene, die, häufig zähneknirschend, in der alten Partei verblieben, besaß sie hinreichende Anziehungskraft. Zwar gelang es den Behörden nicht, das Aufkommen der USPD zu verhindern, doch blieb deren Einfluß in der Hamburger Arbeiterbewegung bis zum Herbst 1918 gering. Das änderte sich allerdings schlagartig, als im Oktober 1918 das herrschende Repressionssystem ins Wanken geriet und die USPD erstmals politische Bewegungsfreiheit erhielt.

Auf der Gründungskonferenz der USPD in Gotha hatten sich die Delegierten darauf verständigt, die Kreisvereine der USPD zu Agitationsbezirken zusammenzuschließen und mit der Führung der Geschäfte eine Bezirksleitung zu beauftragen.[43] Anfang Mai 1917 kamen die Vertreter einer USPD-Versammlung in Kiel überein, für Hamburg und Schleswig-Holstein einen Parteibezirk zu bilden. Die Bezirksleitung sollte nach Hamburg verlegt, zum Bezirksleiter der frühere Redakteur der „Bremer Bürgerzeitung" und Reichstagsabgeordnete Alfred Henke bestellt werden. Mit dem Gouvernement in Kiel und dem stellvertretenden Generalkommando in Altona verhandelte man bereits über die Herausgabe einer Tageszeitung. Sie sollte in Hamburg gedruckt und redaktionell von Henke geleitet werden.[44] Doch der Plan zerschlug sich. Henke ging vorübergehend nach Gotha, wo er die Redaktion des unabhängigen „General-Anzeigers" übernahm.[45]

Erst am 12. Juni 1917 konnte der Bezirk Wasserkante der USPD aus der Taufe gehoben werden. Er umfaßte neben Hamburg, Bremen, Lübeck, die Provinz Schleswig-Holstein, das Herzogtum Oldenburg und die vier nördlichen hannoverschen Reichstagswahkreise. Zum Vorsitzenden des Bezirksvorstands wählte man Paul Dittmann, zum Bezirkssekretär (mit einem Monatsgehalt von 300 Mark) Alfred Henke.[46] Das „Hamburger Echo" kommentierte nicht ohne Häme, die Unabhängigen seien auf dem besten Wege, „die vielgeschmähten Einrichtungen der alten Partei bis ins kleinste nachzuahmen".[47]

Tatsächlich kann jedoch von einer einfachen Kopie nicht die Rede sein. Vielmehr läßt das „Organisationsstatut für den Bezirk Wasserkante" die Tendenz erkennen, die innerparteiliche Demokratie zu stärken. Die Bezirksleitung sollte die Arbeit der Wahlkreisorganisationen lediglich unterstützen, „ohne deren Selbständigkeit zu beeinträchtigen"[48] Entscheidungen über wichtige Parteifragen sollten der Urabstimmung der Mitglieder vorbehalten bleiben. Auf dem jährlich einzuberufenden Bezirksparteitag sollten nur die Delegierten der Wahlkreise stimmberechtigt sein, die Mitglieder des Bezirksvorstands, Reichstagsabgeordneten, Parteisekretäre und auch die Redakteure der Parteipresse hingegen nur mit beratender Stimme teilnehmen. Abweichend vom alten Parteistatut, entschied auch nicht der Parteivorstand in Berlin, sondern der Bezirksparteitag über die Anstellung des Bezirkssekretärs.

Andererseits war die USPD aber nicht bereit, so radikale organisationspolitische Konsequenzen zu ziehen wie die Linksradikalen und vollkommen mit der Bürokratie und dem Zentralismus in der Arbeiterbewegung zu brechen. Durch eine gemäßigte Dezentralisierung und eine Einschränkung der Machtbefugnisse der Parteileitung hoffte sie, die Fehlentwicklungen zu korrigieren, die sich in ihren Augen vor 1914 in der Organisationspraxis der deutschen Sozialdemokratie herausgebildet hatten.

Auch im Bezirk Wasserkante gelang es der USPD nicht, eine Tageszeitung herauszubringen. Als Ersatz erschien am 11. August 1917 die erste Nummer des achtseitigen Wochenblatts „Partei-Mitteilungen für die Organisation der Unabhängigen Sozialdemokratie Deutschlands, Bezirk Wasserkante". Als Schriftleiter zeichnete Alfred Henke, als Verleger August Klesy, der Kassierer des Kreisvereins Hamburg-Altona der USPD, verantwortlich. In einer redaktionellen Vorbemerkung hieß es: „Die Umstände, unter denen Gedrucktes gegenwärtig herauskommen kann, sind ... bekannt genug, um uns die Rücksicht zu sichern, deren wir bedürfen. Doch kann selbst ein Notbehelf, wie diese Mitteilungen ihn darstellen, zu einem trefflichen Bindemittel werden, das die Gleichgesinnten fester zusammenhält, als es ohne dem gegenwärtig möglich wäre."[49] Die betonte Zurückhaltung nützte nichts: Schon wenige Tage nach seinem Erscheinen wurde das Mitteilungsblatt verboten.[50] Einen zweiten Anlauf unternahm man danach nicht mehr. So blieb auch der Bezirk Wasserkante während der gesamten Dauer des Krieges ohne eigene Zeitung und damit ohne das wichtigste Propagandainstrument. Wie in Hamburg standen in Kiel, Lübeck und Harburg die lokalen Parteiblätter auf dem Boden der Mehrheitspolitik. Die Redaktion der „Bremer Bürgerzeitung" war nach dem Ausschluß des alten Bremer Ortsvereins aus der SPD im Dezember 1916 im Sinne des Berliner Parteivorstands umbesetzt worden.[51] Der Versuch, die in Bremerhaven erscheinende „Norddeutsche Volksstimme“ der MSPD zu entreißen, schlug fehl.[52]

Hinzukamen in Ausmaß und Intensität sich steigernde Repressalien von Polizei- und Militärbehörden. Am 18. August 1917 löste die Polizei die erste Sitzung des USPD-Bezirksvorstands in Kiel noch vor ihrem Beginn auf.[53] Die 22 Teilnehmer, darunter Karoline Baumann und August Klesy aus Hamburg, wurden vorübergehend festgenommen, Alfred Henke, unter Verletzung seiner parlamentarischen Immunität, für eine Nacht in polizeilichem Gewahrsam gehalten.[54] Bei ihm fand die Polizei eine Liste mit den Namen von zwölf Marineangehörigen, was man als Beweis dafür wertete, daß die USPD bestrebt sei, „die Agitation in die Marine zu tragen“.[55] Obwohl die Ermittlungen keine hinreichenden Gründe für ein „strafrechtliches Einschreiten“ gegen Henke ergaben, wurde er seitdem auf Schritt und Tritt beschattet.[56] Im Januar 1918 leitete man gegen ihn ein Strafverfahren ein, weil er den Aufruf der USPD-Reichstagsfraktion „Männer und Frauen des arbeitenden Volkes“ in der Druckerei der Bremer „Arbeiterpolitik“ in Auftrag gegeben hatte.[57] Henke, mehrfach bereits mit einem Redeverbot für den Bereich des IX. Armeekorps belegt, wurde Ende August 1918 sogar das Betreten des Gouvernements Kiel untersagt.[58] Trotz aller Behinderungen blieb er unermüdlich bestrebt, neue USPD-Ortsvereine ins Leben zu rufen und den Aufbau der Bezirksorganisation voranzubringen.

Zu den allgemeinen kamen in den einzelnen Orten des Bezirks noch spezifische, aus den lokalen Traditionen und Kräftekonstellationen resultierende Schwierigkeiten. So war die Entfaltungsmöglichkeit der USPD in Bremen außer durch scharfe polizeiliche Verfolgung[59] vor allem durch die Konkurrenz der Linksradikalen eingeschränkt, die zunächst die Mehrheit der aktiven Mitglieder des alten Ortsvereins auf ihre Seite bringen konnten. Im Mai 1918 zählte der Bremer Ortsverein der USPD ganze 182 Mitglieder, darunter 125 Männer und 57 Frauen.[60] Bis Anfang November 1918 sollte sich diese Zahl nur geringfügig, nämlich auf 230 Mitglieder, erhöhen.[61]

Ähnlich ungünstig wie in Bremen lagen die Verhältnisse für die USPD in Wilhelmshaven und Rüstringen, wo die Linksradikalen eine illegale Gruppe aufgebaut hatten, die engen Kontakt zu den Bremer Linksradikalen hielt und deren Zeitschrift „Arbeiterpolitik" bezog.[62] Mehrere Versuche, in Wilhelmshaven eine Ortsgruppe der USPD zu bilden, wurden von der Polizei vereitelt.[63] Auch in Lübeck laborierte die USPD an einem Mangel an zuverlässigen Vertrauensleuten, die die organisatorische Arbeit in die Hände hätten nehmen können. Außerdem stand sie auch – wie in Hamburg oder auch Hannover[64] – einer übermächtigen, geschickt operierenden Mehrheitssozialdemokratie gegenüber.

Am stärksten war die Position der USPD im Bezirk Wasserkante zunächst offenbar in Kiel. Obwohl auch hier öffentliche Versammlungen nicht genehmigt und die Herausgabe eines lokalen Mitteilungsblatts abgelehnt wurden, zählte der Kieler Ortsverein der USPD im Mai 1917 fast 1 000 Mitglieder.[65] In der ersten und einzigen Nummer der „Partei-Mitteilungen" betonte man, daß die USPD in Kiel und Umgebung „besonders gute Fortschritte" erzielt habe.[66] Seit ihrer Gründung hatte die Kieler Ortsgruppe Verbindungen zu den oppositionellen Matrosen und Heizern in der Marine geknüpft, die auch nach Verhaftung der Führer der illegalen Mannschaftsorganisation des IV. Liniengeschwaders, Reichpietsch und Köbis, nicht abgerissen.[67] Am 2. September 1917 hob die Kieler Polizei in einem Lokal eine Versammlung der Vertrauensleute des I. Liniengeschwaders aus, die unter Leitung des Vorsitzenden der Kieler USPD, Max Güth, tagte. Unter dem beschlagnahmten Material befand sich auch eine Liste mit den Namen von 54 Marineangehörigen.[68] Das war für Polizei- und Militärbehörden ein Grund, massiv gegen die Kieler USPD-Bewegung einzuschreiten. Güth verurteilte man zu fünf Jahren, den Parteisekretär Arthur Sens zu zwei Jahren Festungshaft. 27 Vorstandsmitglieder und Vertrauensleute der USPD wurden mit sofortiger Einziehung zum Heeresdienst bestraft.

Von diesem Schlag konnte sich die Kieler USPD kaum erholen. Es dauerte eine ganze Weile, bis sich ein neuer Vertrauensleutekörper bildete. Emil Theil und Heinrich Strunk, die neuen Vorsitzenden der Kieler Ortsgruppe, verlagerten den Schwerpunkt ihrer Tätigkeit auf die Marinebetriebe, vor allem auf die Torpedowerkstätten in Friedrichsort.[69] Es ist daher kein Zufall, daß der große Streik im Januar 1918 hier seinen Ausgang nahm.[70] Nach dem Januarstreik schlug die

Polizei ein zweites Mal zu: Theil und Strunk erhielten „wegen Landesverrats“ zwei bzw. ein Jahr und sechs Monate Festungshaft, Lothar Popp, ein weiteres Vorstandsmitglied, eine zweimonatige Gefängnisstrafe.[71] Zwar gelang es den Behörden nicht, die Tätigkeit der Unabhängigen in Kiel restlos zu unterbinden, doch konnte seitdem von einer geregelten Organisationsarbeit nicht mehr die Rede sein.

Am ehesten besaß die USPD im Bezirk Wasserkante eine Chance in den mittelgroßen und kleineren Städten in der Nähe der Industriezentren, die einerseits im Ausstrahlungsbereich der sich radikalisierenden großstädtischen Arbeiterschaft lagen und wo andererseits das Ausmaß polizeilicher Verfolgung geringer war. So soll der Ortsverein der USPD im Hemelingen bei Bremen schon im Sommer 1917 über 300 Mitglieder gezählt haben.[72]

Die USPD-Gruppe in Geesthacht brachte es im Laufe des Krieges auf rund 200 Mitglieder.[73] Auch in Bramfeld[74], Eckernförde[75], Bremerhaven[76] und Gülzow im Kreis Herzogtum Lauenburg[77] gelang es der USPD, Fuß zu fassen und der MSPD Konkurrenz zu machen.

Organisation und Politik der Hamburger USPD 1917/18

Die Organisationspraxis der USPD in Hamburg-Altona entsprach weitgehend den in der alten Sozialdemokratie eingeübten Mustern. Der Kreisverein gliederte sich in Bezirke und Distrikte; die Geschäfte führte ein Vorstand.[78] Bezirks- und Distriktsabende fanden in der Regel monatlich statt, die Vertrauensmänner tagten alle vierzehn Tage, und zwar in einer Gastwirtschaft auf St. Pauli. Vorstandssitzungen hielt man, um eine Überwachung zu erschweren, immer in Privatwohnungen ab, zumeist bei Dittmann oder Kalweit. An ihnen nahm, sofern er in Hamburg weilte, auch der Bezirkssekretär Henke teil. Die Last der gesamten Organisationsarbeit ruhte auf wenigen Schultern. So mußte Kalweit, der tagsüber in einer Maschinenfabrik in Winterhude arbeitete, nach der Einziehung Dittmanns sowohl die Funktion eines Vorsitzenden des Kreisvereins Hamburg-Altona als auch die des Vorstandsvorsitzenden im Bezirk Wasserkante ehrenamtlich ausüben. Zur Unterhaltung eines eigenen Büros und Anstellung eines besoldeten Parteisekretärs fehlte den Unabhängigen in Hamburg das Geld.[79]

Wie sehr überdies polizeiliche Repressalien den Ausbau der Organisation erschwerten, macht der Erinnerungsbericht einer ehemaligen Funktionärin deutlich: „Bei Postverzögerungen ... nahmen wir natürlich gleich polizeiliche Maßnahmen an. Und wenn man an einer Vertrauensmännerversammlung teilgenommen hatte, war man froh, wenn man unbehelligt wieder heimkam. Da unser Vorsitzender Kalweit unter Briefzensur stand, mußte er nach Berlin fahren, wenn er wichtige Angelegenheiten mit der Zentrale besprechen wollte."[80] Kein Wunder, daß unter diesen Bedingungen kaum noch jemand bereit war, einen exponierten Posten im Vorstand zu übernehmen. Bei den Neuwahlen im Juli 1918 mußte Kalweit das Amt des Vorsitzenden „direkt wieder aufgezwungen" werden.[81]

Interessant ist, daß im ersten Vorstand des Kreisvereins Hamburg-Altona der USPD neben dem Maschinenbauer Paul Dittmann als erstem und dem Schlosser Ferdinand Kalweit als zweitem Vorsitzenden noch drei weitere Arbeiter aus dem Metall- und Werftbereich vertreten waren: Werftarbeiter August Klesy als Kassierer sowie Schlosser Wilhelm Richter und Werftarbeiter Rühl als Beisitzer.[82] Dieses Ergebnis weicht ab von Untersuchungen über die USPD in Großstädten wie München oder Nürnberg, die einen überwiegend kleinbürgerlichen Anteil in den Führungspositionen der Partei nachgewiesen haben.[83]

Während die Hamburger Linksradikalen ihren Nachwuchs vor allem aus der oppositionellen Jugendorganisation rekrutierten, besaß die USPD ihre soziale Basis in den qualifizierten Facharbeitern der Metall- und Werftindustrie. Im Unterschied zu den im Durchschnitt noch sehr jungen linksradikalen Aktivisten gehörten die Wortführer der USPD der mittleren Generation zwischen dreißig und vierzig Jahren an. Die Altersdifferenz scheint auch unterschiedliche politische Verhaltensweisen begünstigt zu haben. Louis Cahnbley, ein ehemaliges Mitglied des linksradikalen Zirkels, bemerkt rückblickend: „Wir, die Linksradikalen, mit Ausnahme von Laufenberg, Wolffheim und einigen anderen, waren ganz jung, die natürlich ein ganz anderes Feuer in sich hatten als die USPD-Leute, wollen wir einmal sagen von 35 Jahren, die im allgemeinen schon verheiratet und abgeklärt waren. Die das alles ruhiger auffaßten...“[84]

Trotz des relativ starken Anteils von Metall- und Werftarbeitern bleiben die politischen Konturen der Unabhängigen in Hamburg unscharf. Offenbar war der Beitritt zur USPD weniger an dezidierte programmatische Vorstellungen gebunden als vielmehr Ausdruck einer allgemeinen Protesthaltung gegen den Krieg und die durch ihn geschaffenen Verhältnisse. Neben älteren klassenbewußten Sozialdemokraten und Gewerkschaftern, die mit der Durchhaltepolitik ihrer Organisationsleitungen unzufrieden waren, sammelten sich in der USPD auch Frauen und Männer aus dem Kleinbürgertum, die, durch die Nöte des Krieges radikalisiert, in der neuen Partei einen Hoffnungsträger sahen.[85] Eine gewisse Anziehungskraft scheint die USPD auch auf die Mitglieder der Hamburger Ortsgruppe des Zentralverbands proletarischer Freidenker ausgeübt zu haben, in deren politischen Anschauungen ein radikaler Atheismus sich mit einem entschiedenen Pazifismus verband. Jedenfalls ist die Zugehörigkeit des ersten Vorsitzenden der Ortsgruppe, Georg Parge, zur USPD belegt.[86]

Dem Charakter der USPD als einem Sammelbecken der mit Krieg und Mehrheitspolitik Unzufriedenen entsprach die verschwommene politische Linie der Partei. Konkrete Zielsetzungen der Hamburger USPD-Anhänger sind schwer zu erschließen, zumal aus der Frühgeschichte kaum Selbstzeugnisse vorliegen. Die einzige Nummer der „Partei-Mitteilungen“ des Bezirks Wasserkante vom August 1917 begnügte sich mit der lakonischen Bemerkung: „Einer programmatischen Darlegung dessen, was wir wollen, bedarf es wohl nicht. Was die Unabhängige Sozialdemokratie will, ist bekannt; das wollen auch wir.“[87] Dieser Hinweis konnte allerdings kaum verdecken, daß auch die Verlautbarungen der Berliner USPD-Führung sich durch alles andere als besondere Klarheit auszeichneten. Kennzeichnend dafür war ein Aufruf der Zentralleitung der USPD vom 12. April 1917, der sich in sehr allgemeinen Wendungen zum Sprachrohr der Unzufriedenheit machte und zur Sammlung „im Geiste der Internationale zur Beschleunigung des Friedens“ einlud.[88]

In der Frage, welche Schritte zur beschleunigten Herbeiführung des Friedens unternommen werden müßten, gingen die Meinungen im Lager der USPD auseinander. Während der Berliner Vorstand darauf bedacht blieb, die legalen parlamentarischen Aktionsmöglichkeiten auszuschöpfen, hieß es in den „Partei-Mitteilungen" des Bezirks Wasserkante, daß „einzig die Aktion der Massen" in der Lage sei, den Frieden herbeizuführen.[89] Diese Formulierung geht offenbar auf den Einfluß Alfred Henkes zurück, der wie Georg Ledebour auf dem linken Flügel der Partei stand. Mehrfach sprach sich Henke nach der Oktoberrevolution von 1917 dafür aus, das Beispiel der Bolschewiki auf Deutschland zu übertragen.[90] Doch das waren Lippenbekenntnisse.

In ihrer politischen Praxis steuerte die USPD auch in Hamburg eher einen vorsichtigen Kurs. Das wurde besonders während des Januarstreiks 1918 deutlich, als die Unabhängigen aus Angst, daß ihr die Bewegung aus den Händen gleiten könnte, die Zusammenarbeit mit der MSPD- und Gewerkschaftsführung suchten.[91] Obwohl faktisch zur Illegalität verurteilt, blieben sie bemüht, sich an die Spielregeln der Legalität zu halten. Mitgliederversammlungen kündigte man, ungeachtet des zu erwartenden Verbots, vorschriftsmäßig an.[92] Auch in der Verbreitung von Propagandamaterial legten sich die Unabhängigen Zurückhaltung auf. Bis Ende Oktober 1918 läßt sich zum Beispiel kein einziges eigenes Flugblatt der Hamburger USPD nachweisen. Sie überließ hier das Feld ganz den Linksradikalen, die sich dadurch, trotz ihrer geringeren Zahl, nach außen hin als aktivere Gruppe darzustellen vermochten.

Den Schwerpunkt ihrer Arbeit konzentrierten die Unabhängigen in Hamburg auf die Betriebe der Metall- und Werftindustrie. Unter Führung Paul Dittmanns gelang es ihnen, dauerhafte Verbindungen zur Gewerkschaftsopposition in den Großbetrieben herzustellen, die Kommunikation unter den oppositionellen Betriebsarbeitern zu verbessern und ihren Einfluß im Gewerkschaftsverband zu stärken. Bei den Delegiertenwahlen zur 13. ordentlichen Generalversammlung des Deutschen Metallarbeiterverbandes in Köln im Juni 1917 entfielen auf Dittmann kaum weniger Stimmen als auf den ersten Bevollmächtigten der Verwaltungsstelle, Wilhelm Koch.[93] Besonders unter den Werftarbeitern der Vulcan-Werft, dem Zentrum der Arbeiterradikalität in Hamburg, besaß die USPD einen starken Rückhalt.[94] Mehrere USPD-Mitglieder waren hier als Vertrauensmänner des Metallarbeiterverbandes tätig.[95] Ihrem Einfluß ist es offenbar zuzuschreiben, daß die Vulcan-Werft im Januar 1918 zum Vorreiter der großen Streikbewegung in Hamburg wurde.[96]

In anderen Hamburger Gewerkschaften vollzog sich der Kampf zwischen Mehrheitsrichtung und Anhängern der USPD nicht mit gleicher Schärfe wie im Metallarbeiterverband. Die Gewerkschaftsleitungen behielten hier das Heft fest in der Hand, wenn sie sich auch zunehmend Kritik aus den Reihen der Mitgliedschaft gefallen lassen mußten. Eine Ausnahme machte lediglich die Zahlstelle des Zentralverbandes der Schlachter, deren Vorsitzender Paul Bergmann zu den führenden Funktionären in der Hamburger USPD zählte. Mit rund 800 Mitgliedern war sie jedoch eine der kleinsten Gewerkschaftsorganisationen in der Hansestadt.[97]

Die Rolle der USPD bei der Vorbereitung der Novemberrevolution

Bis in den Herbst 1918 hinein war die USPD-Entwicklung in Hamburg und im Bezirk Wasserkante durch Stagnation gekennzeichnet. Nirgendwo vermochte die Partei nennenswerte Aktivitäten zu entfalten. Gerüchte, wonach von USPD-Anhängern „Propaganda für einen Streik zur Erreichung eines Friedens“ betrieben werde, erwiesen sich bei näheren Nachforschungen der Polizei als haltlos.[98] Mitte September 1918 meldete ein Polizeibericht aus Wilhelmshaven, daß „nach den verschiedentlichen Abschiebungen und militärischen Einziehungen der Hauptagitatoren und Vermittler mit dem Reichstagsabgeordneten Henke eine auffallende Ruhe in USPD-Kreisen“ herrsche.[99] Die Hamburger Unabhängigen waren zu diesem Zeitpunkt noch vollauf damit beschäftigt, Geld zur Unterstützung der politischen Gefangenen, auch der verhafteten Linksradikalen, und deren Familien zu sammeln. Wie Kalweit am 23. September an den Leiter der revolutionären Obleute in Berlin, Emil Barth, schrieb, konnte nicht einmal die Hälfte dessen aufgebracht werden, was notwendig war. Eine Änderung dieses unerfreulichen Zustandes werde „aber nicht möglich sein, weil wir hier mit Widerständen kämpfen müssen, die vorläufig nicht überwunden werden können".[100]

Da sich auch unter der neuen Regierung des Prinzen Max von Baden zunächst wenig an der repressiven Handhabung des Vereins- und Versammlungsrechts und der Zensurbestimmungen änderte, blieben die Aktionsmöglichkeiten der USPD auch in der ersten Oktoberhälfte 1918 noch stark eingeschränkt. Nach wie vor war es der USPD in Hamburg nicht erlaubt, öffentliche Versammlungen abzuhalten, und nach wie vor war die Politische Polizei nach Kräften bemüht, die Verbreitung von Flugblättern „sowohl durch Überwachung der Postsendungen an die als Agitatoren bekannten Persönlichkeiten als auch durch Fahndungen auf der Straße" zu verhindern.[101] Noch am 19. Oktober wurden auf einem Postamt in Hamburg Pakete mit 40 000 Exemplaren des Aufrufs der Parteileitung und der Reichstagsfraktion der USPD „An das werktätige Volk Deutschlands!" vom 5. Oktober, die an einen Vertrauensmann der USPD adressiert waren, beschlagnahmt.[102]

Unter dem Druck der sich radikalisierenden Massenstimmung sahen sich die Behörden jedoch Ende Oktober 1918 gezwungen, ihre bisher gegenüber der USPD verfolgte Politik zu revidieren. Nachdem in Berlin und anderen deutschen Großstädten Großversammlungen der USPD stattgefunden hatten, glaubte auch die Hamburger Polizeiführung eine für den 26. Oktober angemeldete öffentliche Versammlung der Unabhängigen nicht mehr unterbinden zu können. Den überwachenden Polizeibeamten wurde aufgetragen, durch „Gestattung weitgehendster Redefreiheit" eine Auflösung der Versammlung zu vermeiden, weil eine solche Maßnahme nur als willkommener „Anlaß zur Anstiftung von Straßenunruhen" dienen würde.[103] Der Senat ging in seiner Sitzung vom 23. Oktober noch einen Schritt weiter, indem er, entgegen einer Empfehlung des Polizeisenators Sander, beschloß, Alfred Henke als Versammlungsredner zuzulassen.[104] Auf Anfrage der Polizeibehörde erklärte sich das stellvertretende Generalkommando in Altona damit einverstanden, die gegen führende Mitglieder der USPD verhängten Redeverbote außer Kraft zu setzen.[105]

Im Zuge der Lockerung des Überwachungs- und Repressionssystems konnte die USPD in Hamburg sich erstmals ungehindert betätigen, und sie nutzte die neue Bewegungsfreiheit zu einer regen Aktivität, der die alten Arbeiterorganisationen nichts mehr entgegenzusetzen vermochten. Ohnmächtig mußten sie zusehen, wie die USPD, die noch kurz zuvor eine verschwindend kleine, handlungsunfähige Minderheit gewesen war, sich innerhalb weniger Tage zu einer politischen Kraft formierte, die das Gesetz des Handelns bestimmte.

Schon die erste Kundgebung der USPD vom 26. Oktober, die den Auftakt einer Serie von Versammlungen und Demonstrationen bildete, spiegelte das veränderte Kräfteverhältnis in der Hamburger Arbeiterbewegung wider. Über die Atmosphäre, die in der von rund 2 000 Frauen und Männern besuchten Versammlung herrschte, war in einem Bericht zu lesen: „Geradezu elementar brach sich die auf Herbeiführung einer sozialen Republik und gegen den von regierungssozialistischer Seite propagierten nationalen Krieg gerichtete Stimmung Bahn.“[106] Anstelle von Henke, der wegen einer Reichstagssitzung in Berlin verhindert war, sprach Jakob Rieper aus Altona. Grundtenor seiner Ausführungen, die durch Louise Zietz aus Berlin und den kurz zuvor nach Hamburg zurückgekehrten Wilhelm Düwell unterstützt wurden, war eine scharfe Kritik an der Regierungsbeteiligung der Mehrheitssozialdemokratie und der unzureichenden Neuordnung der innenpolitischen Verhältnisse seit Anfang Oktober 1918.[107]

In einer von der Versammlung gebilligten Entschließung wurden die politischen Kernforderungen der USPD zusammengefaßt: sofortige Aufhebung des Belagerungszustands; Änderung der Verfassung in einer „zur wirksamen Anbahnung von Waffenstillstands- und Friedensverhandlungen notwendigen Richtung“, womit, in verklausulierter Form, die Abschaffung der Monarchie gemeint war; Freilassung der in Gefängnis und Zuchthaus „schmachtenden Genossinnen und Genossen, die als Vorkämpfer des Hamburger Proletariats der hiesigen Zivil- und Militärjustiz zum Opfer gefallen sind.“[108]

Mit diesen Forderungen verstand es die USPD offenbar sehr geschickt, an die Massenstimmungen anzuknüpfen. Ihre gestiegene Anziehungskraft drückte sich nicht nur in einem starken Zulauf zu ihren Versammlungen, sondern auch in einer deutlichen Zunahme ihrer Mitglieder aus. Allerdings übertrieben die Unabhängigen wohl ihre Erfolge etwas, wenn sie in einem Flugblatt Ende Oktober 1918 meldeten: „Tausende haben sich bereits der Unabhängigen Partei angeschlossen, die ohne Parteiblatt am Orte ist. Und täglich laufen zahlreiche Neuanmeldungen ein.“[109] Begünstigt wurde die Arbeit der USPD zweifellos dadurch, daß die Hamburger MSPD-Führung und das „Hamburger Echo“ sich nicht auf die neue Situation einstellen konnten. Der unverändert schroffe Konfrontationskurs, den sie gegenüber der Konkurrenzpartei verfolgten, führte dieser nur zusätzliche Sympathien zu.

Beispielhaft dafür war der Verlauf einer von der MSPD und dem Hamburg-Altonaer-Stimmrechtsverein einberufenen öffentlichen Frauenversammlung im Gewerkschaftshaus am 28. Oktober 1918, die von 5 000 Menschen, darunter vielen Anhängern der USPD, besucht wurde.[110] Als die Leiterin der Versammlung, Johanna Reitze, verhinderte, daß die Sprecherin der USPD, Louise Zietz, das Wort ergreifen konnte, kam es zu Tumulten und Handgreiflichkeiten. Während das „Hamburger Echo“ in einem aufgebrachten Kommentar davon sprach, man werde künftig „in Arbeiterkreisen nur mit einer gewissen Verachtung von den Unabhängigen“ reden[111], prangerte die USPD in einem Flugblatt „die Angst der Regierungsozialisten vor der Abrechnung“ an.[112]

Seit Ende Oktober 1918 war man in USPD-Kreisen davon überzeugt, daß der Ausbruch der Revolution unmittelbar bevorstand und die amtierende Regierung des Prinzen Max von Baden mit einem Aufruf zur „nationalen Verteidigung“ einen letzten verzweifelten Versuch zur Rettung der Monarchie unternehmen würde. Und dennoch – schrieb eine USPD-Funktionärin am 31. Oktober – „die Revolution wird kommen“, und sie fügte den vielsagenden Satz hinzu: „Es bereiten sich Dinge vor.“[113]

Ähnlich äußerte sich Alfred Henke in einer Mitgliederversammlung des Kreisvereins Hamburg-Altona der USPD am 1. November 1918. Obwohl wie immer ein Beamter der Politischen Polizei dabeisaß und mitstenografierte, konnte Henke es sich erlauben, offen davon zu sprechen, daß die

„Zeit der Revolution“ angebrochen sei: „Wir sehen heranreifen, was unsere Väter gesäet haben, wofür unsere früheren Arbeiter gekämpft und Opfer gebracht. Diese Saat, sie geht auf, wir sollen die Früchte ernten.“ Henke schloß nicht aus, daß die militärischen Befehlshaber auf das Volk schießen lassen würden, und das sei „für uns fürchterlich, denn wir haben keine Maschinengewehre, Granaten, Gasbomben“. Allerdings müßten diese „Mordinstrumente“ von Menschen bedient werden, und mit denen könne man „nicht umspringen wie mit Eisen“. Wenn „die Soldaten nicht mehr handeln, wie sie handeln sollen“ – erklärte Henke unter großem Beifall –, dann werde es für die Herrschenden gefährlich.[114] Zweifellos rechnete die USPD mit dem Herannahen der Revolution; aber inwieweit hat sie selbst vorbereitende Schritte unternommen? Hier sind wir weitgehend auf Spekulationen angewiesen. Zum Beispiel bleibt unklar, welche Rolle eine am 27. Oktober 1918 in Hamburg „unter völliger Abgeschlossenheit“ tagende „geheime, polizeilich nicht gemeldete Vertrauensmänner-Sitzung“ der USPD spielte. Unter den 26 Teilnehmern befanden sich außer Alfred Henke, Louise Zietz und Jakob Rieper auch vier führende Funktionäre der Kieler USPD, so deren Vorsitzender Lothar Popp.[115] Es ist nicht bekannt, was auf dieser Versammlung besprochen wurde. Offenbar handelte es sich aber nicht, wie die Polizei vermutete, um eine revolutionäre Verschwörung, sondern wohl eher um eine normale Bezirksvorstandssitzung, die dem Zweck diente, sich über die aktuelle Lage und den Stand der USPD-Bewegung zu informieren. Nach seiner Rückkehr aus Hamburg berichtete Popp in einer Sitzung der Kieler Ortsgruppe der USPD am 28. Oktober, daß die Hamburger Arbeiter der USPD derzeit „ein viel größeres Interesse“ entgegenbrächten als in Kiel, wo „die Anhängerschaft eine noch viel zu geringe“ sei, „um öffentlich hervorzutreten“.[116] Die Tatsache, daß wenige Tage vor Ausbruch der Revolution in Kiel ein enger Kontakt zwischen Kieler und Hamburger USPD bestand, ist zweifellos von Bedeutung. Jedoch ist nicht davon auszugehen, daß in Hamburg bereits über gemeinsame Schritte zur Einleitung der revolutionären Erhebung beratschlagt worden ist.[117]

In ein konkretes Stadium traten die Vorbereitungen für die Revolution erst unter dem Eindruck der Matrosenrevolte, die für die USPD offensichtlich überraschend kam. Am Abend des 2. November entschloß sich die Kieler USPD-Leitung, die Aufständischen zu unterstützen.[118] Gleichzeitig sandte man einen Kurier nach Hamburg, um die dortigen Parteifreunde über die neue Entwicklung zu unterrichten.[119] Spätestens seit dem 4. November warben USPD-Anhänger auf den Hamburger Werften für einen Sympathiestreik mit der Kieler Matrosenbewegung. Das Signal zur Auslösung der Revolution in Hamburg gab schließlich eine Massenversammlung der USPD am Abend des 5. November, in der Arbeiter, Soldaten und Matrosen sich verbrüderten und beschlossen, am nächsten Tag den Generalstreik auszurufen und eine Großdemonstration auf dem Heiligengeistfeld zu veranstalten.[120]

VI. Ex Oriente Lux

Die norddeutschen Linksradikalen im Ersten Weltkrieg

„Linksradikale" – so nannten sich im Ersten Weltkrieg oppositionelle Sozialdemokraten, die wie die Spartakusgruppe entschieden für Massenaktionen zur Beendigung des Krieges eintraten. Im Unterschied zu ihr schlossen sie sich jedoch nicht der im April 1917 gegründeten USPD an, sondern propagierten den Aufbau einer eigenen Partei. Ihr Zentrum besaßen die Linksradikalen in der Bremer Gruppe um Johann Knief und der von ihm seit Juni 1916 herausgegebenen „Arbeiterpolitik", einem wöchentlich erscheinenden Periodikum „für wissenschaftlichen Sozialismus", das vor allem in Nordwestdeutschland verbreitet war und sich im wesentlichen aus Spenden sympathisierender Arbeiter finanzierte. Über die Konzeption der „Arbeiterpolitik" schrieb Knief Ende 1917 in München, wo er zusammen mit seiner Gefährtin Lotte Kornfeld untergetaucht war: „Die Hauptaufgabe erblickte sie zunächst in der Propaganda für die Spaltung der Partei; nur in der Spaltung vermöchte sie eine Gesundung der Arbeiterbewegung zu erblicken; eine Gesundung in dem Sinne, daß die Massenkämpfe der Arbeiterklasse die neuen Organisationsformen schaffen sollten. Der Standpunkt der Massenaktionen war das Fundament der taktischen und prinzipiellen Haltung der Ap. Von hieraus drang sie konsequent in alle Teilfragen der Parteipolitik ein."[1]

In der wissenschaftlichen Literatur zur Geschichte der Arbeiterbewegung im Ersten Weltkrieg sind die Linksradikalen bislang recht stiefmütterlich behandelt worden. In der DDR-Geschichtsschreibung galt das Interesse vorrangig der Spartakusgruppe um Rosa Luxemburg und Karl Liebknecht; die Linksradikalen wurden, soweit sie überhaupt Beachtung fanden, zwar gelobt, daß sie früher als die Spartakusgruppe die Notwendigkeit einer organisatorischen Verselbständigung der Linken erkannt, zugleich aber auch dafür getadelt, daß sie nur unklare Vorstellungen über „die Partei neuen Typus nach den Grundsätzen der Leninschen Theorie" besessen hätten.[2]

Noch stärker marginalisierte man die Linksradikalen in der westdeutschen Forschung. Karl Heinz Roths kritischer Hinweis aus dem Jahr 1974, es fehle „bis heute an differenzierten Analysen dieser politischen Linie"[3], trifft im Grunde immer noch zu. In Susanne Millers Werk „Burgfrieden und Klassenkampf", das als repräsentativ für die sozialdemokratische Geschichtsschreibung gelten kann, tauchen die Linksradikalen nur in Fußnoten auf.[4] Überdies werden sie hier – wie auch in DDR-Darstellungen – weitgehend identifiziert mit den Bremer Linken um Johann Knief; die anderen Ortsgruppen der Linksradikalen sind hingegen vollkommen vernachlässigt. Dies ist um so weniger zulässig, als Dezentralisierung und lokale Autonomie zu den konstituierenden Bestandteilen der linksradikalen Organisationsprogrammatik gehörten. Ein Blick auf die Gruppe der Hamburger Linksradikalen kann dazu beitragen, die verengte Perspektive zu korrigieren.[5]

Zwei Tendenzen kennzeichneten die Situation in der deutschen Sozialdemokratie in der zweiten Hälfte des Jahres 1916: auf der einen Seite verschärfte Repressalien des Berliner Parteivorstands gegen die innerparteiliche Opposition, auf der anderen verstärkte Auseinandersetzungen innerhalb der Opposition darüber, wie dieser Politik der Parteiführung zu begegnen sei. Der „Vorwärts-Raub" im Oktober 1916, der Ausschluß des Sozialdemokratischen Vereins Bremen aus der Partei als Folge der zuvor beschlossenen Beitragssperre im Dezember 1916 und andere Vorgänge veranlaßten den Vorstand der Sozialdemokratischen Arbeitsgemeinschaft (SAG), der Minderheitsfraktion im Reichstag, zum 7. Januar 1917 Vertreter aller Oppositionsrichtungen zu einer Reichskonferenz nach Berlin zusammenzurufen, um über mögliche Gegenmaßnahmen zu beraten. Damit wurde den Führungsgremien der SPD die Handhabe geboten, die Opposition endgültig aus der Partei herauszudrängen. Am 18. Januar erklärten Parteiausschuß und Parteivorstand die Unvereinbarkeit der Zugehörigkeit zur Opposition mit der Mitgliedschaft in der SPD. Das war das Signal zur Parteispaltung.

In Hamburg stimmte eine Delegiertenversammlung der SPD-Landesorganisation am 11. Februar 1917 den Beschlüssen zu und beauftragte die lokale Parteileitung, die notwendigen Konsequenzen gegenüber den Anhängern der Opposition zu ziehen.[6]

Der Ausschluß aus der Partei beschleunigte den politisch-ideologischen Differenzierungsprozeß innerhalb der Hamburger Kriegsopposition. Am 28. Februar 1917 gaben die der „Arbeiterpolitik" nahestehenden Hamburger Linken die Gründung einer eigenen Organisation bekannt. Sie distanzierten sich – ganz im Sinne der Bremer Linksradikalen – von der SAG und bekannten sich zu Massenaktionen als der wichtigsten Kampfform der Arbeiterklasse, „in deren Dienst auch der Parlamentarismus zu stellen ist".[7] Die Anhänger der SAG gingen nun ebenfalls selbständig vor: Ende April 1917 schlossen sie sich zu einem Kreisverein Hamburg-Altona der USPD zusammen.[8] Die Hamburger Opposition war damit endgültig in zwei Gruppierungen zerfallen.

Die Hamburger Gruppe der Linksradikalen

In einem Kommentar begrüßte die „Arbeiterpolitik" den Schritt ihrer Hamburger Gesinnungsfreunde und sprach zugleich die Hoffnung aus, „daß die große Mehrzahl der Hamburger Arbeiter sich hinter die neue Organisation stellen wird".[9] Doch davon konnte keine Rede sein. Die Angaben über die Mitglieder der Hamburger Linksradikalen 1917/18 schwanken zwischen 100 und 250[10] – eine verschwindend geringe Zahl, wenn man bedenkt, daß in den drei Hamburger SPD-Wahlkreisvereinen vor 1914 fast 68 000 Mitglieder organisiert waren. Selbst in Bremen, dem Vorort der linksradikalen Bewegung, sah es, was die Mitgliederzahlen betraf, nicht viel besser aus. So mußte Knief bereits im September 1916 feststellen, daß nur 350 Bremer Genossen auf die „Arbeiterpolitik" abonniert und „als treue Anhänger der Linksradikalen" zu betrachten seien.[11] Dabei lagen die Verhältnisse in Bremen noch wesentlich günstiger als in Hamburg, denn dort konnten sich die Linksradikalen auf Teile des alten SPD-Apparats stützen, während sie in Hamburg erst noch eine eigene Organisation aufbauen mußten. Immerhin führte die Hamburger Gruppe seit Ende 1917 Mitgliedsbücher, die auf den Namen „Internationaler Sozialistischer Arbeiterverein" ausgestellt waren.[12] Eine feste, nach Stadtteilen gegliederte Organisationsstruktur bildete sich erst im Frühjahr 1918 heraus, sie wurde allerdings durch mehrere Verhaftungswellen noch vor Ausbruch der Novemberrevolution weitgehend zerschlagen.[13]

Da die Linksradikalen entschiedener für Massenaktionen eintraten als ihre Konkurrenz von der USPD, unterlagen sie besonders intensiver polizeilicher Beobachtung und Verfolgung. Ihre prominentesten Sprecher, der Schriftsteller Dr. Heinrich Laufenberg und der Journalist Fritz Wolffheim, waren bereits im Laufe des Jahres 1915 strafweise eingezogen worden. Seit Sommer 1916 war Laufenberg in einer Garnison in der Nähe Hamburgs stationiert;[14] von hier aus konnte er noch einmal auf die Entwicklung der Opposition in der Hansestadt Einfluß nehmen. Im Februar 1917 denunzierte ihn jedoch ein führender Funktionär des Metallarbeiterverbandes beim stellvertretenden Generalkommando in Altona, „geheime Zusammenkünfte" abzuhalten. Daraufhin wurde „Schutzhaft" über ihn verhängt.[15]

Nach Einziehung der intellektuellen Wortführer fiel die Leitung zunächst einem kleinen Stamm älterer Mitglieder zu, die sich in den innerparteilichen Auseinandersetzungen in den radikalen Distrikten und Bezirken des dritten Hamburger Wahlkreises 1915/16 einen gewissen Namen gemacht hatten.[16] Daneben traten in wachsendem Maße die Kader des oppositionellen Jugendbundes, der im März 1916 von den Parteioberen für aufgelöst erklärt, von den Jugendlichen aber selbständig unter dem Namen „Freie Jugendorganisation von Hamburg-Altona" weitergeführt wurde.[17] Infolge der deprimierenden Erfahrungen mit der SPD- und Gewerkschaftsführung in Hamburg radikalisiert, waren ihre Mitglieder in besonderer Weise empfänglich für die linksradikale Programmatik, insbesondere für das Massenaktions-Postulat. Aus ihrem Kreis rekrutierten die Linksradikalen einen Großteil ihres Nachwuchses, während die älteren oppositionell eingestellten Arbeiter eher der gemäßigten Variante der USPD zuneigten.

Nach der ersten von der oppositionellen Jugend organisierten Friedensdemonstration in Hamburg am 18. August

1916 war die „Freie Jugendorganisation" verboten worden, die meisten ihrer Initiatoren wurden eingezogen, darunter auch Rudolf Lindau, einer der rührigsten Mitstreiter von Laufenberg und Wolffheim in der frühen Kriegsopposition.[18] Im Zusammenhang mit der Vorbereitung eines allgemeinen Demonstrationsstreiks anläßlich des Internationalen Jugendtages am 2./3. September 1917 zerschlug eine großangelegten Polizeiaktion die Organisationskerne der linksradikalen Jugend; ihre führenden Funktionäre – Karl Plättner aus Hamburg und Karl Becker aus Bremen wurden verhaftet.[19]

Die durch Kriegseinsatz und Verfolgungen entstandenen Lücken mußten immer mehr von Frauen ausgefüllt werden. Eine führende Rolle spielte schon 1917 Erna Halbe, die Frau des Ende 1916 eingezogenen oppositionellen Funktionärs im Handlungsgehilfen-Verband, Max Halbe.[20] Mit ihr eng zusammen arbeitete die Putzarbeiterin Louise Wegener, die mit Fritz Wolffheim liiert war. Über sie hielt Wolffheim auch von der Front aus die Verbindung mit den Linksradikalen in Hamburg aufrecht.[21] Eine wichtige Position im engeren Führungskreis bekleidete auch Auguste Lindau, die Frau Rudolf Lindaus. Über eine Deckadresse besaß sie Kontakt zur Spartakuszentrale in Berlin – ein Indiz dafür, daß die Linksradikalen trotz mancher Differenzen den Faden zur Spartakusgruppe nicht abreißen ließen.[22] Der hervorragende Anteil von Frauen in der Hamburger Gruppe der Linksradikalen spiegelt ein verändertes Rollenverhalten von Arbeiterinnen im Ersten Weltkrieg wider. Sie waren in der zweiten Kriegshälfte zunehmend weniger bereit, die extremen Belastungen des Krieges klaglos hinzunehmen; vielmehr entwickelten sie sich, je länger desto mehr, zu „besessenen Friedenstreibern"[23], zu Furien des sozialen Protests und des Widerstands gegen die endlose Dauer des Mordens an der Front und die Auspowerung der Massen in der Heimat.

Ihre Hauptaufgabe erblickten die Linksradikalen in der illegalen Propaganda gegen den Krieg, also in dem Versuch, angesichts des uniformen, militarisierten Meinungsklimas so weit wie möglich eine Gegenöffentlichkeit herzustellen. Die Mittel waren allerdings begrenzt: Flugblätter sollten die Massen aufrütteln und den Boden für Aktionen zur Beendigung des Krieges bereiten helfen. Als Erkennungszeichen und programmatische Forderung überschrieben die Linksradikalen ihre Flugblätter mit dem Slogan von Karl Marx: „Die Befreiung der Arbeiterklasse kann nur das Werk der Arbeiterklasse selbst sein!“[24] Dabei war den Linksradikalen bewußt, daß die große Mehrheit der Hamburger Arbeiterschaft immer noch unter dem Einfluß der etablierten Arbeiterorganisationen und ihres publizistischen Instruments, des „Hamburger Echo“, stand. Um so mehr suchten die Linksradikalen, die Mißstimmung über die MSPD- und Gewerkschaftsführer zu schüren. So hieß es in einem Flugblatt, das unmittelbar nach den Hungerunruhen von Ende Februar 1917 verbreitet wurde: „Lest, was das ‘Echo’ über die Hungerdemonstrationen zu sagen weiß. Ein verräterischer Putsch soll es gewesen sein, angezettelt von unverantwortlichen Personen, die ihre Haut in Sicherheit zu bringen wissen. Das sagen sie, die sich den Regierungen verkauft haben, damit sie sicher sind vor den Schrecknissen des Krieges. Das sagen sie, die eine ganze große Klasse schmählich verraten haben, damit ihre Krippe, die ihnen ihr armseliges Futter gibt, unversehrt bleibt. Das sagen sie, die ihren Judaslohn einstreichen für ihre niederträchtige Agenten- und Denunziantenarbeit, die sie der Regierung, ihren Militär- und Polizeiorganen leisten!“[25]

Was Hamburger Arbeiterfrauen sich im Frühjahr 1917 in den Schlangen vor den Lebensmittelgeschäften erzählten: „Wir müssen es nur machen wie in Rußland, dann wird es auch bald anders werden“ – diese Hoffnung auf die Sogwirkung der revolutionären Umwälzung im Zarenreich wurde in der linksradikalen Agitation zur anfeuernden Parole. In einem Flugblatt „Der rote Schrecken“ vom März 1917 grüßten die Hamburger Linksradikalen „die Brüder an der Newa, die das Banner der Internationale aus dem Kot der Kriegsgreuel emporgehoben haben“, und forderten die deutschen Arbeiter auf, dem russischen Beispiel zu folgen: „Auch in Deutschland hungert das Volk und verlangt den Frieden, und im Nachbarreich Rußland herrscht die Revolution und gibt Anschauungsunterricht darüber, was die Proletarier wollen müssen und was sie erreichen können.“[26]

1917 stellte man die Flugblätter der Linksradikalen noch in kleinen Druckereien in Hamburg, zumeist Einmannbetrieben, her. Doch wurde es zusehends schwieriger, Drucker zu finden, die das Risiko auf sich nahmen. Denn nach jeder Flugblattaktion setzte eine intensive Fahndung der Politischen Polizei ein, wobei sie von Fachleuten wie dem Inhaber des „Hamburger Fremdenblatts" und dem Vorsitzenden der Buchdrucker-Innung Rat über die verwendeten Schriften einholte.[27] Im April 1917 wurde der Buchdrucker Siegmund, der ein Flugblatt der Linksradikalen produziert hatte, verhaftet und zu einer zehnmonatigen Gefängnisstrafe verurteilt, ein Strafmaß, das offensichtlich abschreckend wirken sollte.[28] Wiederholt ließen die Hamburger Linksradikalen auch im Betrieb der „Arbeiterpolitik" in Bremen Flugblätter drucken. Nachdem jedoch seit Anfang 1918 gegen die Bremer Druckerei „schärfste Überwachung" verhängt worden war[29], blieb ihnen nichts anderes mehr übrig, als die Flugblätter auf Wachsmatrizen zu tippen und über Abziehapparate zu vervielfältigen.

Schwierig gestaltete sich auch die Verbreitung. Zwar besaßen die Linksradikalen auf den drei größten Hamburger Werften und in den Landbetrieben der Metallindustrie Vertrauensleute, die die Flugblätter heimlich unter der Arbeiterschaft verteilten, doch war auch dies mit erheblichen Risiken verbunden; die Werftleitungen hatten Feuerwehrmänner als eine Art Polizeihilfstruppe damit beauftragt, jede Flugblattagitation zu unterbinden und die Verteiler festzunehmen. Allerdings kam es wiederholt vor, daß Arbeiter dazwischengingen und die Verhaftung vereitelten.[30] Solche Beweise der Solidarität dürften jedoch nicht verwechselt werden mit einer aktiven Parteinahme für die Forderungen und Ziele der Linksradikalen. Wie es scheint, neigten diese – wie übrigens auch die Spartakusgruppe[31] – dazu, die Wirkung ihrer Flugblätter auf die Arbeiter zu überschätzen.

Die Zerschlagung der Hamburger Linksradikalen nach dem Januarstreik 1918

Obwohl die Hamburger Linksradikalen seit ihrer Gründung unaufhörlich Massenaktionen propagiert hatten, traf der Ausbruch des Streiks auf den Hamburger Werften am 28. Januar 1918 sie offenbar unvorbereitet. Am 29. Januar streikten bereits über 20 000 Arbeiter der Werften und Metallbetriebe. Zivil- und Militärbehörden reagierten mit größter Nervosität: Außerordentliche Kriegsgerichte stellten die Werften unter militärische Leitung und verboten alle Demonstrationen und Versammlungen.[32] Hamburg – so schien es – stand am Vorabend einer Revolution.

War schon die Streikbewegung ohne ihr Zutun in Gang gekommen, suchten die Linksradikalen um so mehr, ihr eine deutlich profilierte revolutionäre Stoßrichtung zu geben. In der Nacht vom 29. auf den 30. Januar verteilten sie kleine Handzettel, die für den nächsten Vormittag zu einer Kundgebung auf dem Heiligengeistfeld aufriefen. Trotz des zuvor erlassenen Demonstrationsverbots folgten 7 000 bis 8 000 streikende Arbeiter und Arbeiterinnen dem Aufruf. Zunächst sprachen zwei Vertreter der Linksradikalen. Was sie sagten, ist dank des unbeholfen formulierten Gedächtnisprotokolls zweier Zivilbeamter der Politischen Polizei überliefert worden: „Nieder mit der jetzigen Regierung, denn diese ist nicht fähig, einen annexionslosen Frieden zu schließen. Sie vertreten nur die kapitalistischen Interessen. Wir verlangen ein freies Wahlrecht und die Wiederauslieferung des Liebknecht und der Rosa Luxemburg, diese können nur unsere Interessen vertreten. Wir wollen unsere Kameraden, die Franzosen und Engländer unterstützen und ihnen die Hand reichen."[33] Zum Abschluß forderten die Redner die Kundgebungsteilnehmer auf, eine Demonstration zum Sitz des Generalkommandos in Altona zu veranstalten. Mit dieser Parole eilten die Linksradikalen der Entwicklung voraus, denn noch war die Situation nicht reif, um eine offene Machtprobe mit den militärischen Gewalten zu provozieren. Doch neun Monate später, am 6. November 1918, sollte es erneut ein Sprecher der Linksradikalen, Fritz Wolffheim, sein, der am selben Ort dieselbe Aktionslosung ausgab – und dann mit Erfolg. Im Januar hörten die Streikenden noch auf den Appell zweier USPD-Redner, die vor einer Konfrontationsstrategie warnten, und begaben sich geschlossen zur offiziell angesetzten Streikversammlung im großen Saal von Sagebiel.

Der Vorgang verdeutlicht, daß die Linksradikalen weit davon entfernt waren, einen die Streikbewegung organisierenden und weitertreibenden Einfluß auszuüben. Dazu war ihre Basis in den Betrieben viel zu schwach. Aus der zentralen Streikleitung, die Vertreter der MSPD und USPD am

Nachmittag des 30. Januar vereinbarten, blieben sie ausgeschlossen; ihre Beteiligung wurde offenbar nicht einmal diskutiert. So beschränkte sich ihre Wirksamkeit auf die aufklärende und anfeuernde Flugblatt-Agitation, die allein nicht ausreichte, um die Arbeiter gegen den gemeinsamen Willen der MSPD- und USPD-Leitungen zur Fortsetzung des Streiks zu bewegen. Am 2. Februar wurde in allen Hamburger Betrieben wieder gearbeitet. In einem Flugblatt, das mit den Worten begann: „Die Schlacht ist beendet. Kein Resultat, kein Ergebnis!“ zogen die Hamburger Linksradikalen Bilanz. Scharf kritisierten sie die Vertreter der USPD, weil diese während des Streiks mit den Führern der MSPD gemeinsame Sache gemacht und dazu beigetragen hätten, „daß die Aktion im Sande verlief“: „Nach den großen Reden dieser Leute mußte man ganz andere Taten erwarten.“[34]

Nach Abbruch des Streiks setzten die Linksradikalen ihre Bemühungen fort, die Hamburger Werft- und Metallarbeiter zu neuen Massenaktionen zu mobilisieren: „Der Frieden ist noch in weiter Ferne, wenn Ihr ihn nicht mit Gewalt erzwingt!“[35] Gleichzeitig unternahmen sie verstärkte Anstrengungen, ihre antimilitaristische Propaganda in die Armee und Marine hineinzutragen. In einem Flugblatt von Mitte Februar 1918 riefen sie die Soldaten auf, sich nicht länger für die Eroberungsziele der Herrschenden mißbrauchen zu lassen, sondern sich dem Beispiel der russischen Brüder anzuschließen, „die den großen und notwendigen Schritt gewagt, das erste Tor zu ihrer und unserer Freiheit zu sprengen“: „‘Ex oriente lux’ – Aus dem Osten kommt das Licht ... Schaut hinüber über Eure Gräben und Stellungen, und Ihr vernehmt das Echo Eures eigenen Leides ... Daher den Schritt nach drüben gelenkt, die Hände gereicht.“[36] Das Flugblatt gelangte über Feldpostadressen an die Front. Größere Verbreitung fand es auch an der Nordseeküste, wo die Bremer und Rüstringer Gruppe der Linksradikalen für die Verteilung sorgten. Über die Werften kam es auf die Kriegsschiffe und in die Hände der Matrosen. Anfang März 1918 wurde auf den Toiletten der Torpedowerft in Wilhelmshaven-Rüstringen und in den Mannschaftsräumen des Flottengeschwaders fast gleichzeitig zahlreiche Exemplare gefunden.[37]

Für Militär- und Zivilbehörden war klar: Solche Aufrufe konnten nur das Werk von „Hetzern“ sein, die mit den feindlichen Mächten im Bunde waren. Im Februar 1918 setzte das stellvertretende Generalkommando in Altona auf die Festnahme eines „von englischer oder amerikanischer Seite besoldeten Agenten“, der der „Aufhetzung der Arbeiterschaft zum Streik, namentlich der Verteilung von Flugblättern“, überführt werden könne, eine Belohnung von 3 000 Mark aus, die bis Anfang März auf 33 000 Mark erhöht wurde.[38] Von dieser für damalige Verhältnisse phantastisch hohen Summe angelockt, bot ein Mitglied des engeren Führungskreises der Linksradikalen der Hamburger Polizeibehörde seine Dienste als „Vertrauensmann“ an.[39] Spätestens seit März 1918 lieferte er der Politischen Polizei fortlaufend Informationen über alle Interna der illegalen Arbeit. Dadurch konnte das polizeiliche Kontrollnetz immer enger gespannt und schließlich der gesamte harte Kern der Linksradikalen „unschädlich“ gemacht werden.

Zu einem ersten Schlag holte die Polizei am 21. März aus, als sie in einer Nachtaktion die geheime Wohnung besetzte, in der die Linksradikalen ihre Flugblätter herstellten. Eine Schreibmaschine und die beiden Vervielfältigungsgeräte wurden sichergestellt, Erna Halbe, die Verfasserin der Flugblätter, und ihre Gehilfin, die erst siebzehnjährige Anna Wulf, wurden festgenommen, ebenfalls der Kassierer Wilhelm Struve, in dessen Wohnung sich die Zentrale des linksradikalen Flugblatt- und Schriftenvertriebs befand, sowie Theodor Auferkorte, der Verbindungsmann der Linksradikalen zu den Landbetrieben der Metallindustrie. Bereits am 27. März fällte das Kriegszustandsgericht die Urteile: Erna Halbe erhielt zweieinhalb Jahre, das Ehepaar Struve und Auferkorte zwei Jahre Zuchthaus, Anna Wulf neun Monate Gefängnis.[40]

Danach wartete die Polizeibehörde zunächst einmal ab, um noch weitere Einblicke in illegale Organisation und konspirative Arbeitsweise der Linksradikalen zu erlangen. Diese bemühten sich in der Zwischenzeit verzweifelt, nicht nur Geld zur Unterstützung der Gefangenen und ihrer Angehörigen aufzutreiben, sondern auch in Erfahrung zu bringen, wer der Verräter in den eigenen Reihen war. Zu diesem Zweck organisierten sie am 26. Mai eine geheime Versammlung, an der nur ein ganz ausgesuchter Kreis teilnahm – darunter auch Emil Barth, der Leiter der „revolutionären Obleute" in Berlin.[41] Doch die geplante Entlarvung des Spitzels schlug fehl, der Verdacht blieb an dem Falschen hängen.

Wieder war die Polizei rechtzeitig über die Versammlung informiert worden. Zum ersten Mal während des Krieges setzte sie die Fotografie als Mittel der Fahndung ein. Alle Teilnehmer der Sitzung wurden mit einer versteckten Kamera aufgenommen, als sie sich zum Tagungslokal begaben. Bei anschließenden Verhören legte man ihnen die Fotografien als Beweismaterial vor.[42] Jeder vermutete nun in dem anderen einen Spitzel. In diesem Klima des Mißtrauens und der Verdächtigung war an eine Fortsetzung der illegalen Arbeit kaum noch zu denken.

Damit sah die Hamburger Polizeibehörde den Zeitpunkt für gekommen, ein weiteres Mal zuzuschlagen. Obwohl die Ermittlungen keinerlei Beweis für die „Agententheorie" ergaben, mußte diese doch als Vorwand für die zweite Verhaftungsaktion herhalten. Am 29. Mai 1918 wurde der gesamte Vorstand der Hamburger Linksradikalen festgenommen – neben Louise Wegener und Paul Kohn, einem ehemaligen Leiter im oppositionellen Jugendbund, auch die fünf Verbindungsleute zu den Werften. Zufrieden kommentierte der Hamburger Polizeipräsident: „Die für Massenstreik und Revolution eintretende linksradikale Bewegung vermag in Hamburg Erfolg nicht zu erzielen, da sie ihre Führerschaft von neuem verloren hat."[43]

Offenkundig waren die Linksradikalen nicht in der Lage, die Lücken zu füllen und ihre Organisation wieder auf eine feste Grundlage zu stellen. Besonders bemerkbar machte sich dies auf ihrem Hauptarbeitsfeld, der Flugblattagitation. Ein Polizeibericht von Ende Juni 1918 verdeutlicht, daß „die noch zurückgebliebenen Genossen" vor allem bedauerten, „keine Flugblätter (mehr) herstellen und verbreiten (zu) können": „Zu Hunderttausenden müßten sie jetzt in die Massen hineingeworfen werden."[44] Da Aktionismus ein für das linksradikale Selbstverständnis konstituierendes Element war, dürften ihre Organisationsreste in der Phase der erzwungenen politischen Inaktivität weiterer Auszehrung ausgesetzt gewesen sein. Ein Teil der linksradikalen Anhängerschaft scheint zur USPD übergewechselt zu sein. Jedenfalls berichtete der USPD-Vorsitzende in Hamburg-Altona, Ferdinand Kalweit, im September 1918, „daß wir alles Brauchbare von den L(inks)-R(adikalen) zu uns herübergezogen haben.“[45]

Dennoch: für die Polizei- und Militärbehörden stellte auch das auf fünfzig Köpfe zusammengeschmolzene Häuflein der Linksradikalen immer noch eine große Gefahr dar. Am 23. Oktober 1918, zum selben Zeitpunkt also, als sie ihre Unterdrückungsmaßnahmen gegenüber der USPD lockerten, gingen sie erneut massiv gegen die Linksradikalen vor: Auguste Lindau, Frieda Düwell, Anna Mendel und Louise Hoppe wurden verhaftet und ins Untersuchungsgefängnis eingeliefert.[46] Alle vier gehörten dem engeren Kreis der Linksradikalen an und hatten an der Verbreitung der Flugblätter im und nach dem Januarstreik mitgewirkt. Der ihnen zur Last gelegte Tatbestand des „Landesverrats“ bezog sich offensichtlich auf diese schon Monate zurückliegende Tätigkeit. Daß Polizei und Justiz erst jetzt zugriffen, erklärt sich wohl aus der Absicht, den Wiederaufbau einer aktionsfähigen linksradikalen Organisation in Hamburg bereits im Keime zu ersticken.

Die erneute Verhaftungsaktion – die dritte im Jahre 1918 – hatte zur Folge, daß die Linksradikalen in den Tagen der sich zuspitzenden revolutionären Krise Ende Oktober/Anfang November 1918 praktisch handlungsunfähig waren und kaum in Erscheinung treten konnten. Die Führung der auf den Umsturz hindrängenden Massenbewegung lag in Hamburg bei der USPD; sie wurde zur entscheidenden Kraft der Umwälzung in den ersten Tagen der Novemberrevolution.

Die gescheiterte Parteigründung im Kriege

Nach dem Ausschluß der gesamten Opposition aus der SPD im Januar 1917 spitzte die „Arbeiterpolitik“ die Auseinandersetzung mit der „zentristischen“ SAG auf die Forderung zu, auch mit ihr zu brechen und die Bildung einer eigenen Partei der Linken in Angriff zu nehmen. Auf dieses Programm verständigten sich die linksradikalen Gruppen von Bremen, Hamburg, Hannover und Rüstringen in einer gemeinsamen Erklärung vom 5. März 1917. Sie hob „die Notwendigkeit des Zusammenschlusses der linksradikalen Gruppen und ihrer Trennung vom Zentrum der Partei" hervor.[47] Die Hoffnung, auch die Spartakusgruppe für die Gründung einer linksradikalen Partei gewinnen zu können, erhielt jedoch bald einen Dämpfer. Bereits im Laufe des Februar und März 1917 zeichnete sich ab, was auf dem Gründungsparteitag der USPD in Gotha Anfang April 1917 zur Gewißheit werden sollte: Die Spartakusgruppe suchte das „schützende Dach" der neuen Partei in der Hoffnung, eine Mehrheit der oppositionellen Arbeiter für die eigenen Ansichten zu gewinnen. Gegen diese Entscheidung sprach sich Erna Halbe, die Hamburger Delegierte, im Namen der Bremer und Hamburger Linksradikalen aus; nach wie vor halte man „die Gründung einer eigenen linksradikalen Organisation für notwendig" und werde auch nach dem enttäuschenden Ergebnis der Konferenz „mit gesteigerter Energie in dieser Richtung wirken".[48] Tatsächlich verstärkten die Linksradikalen nach Gotha ihre Anstrengungen, um die projektierte Partei aus der Taufe zu heben. In einem gemeinsamen Aufruf der linksradikalen Ortsgruppen von Bremen und Hamburg, veröffentlicht auf der Titelseite der „Arbeiterpolitik" vom 5. Mai 1917, hieß es mit forciertem Optimismus: „Die Zeit für die Gründung der Internationalen Sozialistischen Partei Deutschlands ist da. Her zu uns, wer des ewigen Kompromisselns und des korrumpierenden Versteckspielens satt ist!"[49] Die Vorbereitung wurde einem „Aktionskomitee" übertragen, das in einer Proklamation von Ende Juli 1917 alle „linksradikalen Ortsgruppen und Genossen" aufforderte, „bis spätestens Mitte August ihre Vorschläge an die Redaktion der 'Arbeiterpolitik' einzureichen". Die Ankündigung der bevorstehenden Konstituierung der linksradikalen Partei war begleitet von einer scharfen Polemik gegen die Spartakusgruppe, die den Prozeß der Entfremdung zwischen den beiden linken Gruppen widerspiegelte: „Kaum ein Vierteljahr hat die Gruppe 'Internationale' an den Folgen ihrer Selbstentmannung in Gotha laboriert. Die Gruppe 'Internationale' ist tot."[50]

Zur Gründungskonferenz in Berlin trafen sich am 26. August 1917 dreizehn Delegierte linksradikaler Gruppen aus Berlin, Bremen, Rüstringen, Frankfurt/Main, Moers und Neustadt (Sachsen). Die Hamburger Gruppe war durch keinen eigenen Abgesandten vertreten. Noch bevor die geheim tagende Versammlung ihre Beratungen beginnen konnte, löste die Polizei sie auf. Die Teilnehmer wurden zum Militär eingezogen bzw. zum Hilfsdienst zwangsverpflichtet, „und zwar mit der Maßgabe, daß ihnen Beschäftigung fern von Berlin und in einem industrielosen Gebiet zugewiesen wird".[51] Die beschlagnahmten Konferenzmaterialien zeigen, wie weit die Linksradikalen – bei allen Sympathien mit den Bolschewiki – von leninistischen Organisationsvorstellungen entfernt waren. So sah der Statutenentwurf für die „Internationale Sozialistische Partei" eine dezentralisierte, föderalistische Struktur vor. Zwar sollte es eine Parteileitung und einen Parteitag geben, doch der Schwerpunkt des Parteilebens sollte auf den örtlichen Vereinen ruhen, denen man volle Autonomie in allen Fragen der Geschäftsführung und der Kampftaktik zusicherte. Darüber hinaus war vorgesehen, die traditionelle Arbeitsteilung von Partei und Gewerkschaften aufzuheben, da sie „geschichtlich überholt" sei und zur „Lähmung der Kräfte der Arbeiterklasse" geführt habe.[52] Die syndikalistische Idee der „Einheitsorganisation", die in Kreisen der Linksradikalen eine hohe Attraktivität besaß, verband sich im Laufe des Jahres 1918 mit der Forderung: „Heraus aus den Gewerkschaften!"[53] – eine Parole, die kaum geeignet war, die Basis der Linksradikalen in den Betrieben zu verstärken und ihnen Zugang zur Gewerkschaftsopposition, vor allem im Metallarbeiterverband, zu verschaffen. Nach der gescheiterten Gründungskonferenz unternahmen die Linksradikalen um Weihnachten 1917 einen zweiten Anlauf, eine überregionale Organisation ins Leben zu rufen. Die neue Partei scheint jedoch eher eine Sache auf dem Papier gewesen zu sein. Jedenfalls vermochte sie nicht, eine breitere Tätigkeit zu entfalten und die zersplitterten linksradikalen Gruppen zusammenzuführen.[54] Zwischen den einzelnen Ortsgruppen der Linksradikalen bestand weiterhin nur ein lockerer Zusammenhang. Ideologisches Bindeglied blieb die „Arbeiterpolitik", deren Erscheinen die Militärbehörden trotz verschärfter Zensur nach wie vor gestatteten, weil es „bis zu einem gewissen Grade eine Kontrolle der linksradikalen Bewegung" ermöglichte.[55]

Die Differenzen zwischen Spartakustruppe und Linksradikalen, die in der Vorbereitungsphase der Parteigründung im Juli/August 1917 ihre polemische Zuspitzung gefunden hatten, traten seit Anfang 1918 zusehends zurück. Auch in der Spartakusgruppe, in der der „Gothaer Kompromiß" nie unumstritten gewesen war, wuchs die Erkenntnis, daß ihre Zugehörigkeit zur USPD deren Politik keine vorwärtstreibenden Impulse verlieh, sondern eher die eigenen Energien fesselte. Eine wesentliche Rolle spielten die Erfahrungen mit den USPD-Führern während des Januarstreiks in Berlin. „Durch ihre Feigheit und Halbheit, durch ihr Unvermögen, das Wesen einer revolutionären Massenaktion zu verstehen", hätten sie „den Karren in den Dreck geschoben", hieß es in einem Bericht der Spartakusgruppe vom April 1918.[56] Das Urteil deckte sich im Kern mit der Kritik, die die Hamburger Linksradikalen an der Politik der USPD während der Streiktage geübt hatten.

So war die Voraussetzung dafür geschaffen, daß sich beide linken Gruppierungen wieder einander annäherten. Die Initiative dazu ging offenbar aus von der Spartakusgruppe in Neukölln.[57] In einem an sie gerichteten Schreiben der Hamburger Linksradikalen vom Frühjahr 1918, das die Polizei „im Wege der unauffälligen Briefkontrolle" einsehen konnte, wurde „die Anregung einer Verschmelzung der Gruppe Internationale mit den Linksradikalen" aufrichtig begrüßt. Dazu sei allerdings „die unbedingte Trennung von den Unabhängigen" notwendig. Zu den von der Spartakusgruppe vorgebrachten Bedenken gegen die Idee der „Einheitsorganisation" erklärten die Hamburger Linksradikalen: „Wir halten am Ziel der Einheitsorganisation fest. In dem Einwand, daß die Einheitsorganisation eine verfrühte Forderung sei, sehen wir doch die Anerkennung des Prinzips."[58]

Die Bestrebungen, die Aktivitäten der Spartakusgruppe und der Linksradikalen zu koordinieren, wurden durch die Polizei vereitelt. Am 24. März 1918, nur wenige Tage nach der Verhaftung der Gruppe um Erna Halbe, flog eine geheime Sitzung von Spartakusmitgliedern in Neukölln auf. Unter den acht Verhafteten befand sich auch Leo Jogiches, der Organisator der Spartakusgruppe seit der Verhaftung Rosa Luxemburgs und Karl Liebknechts.[59]

In den Ostertagen 1918, am 31. März und 1. April, fand in Hamburg eine Konferenz der Linksradikalen statt, die über „die Gesamtorganisation der Linksradikalen von Deutschland" beraten sollte.[60] An ihr nahmen neben Vertretern der

Hamburger Gruppe je drei Mitglieder der Rüstringer und der Berliner Linksradikalen teil. Erster Punkt der Tagesordnung war: „Einigung mit den Spartakusleuten“. Man verständigte sich auf die Grundzüge eines Programms, wie es in einem Spartakus-Aufruf vom März 1918 fixiert war: Es sah vor, in den kommenden Massenstreiks, die man für die Zeit nach dem Scheitern der letzten deutschen militärischen Offensive im Westen prognostizierte, Arbeiter- und Soldatenräte zu bilden. Ihnen sollte die Aufgabe zufallen, „die Massen zur Revolution aufzurufen, ferner sich der Regierungsgewalt zu bemächtigen und die deutsche Volksrepublik auszurufen“.[61]

Über ihren Spitzel war die Hamburger Politische Polizei in alle Details der Konferenz eingeweiht. Von ihm erfuhr sie die Namen der Rüstringer Linksradikalen und die neu ausgetauschten Deckadressen. Die Berliner Delegierten, die in Hamburg bewußt ihre Anonymität gewahrt hatten, konnte ein Beamter der Politischen Polizei auf ihrer Rückfahrt nach Berlin während einer Fahrkartenkontrolle namhaft machen.[62] Unmittelbar danach wurden sie festgenommen. Die mühsam geknüpfte Verbindung zwischen den Linksradikalen und der Spartakusgruppe war damit zunächst unterbrochen.

Erst Anfang Oktober 1918, als das deutsche Waffenstillstandsangebot und die gleichzeitig vollzogene „Parlamentarisierung“ den bevorstehenden Zusammenbruch des deutschen Kaiserreichs ankündigten, wurden die Fäden neu geknüpft. Am 7. Oktober 1918 tagte in Berlin eine Reichskonferenz der Spartakusgruppe, an der auch Abgesandte mehrerer Ortsgruppen teilnahmen, unter ihnen der Soldat Fritz Wolffheim, der seinerzeit in einer Garnison bei Flensburg stationiert war.[63] In einem von beiden linken Gruppen gemeinsam unterzeichneten Aufruf wurde konstatiert, daß „Deutschlands Imperialismus politisch und militärisch vernichtend geschlagen“, die Armee, „das wichtigste Werkzeug der Reaktion“ im Zerfall begriffen sei. Unter den Losungen „Es lebe die soziale Revolution! Es lebe der Frieden der Völker! Nieder die Regierung! Tod dem Kapitalismus!“ entwickelten Spartakus und Linksradikale einen detaillierten Forderungskatalog für die bevorstehende revolutionäre Umwälzung.[64] Der Hauptstreitpunkt – das Verhältnis zur USPD

– wurde auf der Konferenz bewußt ausgeklammert. Wichtiger war für die Linksradikalen, daß man sich überhaupt auf ein gemeinsames Aktionsprogramm geeinigt hatte. In dem Artikel „Spartakus und wir“ vom 1. Januar 1919, dem zweiten Tag des Gründungsparteitags der KPD, stellte Knief allerdings befriedigt fest, daß die Entwicklung denjenigen Recht gegeben habe, die „mit allem Nachdruck die Gründung einer selbständigen linksradikalen Partei“ gefordert hätten. Indem der Spartakusbund sich nunmehr genötigt sehe, die organisatorische Trennung von den Unabhängigen zu vollziehen, sei der wesentliche Streitpunkt zwischen ihm und den Linksradikalen beseitigt.[65] Gerade der Verlauf des Gründungsparteitages zeigte jedoch, daß die Differenzen zwischen beiden Gruppen, etwa in der Frage des Parteiaufbaus und des Verhältnisses zu den Gewerkschaften, noch keineswegs ausgeräumt waren. Sie sollten die junge kommunistische Partei noch vor schwere Zerreißproben stellen.

VII. Die Generalprobe

Der Januarstreik 1918 in Hamburg, Kiel und Bremen

Obwohl die Januarstreiks 1918 in der Geschichte der Massenbewegungen im Ersten Weltkrieg einen herausragenden Platz einnehmen, sind sie doch bislang wenig erforscht worden. In der DDR-Geschichtsschreibung dominierte eine heroisierende Betrachtungsweise, wobei man die Rolle des Spartakusbundes deutlich überakzentuierte.[1] In der bundesrepublikanischen Geschichtsforschung sind die Streiks vom Januar 1918 in einigen lokal- und regionalgeschichtlichen Studien behandelt worden, und zwar vorwiegend im Zusammenhang mit der unmittelbaren Vorgeschichte der Novemberrevolution; die sozioökonomischen Bedingungen des Weltkrieges, in deren Rahmen sich die Streikbewegungen entwickelten, blieben zumeist unterbelichtet.[2] Bislang gibt es erst eine gründliche Untersuchung, die sich darum bemüht hat, die Ursachen für die verschiedenartige Ausprägung der Massenbewegungen in der Weltkriegszeit aufzuhellen: Friedhelm Bolls vergleichende Studie über Braunschweig und Hannover.[3] Daran schließen die folgenden Ausführungen an.[4] Am Beispiel der Nachbarstädte Hamburg, Kiel und Bremen sollen Entstehungsbedingungen, Verlaufsformen und Ergebnisse der Januarstreikbewegung dargestellt werden. Dabei interessiert vor allem die Frage, warum trotz vergleichbarer ökonomischer und sozialer Strukturen sich Protest- und Streikbereitschaft ungleichzeitig entwickelten und mit unterschiedlicher Intensität artikulierten.

Strukturveränderungen im Kriege

In der Geschichte der Arbeitskämpfe vor dem Ersten Weltkrieg spielten die Werftarbeiter in den norddeutschen Küstenstädten bereits eine bedeutende Rolle.[5] Allerdings lassen sich die Streiks im Weltkrieg nicht allein aus der kämpferischen Tradition der Vorkriegszeit erklären, sondern müssen im Kontext der ökonomischen und sozialen Veränderungen gesehen werden, die im Laufe des Krieges eintraten.

Noch mehr als vor 1914 war das Wirtschaftsleben in Hamburg, Bremen und Kiel während der Kriegsjahre vom Schiffbau bestimmt. Die großen Werften und die Zulieferbetriebe der Metallindustrie profitierten von der Rüstungskonjunktur. Seit der Forcierung des U-Boot-Baus 1915 herrschte kein Auftragsmangel mehr. Dem raschen Ausbau der Werftanlagen entsprach eine bis 1918 ständig steigende Zahl von Beschäftigten.

Die folgende Tabelle zeigt die Entwicklung des Personalbestands auf den größten Werften in Hamburg, Kiel und Bremen[6]:

Firma	1.7. 1914	1.7. 1918	Veränderung in %
Blohm & Voss	10250	12555	+ 22
Vulcan-Werke, Hamburg	4300	10863	+153
Reiherstieg-Schiffswerft	3245	2887	– 11
H. C. Stülcken u. Sohn	895	1005	+ 12
Kaiserliche Werft, Kiel	9260	16435	+ 74
Germania-Werft, Kiel-Gaarden	6550	10507	+ 57
Howaldtswerke, Kiel	3000	3228	+ 7,5
Torpedowerkstatt, Friedrichsort	2389	5545	+132
AG Weser, Bremen	6500	10192	+ 57
Atlaswerke, Bremen	2235	2949	+ 32
Bremer Vulcan, Vegesack	3965	4764	+ 20

Den größten Zuwachs hatten die Werften zu verzeichnen, die sich – wie die Vulcan-Werft in Hamburg, die Germania-Werft in Kiel oder die AG Weser in Bremen – ganz auf die U-Boot-Serienproduktion konzentrierten oder wie die Kaiserliche Werft in Kiel voll mit Reparaturen ausgelastet waren, während die Betriebe, die noch vorwiegend im Handelsschiffbau tätig blieben, zum Beispiel die Howaldtswerke in Kiel oder die Reiherstieg-Schiffswerft in Hamburg, entweder stagnierten oder Beschäftigungseinbußen hinnehmen mußten.

Hand in Hand mit der Aufstockung der Werften ging ein tiefgreifender Umschichtungsprozeß in der Werftarbeiterschaft. Seit Frühjahr 1915 herrschte auf den Werften chronischer Arbeitermangel. Vor allem fehlte es an bestimmten Facharbeiterkategorien – Schiffhauer, Nieter, Stemmer, Bohrer –, die mit den besonderen technischen und klimatischen Arbeitsverhältnissen auf den Werften vertraut und nicht so leicht zu ersetzen waren. Daher veranlaßte die Marineverwaltung, daß ein Teil der bereits eingezogenen Facharbeiter für die Arbeit auf den Helgen „reklamiert" wurde. Darüber hinaus zog man Facharbeiter aus den Ersatztruppenteilen und Rekrutendepots heraus und stellte sie den Werften zur Verfügung. Auf diese Weise gelangten immer mehr Arbeiter auf die Werften, die nicht ortsansässig waren und erst an die schwierigen Bedingungen der Werftarbeit gewöhnt werden mußten.[7]

Da der Bedarf an Facharbeitern sich aber auch durch diese Maßnahmen nicht decken ließ, waren die Werften in steigendem Maße gezwungen, an- und ungelernte Arbeitskräfte zu beschäftigen: vor allem jugendliche Arbeiter, in geringem Umfang Frauen und Kriegsgefangene.[8] Gerade bei der Gruppe der Ungelernten war die Neigung, der körperlich anstrengenden und zudem schlecht entlohnten Werftarbeit schon nach kurzer Zeit wieder den Rücken zu kehren, sehr groß, so daß die Werftbelegschaft noch stärker fluktuierte als vor dem Kriege. Blohm & Voss zum Beispiel verzeichnete zwischen Oktober 1916 und Oktober 1917 einen Zugang von 12 173 und einen Abgang von 10 026 Arbeitern bei einer durchschnittlichen Gesamtbeschäftigungszahl von rund 12 000.[9]

Die Strukturveränderungen aktualisierten und verschärften eine Reihe von Krisenmomenten. Die den Werften zugewiesenen Leute waren – wie der Arbeitgeberverband Unterweser im August 1915 klagte – kein vollwertiger „Ersatz für gelernte Handwerker", was mit einem Sinken des Qualifikationsniveaus verbunden war.[10] Gerade in den stark expandierenden Betrieben wie der Vulcan-Werft in Hamburg oder der AG Weser in Bremen fehlte es an geschultem Aufsichtspersonal, um die Kontrolle über die unsteten, nur für kurze Zeit auf den Werften beschäftigten Arbeiter in gewohnter Weise aufrechterhalten zu können.[11] Und auch die

Gewerkschaften sahen sich durch den Verlust betrieblich erfahrener Vertrauensleute und den Zustrom neuer, gewerkschaftlich bislang nicht organisierter Arbeitskräfte vor kaum lösbare Probleme gestellt. „Jetzt sind auf den Werften Leute beschäftigt, die man nie gesehen hat, und wo jetzt alles durcheinandergewürfelt ist, fällt es schwer, die Organisation wieder hochzubringen".[12] Manchen ehemals aktiven Gewerkschafter, der inzwischen als reklamierter Arbeiter auf der Werft beschäftigt war, hielt die Furcht davor, als „abkömmlich" gemeldet und wieder eingezogen zu werden, von einer gewerkschaftlichen Betätigung zurück. Dem entsprach ein drastischer Rückgang der gewerkschaftlich organisierten Mitglieder unter den Werftarbeitern.[13] Erst als seit dem Hilfsdienstgesetz von Ende 1916 die „Drohung mit dem Schützengraben" an Wirksamkeit einbüßte, begannen sich auch auf den Werften die gewerkschaftlichen Organisationsverhältnisse wieder zu bessern.[14]

Ökonomische, soziale und politische Beschwernisse der Werftarbeiter

Infolge nachlassender Organisations- und Integrationsfähigkeit der Gewerkschaften sanken auch deren Möglichkeiten, die Unzufriedenheits- und Proteststimmungen in der Werftarbeiterschaft aufzufangen und in die traditionellen Bahnen gewerkschaftlicher Interessenvertretung zu lenken. Es war ein ganzer Katalog von Beschwernissen, aus denen sich das Unzufriedenheitspotential unter den Werftarbeitern speiste: Ihre wichtigste Ursache hatten sie in der Verschlechterung der ökonomischen Lage. Mit der Verteuerung der Lebenshaltungskosten im Kriege, vor allem der rapiden Steigerung der Nahrungsmittelpreise, vermochten die Löhne nicht Schritt zu halten. Nach Berechnungen des Metallarbeiterverbandes in Hamburg vom Sommer 1918 erhöhte sich der Durchschnittsverdienst der Werftarbeiter im Vergleich zum Juli 1914 um 80 bis 87 Prozent, während die Teuerungsrate sich zur gleichen Zeit auf 150 Prozent zubewegte.[15] Allerdings sagen solche Durchschnittszahlen wenig aus, weil nicht nur die Spanne zwischen Lohn- und Akkordverdiensten auf den einzelnen Werften unterschiedlich groß war[16], sondern auch zwischen den einzelnen Arbeiterkategorien auf einer Werft zum Teil erhebliche Einkommensunterschiede bestanden.[17] Offenkundig nutzten die Arbeitgeber die Veränderungen in der Zusammensetzung der Werftbelegschaften aus, um ihren Facharbeiterstamm – soweit er ihnen erhalten geblieben war – auf Kosten der neu in die Werftindustrie strömenden Arbeitskräfte besserzustellen. Wer nicht zu den hochqualifizierten Facharbeitergruppen zählte – zu den Kupferschmieden, Drehern, Maschinenbauern –, wer überdies keine Familienangehörigen besaß, die mitverdienen konnten, der mußte „bis zur Bewußtlosigkeit Überstunden leisten".[18] Allerdings setzten chronische Unterernährung und schlechter Gesundheitszustand bei vielen Werftarbeitern einer Ausdehnung der Arbeitszeit schon bald eine Grenze. In einer Denkschrift des Reichsmarineamts von 1918 hieß es, daß seit dem „Kohlrübenwinter" 1916/17 die Arbeitsleistung auf den Werften ständig gesunken sei, „wobei die physische Unmöglichkeit, die Arbeit zu leisten, und die Arbeitsunwilligkeit verbunden mit wachsender Disziplinlosigkeit in enger Wechselwirkung standen".[19]

Die meisten größeren Werftbetriebe richteten im Kriege eigene Werkskantinen ein, doch sorgte gerade die schlechte Qualität der dort ausgegebenen Essen für viel Erbitterung. So beschwerte sich der Arbeiterausschuß der AG Weser im November 1917, daß in der Kantine häufig „Wassersuppe mit Steckrüben" verabreicht werde, von der sich die Arbeiter „bei ihrer anstrengenden Arbeit unmöglich sättigen" könnten.[20] Wiederholt verlangten die Werftarbeiter auch eine Kontrolle darüber, „daß die den Werften zugewiesenen Lebensmittel auch tatsächlich für die Verpflegung verwendet würden".[21]

Mehr noch als unzureichende Löhne, lange Arbeitszeiten und schlechte Ernährung bildete die ungleiche Verteilung der vorhandenen knappen Lebensmittel eine Quelle ständiger Unzufriedenheit. Besonderen Ärger erregte es jedes Mal, wenn einzelne Betriebe mit Sonderlieferungen bedacht wurden.[22] Aber auch die differenzierte Verteilung der Lebensmittelzusatzkarten nach den Kategorien Rüstungsarbeiter, Schwerarbeiter und Schwerstarbeiter barg viel Zündstoff, fühlten sich dadurch doch immer wieder einzelne Arbeitergruppen zurückgesetzt.[23] Schließlich hielt sich auch unter den Werftarbeitern an der Küste hartnäckig die Überzeugung, daß "der Wohlhabende immer noch in der Lage" sei, "sich ausreichend zu versorgen, während der schwer arbeitende Rüstungsarbeiter Mangel leide".[24] In solchen Äußerungen, die den alltäglichen Wahrnehmungen entsprachen, lag eine wichtige Voraussetzung dafür, daß sich die Unzufriedenheit in der Arbeiterschaft sozialkritisch aufladen und „mit Ressentiments gegen die Privilegierten und Herrschenden" verbinden konnte.[25]

Im vierten Kriegswinter 1917/18 kam zu den Klagen über die unzureichende und ungleiche Lebensmittelversorgung auch eine wachsende Erbitterung über die hohen Preise für Schuhzeug und Arbeitskleidung, die Neuanschaffungen unmöglich machten.[26] Der Arbeiterausschuß der AG Weser verlangte deshalb im November 1917 von der Werftleitung, sie solle Schuhe und Anzüge direkt bei den Fabrikanten einkaufen und an die Arbeiter verteilen.[27]

Neben der Verschlechterung der ökonomischen Lage waren die häufigen Maßregelungen reklamierter Arbeiter immer wieder Anlaß für Mißstimmungen; sie wurden zum Teil zum direkten Ausgangspunkt für Protestaktionen.[28] Geklagt wurde vielfach auch darüber, daß die Meister willkürlich die Akkordsätze reduzierten.[29] Im Frühjahr 1917 löste die Weigerung der Werftunternehmer, die Arbeiterausschüsse auf den Werften nach den Bestimmungen des Hilfsdienstgesetzes neu wählen zu lassen, großen Unmut aus.[30]

Die genannten ökonomischen und sozialen Unzufriedenheitsmomente wurden mit zunehmender Dauer des Krieges überformt durch das immer drängendere Verlangen der erschöpften Arbeiter nach Beendigung des Krieges. Kriegsmüdigkeit und Friedenssehnsucht verwandelten sich in dem Maße in eine politisch akzentuierte Antikriegsstimmung, je mehr sich bei den Arbeitern die Erkenntnis durchsetzte, daß dieselben gesellschaftlichen Kräfte, die sie für die Verschlechterung ihrer materiellen Lage verantwortlich machten, den Propagandisten eines „Siegfriedens" und den Gegnern innenpolitischer Reformen den Rücken stärkten. Aufreizend und erbitternd wirkte unter der Arbeiterschaft in den Werftorten die Tatsache, daß prominente Vertreter der Schiffbauindustrie in der 1917 gegründeten „Vaterlandspartei" eine führende Rolle spielten.[31]

Protest- und Streikbewegungen 1916/17

Die Erregung über die wirtschaftliche Misere und die scheinbar endlose Dauer des Krieges machte sich seit 1916 in einer Vielzahl von Protesten und Streiks Luft. Da die Gewerkschaftsleitungen sich bei Kriegsbeginn auf streikpolitische Enthaltsamkeit verpflichtet hatten, mußten die Aktionen ohne ihre Unterstützung und gegen ihren dämpfenden Einfluß durchgeführt werden. Dabei griffen die Werftarbeiter auf die Erfahrungen des „wilden“ Streiks von 1913 zurück, als von ihnen gegen den Willen der Gewerkschaftsvorstände die Initiative ergriffen und noch während der laufenden Verhandlungen mit den Unternehmern die Arbeit eingestellt worden war.[32] Offenbar hat gerade das Zusammentreffen einer kämpferischen lokalen Tradition mit einem starken Zustrom an- und ungelernter Arbeiter, die häufig nur widerwillig und für kurze Zeit auf den Werften tätig waren und keine Bindungen an die gewerkschaftlichen Organisationen besaßen, die Reizbarkeit auf die sich verschlechternden materiellen Verhältnisse erhöht und einen günstigen Boden für Radikalisierung und Massenaktionen bereitet.[33] Es ist deshalb auch kein Zufall, daß die Werften, die bereits in den Kämpfen vor 1914 eine Vorreiterrolle spielten und bis 1915 einen großen Zuwachs ihrer Belegschaft verzeichneten, zum Schwerpunkt der Streikaktivitäten der Werftarbeiter im Kriege wurden: die AG Weser in Bremen, die Germania-Werft in Kiel und die Vulcan-Werft in Hamburg.

Überblickt man die Streikbewegungen der Jahre 1916 und 1917 in Hamburg, Bremen und Kiel, lassen sich gleichwohl einige charakteristische Unterschiede feststellen. Protest- und Streikbereitschaft äußerten sich auf den Kieler und Bremer Werften früher als in Hamburg. Der erste eintägige Streik der Arbeiter auf der Kieler Germania-Werft am 15. Juni 1916 entwickelte sich im Anschluß an Lebensmittelunruhen tags zuvor, in deren Verlauf Verkaufsstellen und Lagerhallen geplündert worden waren.[34] Auch der erste zweitägige Streik auf der AG Weser am 3. und 4. Juli stand am Ende einer Kette von Ansammlungen vor den Geschäften und Demonstrationen gegen die herrschende Lebensmittelknappheit, die im April 1916 begonnen hatten und in der zweiten Junihälfte ihren ersten Höhepunkt fanden.[35] An ihnen nahmen zunächst vorwiegend Frauen und Kinder teil, denen sich dann immer mehr Arbeiter anschlossen. Unter dem Einfluß der linksoppositionellen Bremer Sozialdemokraten, die nicht nur die Lokalorganisation beherrschten, sondern mit der „Bremer Bürgerzeitung" auch über ein funktionierendes Kommunikationsmittel verfügten[36], bekamen die Proteste zunehmend einen politischen Charakter. Am Abend des 29. Juni 1916 demonstrierten in Bremen mehrere Tausend Menschen mit den Rufen „Nieder mit der Regierung! Nieder mit dem Krieg!" gegen die Verurteilung Karl Liebknechts zu zweieinhalb Jahren Zuchthaus. Und auch die Aktionen auf der AG Weser einige Tage später trugen deutlich den Stempel eines Sympathiestreiks für Karl Liebknecht, wenngleich die streikenden Arbeiter selbst die Forderung nach mehr Lohn und Lebensmitteln in den Vordergrund rückten.[37]

In Hamburg kam es am 18. und 19. August 1916 zu den ersten größeren Ernährungsunruhen im Kriege; davon unabhängig fand am Abend des 18. August auch die erste von der oppositionellen Arbeiterjugend organisierte Friedensdemonstration statt.[38] Doch auf den Werften blieb es noch ruhig. Erst am 26./27. Oktober 1916 traten die Arbeiter der Vulcan-Werft und von Blohm & Voss zum ersten Mal in den Ausstand, um ihrer während der laufenden Lohnbewegung erhobenen Forderung nach Lohnerhöhung und Regelung der Akkordverhältnisse Nachdruck zu verleihen. Durch Vermittlung des stellvertretenden Generalkommandos in Altona gelang es rasch, die Arbeiter, die während der Verhandlungen die Werften nicht verließen, zur Wiederaufnahme der Arbeit zu veranlassen.[39]

Nach dem entbehrungsreichen Winter 1916/17 herrschte nach übereinstimmenden Berichten auf allen Werften eine gespannte Situation. Doch wieder zündete der Streikfunke zunächst nur in Kiel und in Bremen. Am 27. März 1917 legten 4 000 Arbeiter der Germania-Werft und 1 450 Arbeiter der Howaldtswerke die Arbeit nieder, um gegen die „ungenügende Nahrungsmittelversorgung zu demonstrieren".[40] Der Streik, dem sich am folgenden Tag auch die Arbeiter der Kaiserlichen Werft und der Torpedowerkstatt in Friedrichsort anschlossen, mußte am 30. März ergebnislos abgebrochen werden. Der Kieler Magistrat und der Gouverneur weigerten sich strikt, dem Verlangen der Streikenden nach zusätzlichen Lebensmitteln zu entsprechen[41], und auch eine nach Berlin entsandte Kommission der Werftarbeiter kehrte unverrichteter Dinge zurück.[42]

In Bremen verließen fast sämtliche Arbeiter der AG Weser am 31. März 1917 die Werft und zogen in einem geschlossenen Protestzug von Gröpelingen aus in Richtung Innenstadt. Noch ehe sie den Rathausmarkt erreichten, trieb eine Säbelattacke der Polizei die Demonstranten auseinander.[43]

Kennzeichnend für die Streikbewegung des März 1917 war eine deutliche Politisierung. Der Kieler Oberbürgermeister nahm zum Beispiel aus einer Sitzung der Vertrauensleute der Werften am 28. März den bestimmten Eindruck mit, daß „die Lebensmittelknappheit zwar der unmittelbare und äußere Anlaß zum Ausstand gewesen“, in Wirklichkeit aber „ein gewisser politischer Unterton die treibende Kraft bei der ganzen Bewegung“ sei.[44] Zu einer ähnlichen Einschätzung gelangten der Kieler Polizeipräsident und der Regierungspräsident in Schleswig.[45] Und auch beim eintägigen Demonstrationsstreik der Arbeiter von der AG Weser war für die Verantwortlichen in der Hansestadt der politische Akzent der Bewegung unverkennbar: „Die Arbeiter seien der Ansicht, durch derartige Streiks die Herbeiführung des Friedens beschleunigen zu können und den Friedenswillen der Arbeiterschaft zum Ausdruck bringen zu müssen.“[46] Der Einfluß der russischen Februarrevolution machte sich Ende März/Anfang April 1917 schon bemerkbar.[47] In seinem Monatsbericht stellte das stellvertretende Generalkommando in Altona fest: „Der Wind hat den Unkrautsamen herübergetragen, und er ist, dafür sprechen sichere Anzeichen, schon an vielen Stellen aufgegangen.“[48]

Hamburg war Ende Februar 1917 von einer zweiten Welle von Hungerrevolten erfaßt worden[49]; doch weder traten die Werftarbeiter aus diesem Anlaß in Aktion[50] noch schlossen sie sich Ende März dem Streik der Kieler und Bremer Werftarbeiter an. Auch als die Herabsetzung der Brotration Mitte April 1917 eine Massenstreikbewegung in Berlin, Leipzig und anderen deutschen Großstädten auslöste, blieb es in

Hamburg still. Erst im Mai traten die Arbeiter der Vulcan-Werft für zwei Tage in den Ausstand. Wie im Oktober 1916 beschränkten sich ihre Forderungen indes auf die ökonomische Sphäre.[51]

Die Ungleichzeitigkeit der Streikentwicklung ist auf mehrere Faktoren zurückzuführen. Eine Rolle spielte sicherlich die enge Kooperation zwischen Hamburger Kriegsversorgungsamt und der lokalen Gewerkschaftsführung, durch die es gerade in den kritischen Wochen des März und April 1917 gelang, die Werftarbeiter mit zusätzlichen Lebensmitteln zu versorgen und dadurch einen Teil der Mißstimmung aufzufangen.[52] Bedeutsamer aber war, daß die Gewerkschaftsleitungen in Hamburg – trotz rückläufiger Mitgliederzahlen und verbreiteter Kritik in den Mitgliederversammlungen – ihren Einfluß auch unter den Metall- und Werftarbeitern besser behaupten und oppositionelle Tendenzen niedrighalten konnten. So bemerkte ein Bericht der Hamburger Polizeibehörde Ende Januar 1917, daß „die Führer der Gewerkschaften ihre Mitglieder in der Hand" hätten und „ihr ganzes Bestreben" darauf richteten, „daß Unruhen nach Möglichkeit vermieden werden".[53] In Kiel hingegen interpretierten die politischen Instanzen die Streikaktionen vom März 1917 als Beweis dafür, daß „die bisherigen gemäßigten Führer der Arbeiterschaft ... die Herrschaft über die Arbeiter verloren" hätten, „die ganz allgemein an die radikalsten Elemente übergegangen" sei.[54]

Politische Orientierungen der sozialdemokratischen Organisationen

Die bemerkenswerte Stabilität gewerkschaftlicher Positionen in Hamburg beruhte auf der engen personellen und politischen Übereinstimmung mit der sozialdemokratischen Führungsspitze, die bereits in der Vorkriegszeit in einem pragmatisch-reformistischen Kurs ihren Ausdruck gefunden hatte.[55] Anders als in Bremen, wo der linke Parteiflügel die Mehrheit in der Bremer Sozialdemokratie stellte, war die Linke in der Hamburger Sozialdemokratie vor 1914 ohne nennenswerten organisatorischen Einfluß geblieben. Diese Schwäche vermochte sie im Kriege umso weniger auszugleichen, als die Überwachungs- und Verfolgungspraxis der staatlichen Organe unter dem Belagerungszustand sich einseitig gegen die oppositionellen Teile der sozialdemokratischen Arbeiterbewegung richtete und deren Entfaltungsmöglichkeiten eng begrenzte. Erschwerend trat hinzu, daß die Mehrheitsrichtung in der SPD und den Gewerkschaften mit dem lokalen Parteiblatt, dem „Hamburger Echo“, ein Informationsmonopol besaß, dem die Opposition außer Flugblättern nichts entgegenzusetzen hatte. Die USPD, 1917 aus dem Spaltungsprozeß in der SPD hervorgegangen, zählte in Hamburg nur wenige hundert Mitglieder, und sie mußte sich mit dem zahlenmäßig noch kleineren Kreis der Hamburger Linksradikalen auseinandersetzen, einem Ableger der Bremer Linken um die Zeitschrift „Arbeiterpolitik“.[56] Gegenüber dieser agitatorisch sehr rührigen Gruppe besaß die USPD allerdings den Vorteil, daß sie einen gewissen Rückhalt in der gewerkschaftlichen Opposition im Metallarbeiterverband und im Vertrauensleutekörper auf der Vulcan-Werft besaß.[57]

Auch in Kiel wurde die Dominanz der SPD- und Gewerkschaftsführung während des Krieges zu keinem Zeitpunkt ernsthaft angetastet. Wie in Hamburg besaß die Mehrheitssozialdemokratie hier ein Parteiblatt, die „Volkszeitung“, mit dessen Hilfe sie ihre Mitglieder und Anhänger in ihrem Sinne beeinflussen konnte.[58] Dennoch gelang es der Opposition in der Kieler Sozialdemokratie früher als in Hamburg, feste Verbindungen zu den Werften herzustellen und besonders auf der Germania-Werft und der Torpedowerkstatt einen festen Stamm von betrieblich erfahrenen Vertrauensleuten aufzubauen. Bereits kurz nach ihrer Gründung zählte die Ortsgruppe der USPD in Kiel, die sich hier – im Unterschied zu Hamburg – keiner linken Konkurrenz erwehren mußte, fast 1 000 Mitglieder.[59] Die massive polizeiliche Verfolgung im Zusammenhang mit der Matrosenbewegung des Sommers 1917 unterbrach jedoch die erfolgversprechende Entwicklung der Kieler USPD.[60]

Wesentlich günstiger lagen die Verhältnisse zunächst für die Parteilinke in Bremen. Durch ihre Hegemonie in den wichtigsten Bereichen der Parteiarbeit (Parteiapparat, Presse, Versammlungswesen) und ihre Verbindung zum Vertrauensleutekörper der AG Weser konnte sie von Anfang an Einfluß auf die Basisbewegungen in der Werftarbeiterschaft nehmen und die Gegensteuerung der Gewerkschaftsführer paralysieren – eine Tatsache, die die frühe Politisierung der Bremer Streikbewegung erklärt. Doch die Arbeitsbedingungen der Bremer Linken verschlechterten sich seit 1916 kontinuierlich, zum einen durch den Ausschluß des Bremer Ortsvereins aus der Gesamtpartei und den Verlust der „Bremer Bürgerzeitung" an die neugegründete Organisation der Parteirechten, zum anderen durch die Auseinandersetzungen innerhalb der Linken selbst, zwischen den Anhängern Johann Kniefs und der von ihm gegründeten linksradikalen „Arbeiterpolitik" und den Vertretern eines gemäßigten Kurses um den Reichstagsabgeordneten Alfred Henke.[61] Zwar behielten die Linksradikalen im alten Ortsverein das Übergewicht, doch schmolz die Zahl ihrer aktiven Mitglieder im Laufe des Jahres 1917 auf wenige hundert Köpfe zusammen.[62] Noch schwächer war freilich die Position der USPD, die unter Führung Henkes im Mai 1917 eine Bremer Ortsgruppe gründete; sie brachte es bis Mai 1918 nur auf 182 Mitglieder.[63]

Ein Indiz für den sinkenden Einfluß der radikalen Linken auf betrieblicher Ebene war, daß der Aufruf zum Generalstreik am 15. August 1917 auch auf der AG Weser, dem Zentrum der Arbeiterradikalität, kaum Resonanz fand; nur 300 Kupferschmiede und Schiffhauer legten vorübergehend die Arbeit nieder.[64] In Braunschweig hingegen, einer anderen Hochburg der linken Opposition, wurde der August-Streik 1917 zur größten Massenaktion während der Kriegszeit – eine „Vorwegnahme des im übrigen Deutschland erst im Januar 1918 ausbrechenden Antikriegsstreiks".[65]

Der Januarstreik – Entstehung und Verlauf

Der Januarstreik brach in Kiel früher aus als im übrigen Deutschland. Das Signal für die vorzeitige Auslösung der Bewegung gab die Torpedowerkstatt in Friedrichsort. Hier stellte die gesamte Belegschaft am Nachmittag des 25. Januar 1918 die Arbeit ein, um gegen die Einberufung von mehreren Vertrauensleuten zum Heer zu protestieren. Zugleich sandte man eine Kommission zum stellvertretenden

Nr. 178. Dienstag, den 28. Juli 1914. 28. Jahrgang.

Hamburger Echo.

Filialen:

Zum Protest gegen die Kriegshetze

versammelt Euch, Männer und Frauen des arbeitenden Volkes, die Ihr **Abwehr der Kriegsgefahr** und **Erhaltung des Friedens** wünscht, am heutigen **Dienstag abend** in den

neunzehn Volksversammlungen,

die für **Hamburg, Altona, Ottensen** und **Wandsbeck** von der sozialdemokratischen Parteileitung anberaumt sind. Erhebt Eure Stimmen gegen das unsinnige Geschrei, das sich patriotische Begeisterung nennt. Bringt durch Euer Massenaufgebot zum Ausdruck, daß die Völker den Krieg, der nur einem verbrecherischen Wahn dient, verabscheuen. Bewährt Euch als Hort des Weltfriedens! Die Gefahr des Weltkrieges ist greifbar nahe. Nur die vereinigte Macht aller Friedensfreunde vermag sie abzuwenden. Seid alle auf dem Posten, Gesinnungsgenossen!

Hamburger Arbeiterjugendliche während eines Ausflugs im Jahre 1914. Am Baum lehnend Carl Hoym, 2. von rechts: Rudolf Lindau. Oben: Titelblatt des „Hamburger Echo“ vom 28. Juli 1914

Deutsche Soldaten auf dem Weg zur Front, Anfang August 1914. Oben: Der Ausmarsch des Infanterieregiments Nr. 76 in Hamburg

Proletarier-Jugend

Mitteilungsblatt
der Freien Jugendorganisation von Hamburg-Altona und Umgegend

1. Jahrgang — Hamburg, 15. April 1916 — Nummer 1

Jugendgenossen! Jugendgenossinnen!

Drei Tage, die für die proletarische Jugendbewegung Hamburgs von großer Bedeutung sind, liegen hinter uns. Der 3. März, der Tag der Auflösung des Jugendbundes, der 4. März, der Tag der unvergeßlichen Funktionärversammlung bei Horn und der 17. März, der Gründungstag der „Freien Jugendorganisation von Hamburg-Altona und Umgegend".

Doch nicht der Vergangenheit, sondern der Zukunft gilt unser Trachten! Nun gilt es wahr zu machen, was wir am 4. März laut und feierlich ausgerufen haben: „**Wir machen die Bude nicht zu!**" Jugendgenossen, Jugendgenossinnen! Neben reichlichen Geldmitteln sind uns aus dem Felde in großer Zahl heiße Glückwünsche zugegangen, die alle ausklingen in den Mahnruf: „Laßt Euch nicht unterkriegen, haltet die Bewegung durch!" Finanzielle und moralische Unterstützung haben wir aus den Reihen der hamburgischen Arbeiterschaft erhalten. Diese Unterstützung verpflichtet! Unsere Feldgrauen und die Hamburger Arbeiter erwarten nun auch von uns, daß wir uns ihres Vertrauens würdig erweisen. Sie erwarten von uns, daß wir jetzt mit eigenen Kräften und vornehmlich eigenen Mitteln, die Arbeit fortsetzen, die vor einem Jahrzehnt begonnen wurde. Wer es ernst und ehrlich mit unserer Bewegung meint, der wird jetzt mit Feuereifer für die „Freie Jugendorganisation von Hamburg-Altona und Umgegend" und damit für die Ideale der proletarischen Jugendbewegung wirken.

Unser Mitteilungsblatt: „Die Proletarierjugend" wird Euch in Eurem Kampfe tatkräftig unterstützen. Das Mitteilungsblatt hat den Zweck, das die Arbeiterjugend Hamburgs umschließende Band noch fester zu knüpfen; es will im Rahmen unserer bisherigen Arbeit Anregungen geben und über die Arbeit und den jeweiligen Stand der Bewegung aus Distrikten und Abteilungen berichten.

Pflicht eines jeden Mitgliedes ist es nun:

Jede Veranstaltung seiner Abteilung zu besuchen, neue Mitglieder unserer Bewegung zuzuführen und diese über unsere Bestebungen aufzuklären,

pünktlich die monatlichen Beiträge zu zahlen und nach seinen Kräften einen freiwilligen Beitrag zu leisten,

neue Leser für die „Proletarier-Jugend" zu werben und die „Proletarier-Jugend" an Freunde weiterzugeben!

Jugendgenossen und Jugendgenossinnen!

An Euch liegt es nun, die Organisation hoch zu halten und weiter auszubauen!

Wer jetzt nicht seine Pflicht erfüllt, oder der Bewegung den Rücken kehrt, ist ein Verräter an unserer Sache!

Unsere Losung ist und bleibt: **Vorwärts trotz alledem und alledem!**

Der Vorstand

□ □ □

Titelblatt der Erstausgabe der „Proletarier-Jugend" vom 15. April 1916

Zwei Jahre eines fürchterlichen Krieges liegen hinter uns. Millionen von Siechen, Krüppeln und Toten!

Das Volk will den Frieden und wollte ihn vom ersten Tage an. Es hat nichts gemein mit den Eroberungszielen seiner herrschenden Klassen.

Vertreter der sozialdemokratischen Partei traten auf die Seite der Kriegspolitik. Sie nahmen Burgfrieden, Militärdiktatur, Belagerungszustand hin.

Leute, die die Kriegspolitik der Kriegsregierung in allen Stücken mitmachten, rufen zu einer Friedensdemonstration.

Jawohl, demonstriert für den Frieden!

Freitag Abend! Auf nach dem Gewerkschaftshaus!

Kommt in Massen! **Kommt in Massen!**

Nieder mit dem Krieg! Es lebe der Friede? Hoch der Wille des Volkes und die internationale Verbrüderung des Volkes!

Frauen in einer Hamburger Kriegsküche beim Kartoffelnschälen, 1916. Oben: Handzettel mit dem Aufruf zur Friedensdemonstration in Hamburg am 18. August 1916

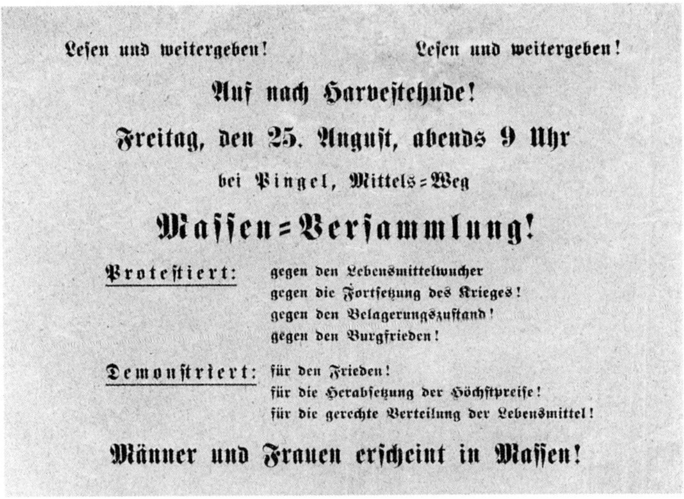

Lesen und weitergeben! Lesen und weitergeben!

Auf nach Harvestehude!

Freitag, den 25. August, abends 9 Uhr

bei Pingel, Mittels=Weg

Massen=Versammlung!

Protestiert:
gegen den Lebensmittelwucher
gegen die Fortsetzung des Krieges!
gegen den Belagerungszustand!
gegen den Burgfrieden!

Demonstriert:
für den Frieden!
für die Herabsetzung der Höchstpreise!
für die gerechte Verteilung der Lebensmittel!

Männer und Frauen erscheint in Massen!

Kinder beim Essen in einer Hamburger Kriegsküche, 1916/17. Oben: Handzettel mit dem Aufruf zur Demonstration im Hamburger Villenviertel Harvestehude am 25. August 1916

Die Kosaken in Hamburg.

In Rußland und Frankreich, in Belgien und auf dem Balkan verbluten tausende deutscher Männer und Jünglinge für die Eroberungsziele der herrschenden Klassen. Eine

schamlose Zeitungsmache

versucht dem Volk immer noch einzureden, es handle sich um die Verteidigung der Kultur. Dabei treten die Absichten, Belgien und Nordfrankreich, Polen und den Balkan ganz oder teilweise unter deutsche und österreichische Herrschaft zu bringen, immer offener hervor. Die Regierung duldet diese Propaganda und warnt nur vor „übertriebenen" Kriegszielen. Die „berufenen Führer" der deutschen Arbeiterschaft unterstützen die Kriegspolitik bis auf den heutigen Tag. In einer Massenbittschrift an die Regierung erklären sie sich jetzt gegen Annexionen. Aber die Regierung läßt die Unterschriftensammler verhaften, und beschlagnahmt die Blätter mit den Unterschriften. Der Burgfriede enthüllt sich immer offener als Sozialistengesetz. Die Politik des 4. August ist bankrott!

Während die zahlungsfähigen Kreise noch immer satt zu essen haben, vermehrt die niederträchtige Bewucherung der breiten Volksmassen die Scharen der Hungernden. Trotz aller Beruhigungsversuche

werden in vielen Städten die hungernden Massen

immer unruhiger und demonstrieren

für Frieden und Brot.

Am 18. August riefen auf den Straßen Hamburgs mehr als zehntausend Frauen und Männer nach dem Frieden. Mit Mühe gelang es der Polizei, das Allerheiligste, den Rathausmarkt, von den Demonstranten freizuhalten. Der Gesang der Internationale und die Hochrufe auf den Frieden drangen dennoch den Herrschenden machtvoll in die Ohren.

Das „Hamburger Echo" verdächtigt und begeifert grundsatztreue Sozialdemokraten, solange sie noch nicht im Gefängnis oder in der Kaserne stecken. Der Redaktion dieses Zentralorgans der Umlerner und Durchhalter brausten vor dem Parteihause stürmische Hochrufe auf den „Zuchthäusler" Liebknecht entgegen. Die Polizei war machtlos gegen den plötzlichen Ausbruch des Friedenswillens und konnte auch die Hungerausbrüche in Barmbeck, Hohenburgsort und Hammerbrook nicht verhindern.

Durch reichlichere Lebensmittelabgabe suchte man die Erregung zu dämpfen. Wutschnaubend sahen die „berufenen Führer" der Arbeiter, daß kräftige Selbsthilfe mehr vermag, als ihre Beruhigungsreden. Verblüfft sahen sie die „Zügel" ihren Händen entgleiten. Als am 25. August abermals sich mehrere tausende Männer und Frauen in Harvestehude versammelten, konnte man, wie am 18. August wieder

Gewerkschaftsbeamte

sehen, die sich

als Kundschafter

eingefunden hatten. Ihre guten Beziehungen gestattete es ihnen, ohne Gefahr die Demonstration zu beobachten. Die Polizei hatte eine Schar gutgewaffneter Beamten an versteckten Orten bereitgestellt, die im günstigen Augenblick gegen die wehrlosen Massen losbrachen. Zu Fuß und zu Pferde hieb die Polizei auf die Demonstranten ein. Als sie die hungernde „Kanaille" zerstreut hatten, fielen sie wie Bestien „mutig" einzelne Personen an, schlugen mit der Waffe auf fliehende Frauen ein und ließen mit Hieben und Fußtritten auch nicht von den am Boden Liegenden ab. Die Vorratskeller der oberen Zehntausend in Harvestehude sind geschützt. Die heuchlerische Maske der Volksfreundlichkeit ist den Herrschenden Hamburgs abermals heruntergerissen und jeden der sehen will, grinst entgegen, was die Massen noch immer erfahren haben, wenn sie forderten:

Dann heißt's: für uns den Schragen,
das weiche Bett dem Gauch!
Dann heißt's: nichts in den Magen,
und Kugeln in den Bauch!

Mit der Festigung dieser Erkenntnis gehen die Massen in das dritte Kriegsjahr hinein.

Der Kampf für den Frieden geht weiter

trotz Polizeisäbel, trotz Denunziationen, trotz Gefängnis und „militärischer Schutzhaft". Die Hamburger Arbeiterschaft, die so viele hundert Angestellte ernährt, die ihre Interessen jetzt nicht fördern, sie wird die Opfer der Polizei und der Klassenjustiz nicht verlassen. Liebknecht in seiner einsamen Zelle wirkt mehr für den Frieden, als alle diese Beruhigungs- und Durchhaltepolitiker.

Sollen die Massen daheim tatenlos zusehen, wie weitere hunderttausende blühender Menschen draußen zerrissen, verschüttet, erdrückt und erstickt werden? Sollen Mütter und Kinder an Unterernährung zugrunde gehen, damit die Herrschenden weitere Reichtümer aufhäufen und ihre Eroberungsziele durchsetzen? Sollen die Massen ruhig zusehen, wie unter dem Belagerungszustand der Rest ihrer kümmerlichen Rechte vernichtet wird?

Aufhalten und nicht durchhalten!

Das ist die Parole, die von Tür zu Tür, von Mund zu Mund ihren Weg in die Masse finden muß. Arbeite jeder nach Kräften an der Aufrüttelung der Trägen und Verzweifelten.

Die Herrschenden aller Länder befestigen ihre Macht während des Krieges. Die Proletarier aller Länder werden während des Krieges

ausgebeutet wie nie zuvor.

Die breiten Volksmassen aller Länder zahlen an Gut und Blut die Kosten des Weltkrieges,

mag er ausgehen wie er will.

Und ehe noch nach dem Kriege der Jammer der Frauen, Väter und Kinder um die Verlorenen verhallt ist, werden die Herrschenden aller Länder sich zur gemeinsamen Ausbeutung der Volksmassen gefunden haben, wie vor dem Kriege.

Die Arbeiter aller Länder können sich nur dann vom kapitalistischen Joch befreien, können nur dann die Wiederholung des Massenmordens verhindern, wenn sie den

Kampf für den Sozialismus

ohne Unterbrechung mit aller Kraft fortsetzen. Der Burgfrieden ist eine Lüge; jede Pause ist ein Zurückziehen. Aus Frankreich wie aus Rußland, aus England wie aus Italien, aus Rumänien wie aus den neutralen Staaten — von überall aus wird uns die Kunde, daß

aufrechte Sozialisten trotz Blut und Brand

die Hochziele des Sozialismus nicht aus den Augen verloren haben, daß sie die Klassenharmonie als Schwindel brandmarkten, daß sie mit den Herrschenden im Kampfe liegen, daß auch dort Kosakentaten das Volk aufpeitschen. Ueber die dampfenden Schlachtfelder hinweg schwingt sich sieghaft die Gewißheit:

Der internationale Sozialismus lebt!

Immer lauter, immer machtvoller braust millionenstimmig der Ruf der Arbeiter aller Länder:

Nieder mit dem Kriege!

Lesen! Weiter geben! **Lesen! Weiter geben!**

Flugblatt „Die Kosaken in Hamburg" von Anfang September 1916, verfaßt von Rudolf Lindau, gedruckt in Berlin

Die Polizei gegen Streikende der AG Weser in Bremen, 31. März 1917 – Zeichnung eines linksradikalen Werftarbeiters. Oben: Die Frau zum Kartoffelpatrioten: „So, für die Zeit der Not haben Sie die vielen Kartoffeln aufgestapelt? Ja, wann fängt denn die bei Ihnen an?" – Antwort: „Wenn der Zentner 15 Mark kostet." Karikatur im „Simplicissimus", 1915

Der rote Schrecken.

Mit dem Sturm auf die Brotläden Petersburgs und anderer Großstädte des Zarischen Reiches begann die russische Revolution. Militär feuerte auf die Volksmassen, und in gewaltigen Streiks in den industriellen Großbetrieben, Munitionsfabriken und Werften, mit neuen Stürmen auf die Lebensmittelgeschäfte pflanzte sich die Bewegung fort. Die würdige Duma, ängstlich geworden um die Weiterführung der glänzenden Kriegsgeschäfte; besorgt, daß die Stürme der Massen den heiligen vaterländischen Kriegsprofit den Hals abschneiden könnten, setzte sich an die Spitze der Regierung, um sie in andere Bahnen abzuleiten, um sie schließlich zu erdrosseln. Die Armee ging teilweise zu ihr über, der Zar wurde abgesetzt. Die Herren um Miljukow fühlen sich als Herren der Situation. Auf wie lange?

Nach Brot und Frieden verlangt das Volk; seine entfesselte Gewalt schickt sich an, mit den Miljukow's aufzuräumen, wie sie den Zaren vom Thron fegte.

Deutschland ist nicht Rußland. In Deutschland herrscht der „Burgfriede“, die „nationale Einmütigkeit“, der „geschlossene Wille durchzuhalten bis zum endgültigen Siege“ — und wie die erhabenen Gefühle sonst noch heißen mögen, deren Existenz uns die Trabanten der heiligen Dreieinigkeit von Militaristen, Großkapitalisten und angeblichen Sozialisten täglich verkünden.

Aber auch in Deutschland hungert das Volk, auch in Deutschland verlangt es dringend, mit jedem Tage dringender, den Frieden!

Und weil es hungert und weil es den Frieden verlangt, während der schamloseste Kriegswucher ihm die notwendigsten Lebensmittel verteuert, die brutalste Militärdiktatur ihm die Möglichkeit, seinen politischen Willen zum Ausdruck zu bringen, unterbindet, während die Prozentpatrioten eifrig an der Verewigung des Krieges arbeiten:

Deshalb ist auch in Deutschland in Hamburg, Hannover, Halle und anderen großen Städten das Volk auf die Straße gegangen und hat sich einen Teil der Brotvorräte angeeignet, die eine unfähige und gegen die Not der Massen gleichgültige Verwaltungsmaschinerie ihm vorenthielt.

Es war ein Auftakt zu dem was kommen kann und kommen muß; nur ein Menetekel, den Herrschenden aus hungrigen Kehlen zugeschrieen, nur ein Notwehrakt gegenüber dem drohenden Hungertod. Noch hat sich das Volk in der Defensive gehalten, noch hat es sich begnügt, den rein menschlichen Trieb, dem Hungertode zu entgehen, mit den primitiven Mitteln zu befriedigen, die ihm der Augenblick eingab.

Wie aber, wenn aus der rein menschlichen Begierde, den Hunger zu stillen, der politische und soziale Wille hervorbricht, aus eigener Kraft den Frieden zu erzwingen, den eine verbrecherische Kriegspolitik uns vorenthält?

Wie wenn die **Arbeiterklasse** ihrer politischen und sozialen Stellung in der Gesellschaft sich bewußt, in Industriebetrieben, Munitionsfabriken und Werften die Bewegung fortsetzt und steigert, zu der der Sturm auf die Brotläden den harmlosen Auftakt bildet?

Flugblatt der Hamburger Linksradikalen, März 1917

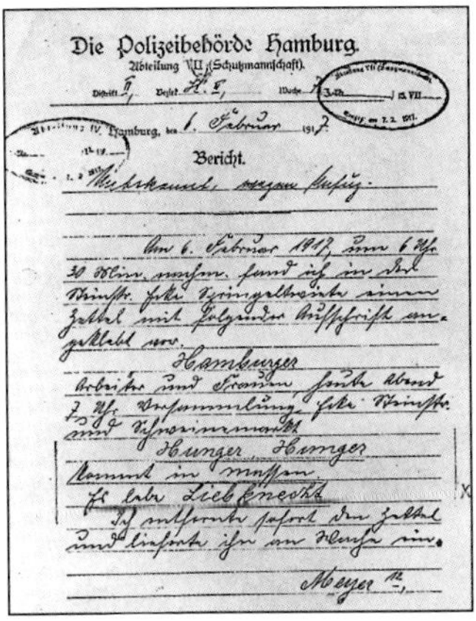

Die Polizeibehörde Hamburg.
Abteilung VII (Schutzmannschaft).

Hamburg, den 1. Februar 1917

Bericht.

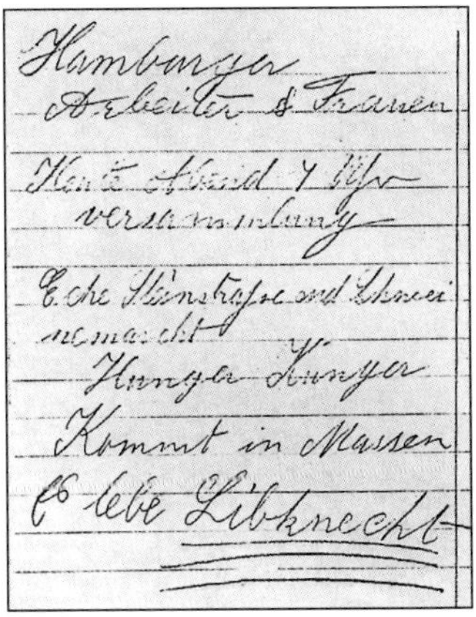

Hamburger
Arbeiter & Frauen
Heute Abend 7 Uhr
versammlung
Ecke Steinstraße und Schwei
nemarkt
Hunger Hunger
Kommt in Massen
Es lebe Libknecht

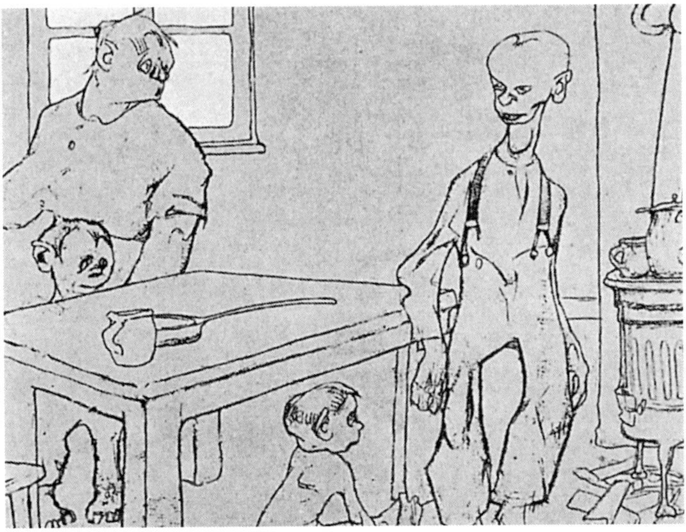

Das Kind zur Mutter: „Mutta, mir knurrt der Magen." – Mutter: „Denn je man nich uf de Straße, sonst störste den Burgfrieden!" Karikatur im „Simplicissimus", 1915. Oben: Bericht eines Hamburger Polizeispitzels über einen handgeschriebenen Aufruf zu einer Versammlung am 6. Februar 1917 – Auf dem Zettel ist zu lesen: „Hamburger Arbeiter & Frauen / Heute Abend 7 Uhr / versammlung / Ecke Steinstraße und Schweinemarkt / Hunger Hunger / Kommt in Massen / Es lebe Libknecht"

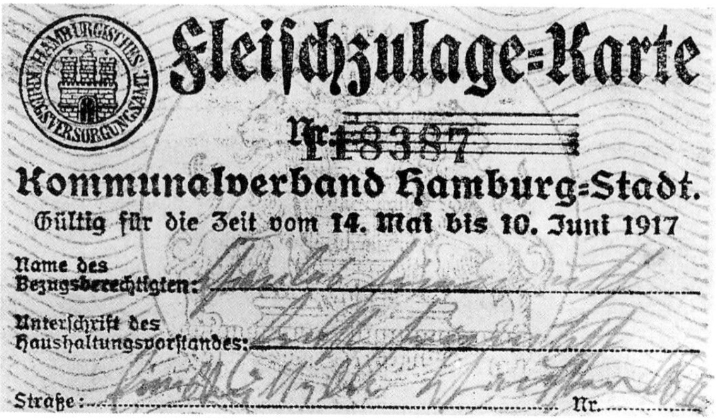

HAMBURGISCHES KRIEGSVERSORGUNGSAMT

Fleischzulage-Karte

Nr. 18387

Kommunalverband Hamburg-Stadt.

Gültig für die Zeit vom 14. Mai bis 10. Juni 1917

Name des Bezugsberechtigten:

Unterschrift des Haushaltungsvorstandes:

Straße: .... Nr. ....

Kartoffelkarte 298711

Nur gültig vom 7. Juli bis 3. August 1917

HAMBURGISCHES KRIEGSVERSORGUNGSAMT

Name des Bezugsberechtigten

K 7.7.– 3.8.17

Lebensmittelschlange in der Hamburger Steinstraße/Ecke Altstädter Strasse beim Bäcker Niemeyer, Juni 1917. Oben: Lebensmittelkarten aus dem Jahre 1917

Steckrübenverladung auf dem Verschiebebahnhof Billwerder, 1917. Oben links: Bildpostkarte aus dem Ersten Weltkrieg. Oben rechts: Plakat aus dem Ersten Weltkrieg

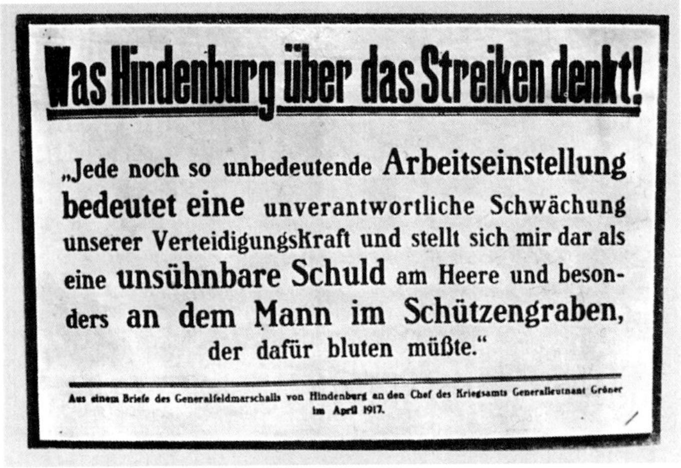

Was Hindenburg über das Streiken denkt!

„Jede noch so unbedeutende **Arbeitseinstellung** **bedeutet eine** unverantwortliche Schwächung unserer Verteidigungskraft und stellt sich mir dar als eine **unsühnbare Schuld** am Heere und besonders **an dem Mann im Schützengraben,** der dafür bluten müßte.“

Aus einem Briefe des Generalfeldmarschalls von Hindenburg an den Chef des Kriegsamts Generalleutnant Gröner im April 1917.

Fahndungsfoto der Politischen Polizei von den Teilnehmern einer geheimen Zusammenkunft der Linksradikalen und der USPD in Hamburg am 26. Mai 1918. Oben: Plakat des Kriegsamtes zum Streik der Rüstungsarbeiter, April 1917

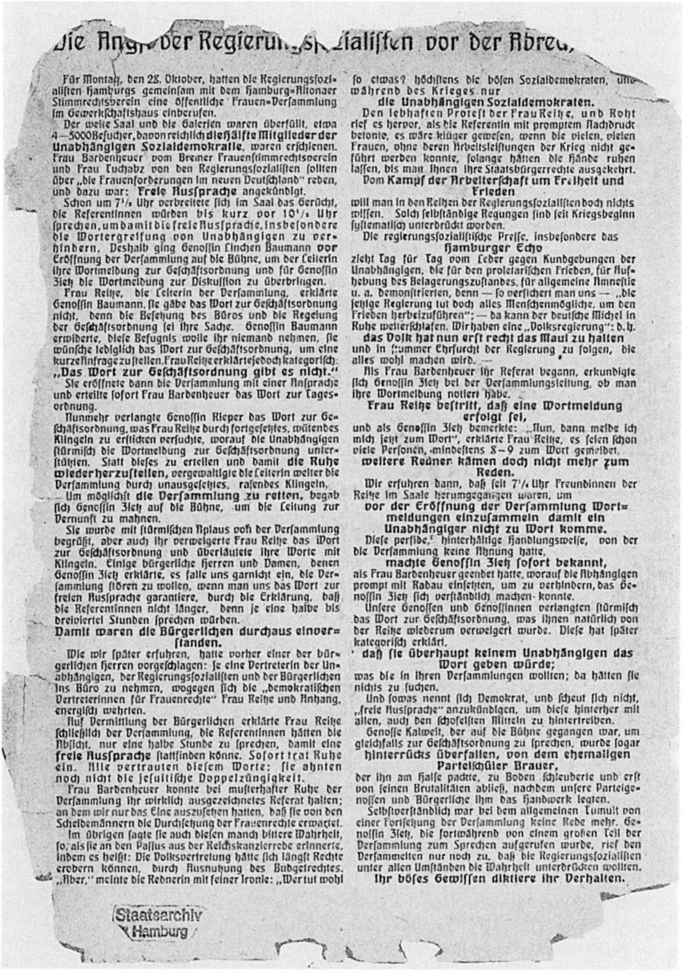

Die Ang… der Regierun…ialisten vor der Abre…

Für Montag, den 28. Oktober, hatten die Regierungssozialisten Hamburgs gemeinsam mit dem Hamburg-Altonaer Stimmrechtsverein eine öffentliche Frauen-Versammlung im Gewerkschaftshaus einberufen.

Der weite Saal und die Galerien waren überfüllt, etwa 4–5000 Besucher, davon reichlich **die Hälfte Mitglieder der Unabhängigen Sozialdemokratie**, waren erschienen. Frau Bardenheuer vom Bremer Frauenstimmrechtsverein und Frau Tuchabz von den Regierungssozialisten sollten über „die Frauenforderungen im neuen Deutschland“ reden, und dazu war: **Freie Aussprache** angekündigt.

Schon um 7½ Uhr verbreitete sich im Saal das Gerücht, die Referentinnen würden bis kurz vor 10½ Uhr sprechen, um damit die freie Aussprache, insbesondere die Wortergreifung von Unabhängigen zu verhindern. Deshalb ging Genossin Linchen Baumann **vor** Eröffnung der Versammlung auf die Bühne, um der Leiterin ihre Wortmeldung zur Geschäftsordnung und für Genossin Zietz die Wortmeldung zur Diskussion zu überbringen.

Frau Reitze, die Leiterin der Versammlung, erklärte Genossin Baumann, sie gäbe das Wort zur Geschäftsordnung nicht, denn die Besetzung des Büros und die Regelung der Geschäftsordnung sei ihre Sache. Genossin Baumann erwiderte, diese Befugnis wolle ihr niemand nehmen, sie wünsche lediglich das Wort zur Geschäftsordnung, um eine kurze Anfrage zu stellen. Frau Reitze erklärte jedoch kategorisch: **„Das Wort zur Geschäftsordnung gibt es nicht.“**

Sie eröffnete dann die Versammlung mit einer Ansprache und erteilte sofort Frau Bardenheuer das Wort zur Tagesordnung.

Nunmehr verlangte Genossin Kieper das Wort zur Geschäftsordnung, was Frau Reitze durch fortgesetztes, wütendes Klingeln zu ersticken versuchte, worauf die Unabhängigen stürmisch die Wortmeldung zur Geschäftsordnung unterstützten. Statt dieses zu erteilen und damit **die Ruhe wiederherzustellen**, vergewaltigte die Leiterin weiter die Versammlung durch unausgesetztes, rasendes Klingeln.

Um möglichst **die Versammlung zu retten**, begab sich Genossin Zietz auf die Bühne, um die Leitung zur Vernunft zu mahnen.

Sie wurde mit stürmischen Aplaus von der Versammlung begrüßt, aber auch ihr verweigerte Frau Reitze das Wort zur Geschäftsordnung und überläutete ihre Worte mit Klingeln. Einige bürgerliche Herren und Damen, denen Genossin Zietz erklärte, es falle uns garnicht ein, die Versammlung stören zu wollen, wenn man uns das Wort zur freien Aussprache garantiere, durch die Erklärung, daß die Referentinnen nicht länger, denn je eine halbe bis dreiviertel Stunden sprechen würden.

Damit waren die Bürgerlichen durchaus einverstanden.

Wie wir später erfuhren, hatte vorher einer der bürgerlichen Herren vorgeschlagen: je eine Vertreterin der Unabhängigen, der Regierungssozialisten und der Bürgerlichen ins Büro zu nehmen, wogegen sich die „demokratischen Vertreterinnen für Frauenrechte“ Frau Reitze und Anhang, energisch wehrten.

Auf Vermittlung der Bürgerlichen erklärte Frau Reitze schließlich der Versammlung, die Referentinnen hätten die Absicht, nur eine halbe Stunde zu sprechen, damit eine **freie Aussprache** stattfinden könne. Sofort trat Ruhe ein. Alle vertrauten diesem Worte; sie ahnten noch nicht die jesuitische Doppelzüngigkeit.

Frau Bardenheuer konnte bei musterhafter Ruhe der Versammlung ihr wirklich ausgezeichnetes Referat halten; an dem wir nur das Eine auszusetzen hatten, daß sie von den Scheidemännern die Durchsetzung der Frauenrechte erwartet.

Im übrigen sagte sie auch diesen manch bittere Wahrheit, so, als sie an den Passus aus der Reichskanzlerrede erinnerte, indem es heißt: Die Volksvertretung hätte sich längst Rechte erobern können, durch Ausnutzung des Budgetrechtes. „Aber,“ meinte die Rednerin mit feiner Ironie: „Wer tut wohl so etwas? höchstens die bösen Sozialdemokraten, und während des Krieges nur

die Unabhängigen Sozialdemokraten.

Den lebhaften Protest der Frau Reitze, und Rohr rief es hervor, als die Referentin mit promptem Nachdruck betonte, es wäre klüger gewesen, wenn die vielen, vielen Frauen, ohne deren Arbeitsleistungen der Krieg nicht geführt werden konnte, solange hätten die Hände ruhen lassen, bis man ihnen ihre Staatsbürgerrechte ausgekehrt.

Vom **Kampf der Arbeiterschaft um Freiheit und Frieden**

will man in den Reihen der Regierungssozialisten doch nichts wissen. Solch selbständige Regungen sind seit Kriegsbeginn systematisch unterdrückt worden.

Die regierungssozialistische Presse, insbesondere das

Hamburger Echo

zieht Tag für Tag vom Leder gegen Kundgebungen der Unabhängigen, die für den proletarischen Frieden, für Aufhebung des Belagerungszustandes, für allgemeine Amnestie u. a. demonstrierten, denn — so versichert man uns — „die jetzige Regierung tut doch alles Menschenmögliche, um den Frieden herbeizuführen“; — da kann der deutsche Michel in Ruhe weiterschlafen. Wir haben eine „Volksregierung“: d. h.

das Volk hat nun erst recht das Maul zu halten

und in stummer Ehrfurcht der Regierung zu folgen, die alles wohl machen wird. —

Als Frau Bardenheuer ihr Referat begann, erkundigte sich Genossin Zietz bei der Versammlungsleitung, ob man ihre Wortmeldung notiert habe.

Frau Reitze bestritt, daß eine Wortmeldung erfolgt sei,

und als Genossin Zietz bemerkte: „Nun, dann melde ich mich jetzt zum Wort“, erklärte Frau Reitze, es seien schon viele Personen, mindestens 8–9 zum Wort gemeldet,

weitere Redner kämen doch nicht mehr zum Reden.

Wir erfuhren dann, daß seit 7¼ Uhr Freundinnen der Reitze im Saale herumgegangen waren, um

vor der Eröffnung der Versammlung Wortmeldungen einzusammeln damit ein Unabhängiger nicht zu Wort komme.

Diese perfide, hinterhältige Handlungsweise, von der die Versammlung keine Ahnung hatte,

machte Genossin Zietz sofort bekannt,

als Frau Bardenheuer geendet hatte, worauf die Abhängigen prompt mit Radau einsetzten, um zu verhindern, das Genossin Zietz sich verständlich machen konnte.

Unsere Genossen und Genossinnen verlangten stürmisch das Wort zur Geschäftsordnung, was ihnen natürlich von der Reitze wiederum verweigert wurde. Diese hat später kategorisch erklärt,

daß sie überhaupt keinem Unabhängigen das Wort geben würde;

was die in ihren Versammlungen wollten; da hätten sie nichts zu suchen.

Und sowas nennt sich Demokrat, und scheut sich nicht, „freie Aussprache“ anzukündigen, um diese hinterher mit allen, auch den schofelsten Mitteln zu hintertreiben.

Genosse Kalweit, der auf die Bühne gegangen war, um gleichfalls zur Geschäftsordnung zu sprechen, wurde sogar

hinterrücks überfallen, von dem ehemaligen Parteischüler Brauer,

der ihn am Halse packte, zu Boden schleuderte und erst von seinen Brutalitäten abließ, nachdem unsere Parteigenossen und Bürgerliche ihm das Handwerk legten.

Selbstverständlich war bei dem allgemeinen Tumult von einer Fortsetzung der Versammlung keine Rede mehr. Genossin Zietz, die fortwährend von einem großen Teil der Versammlung zum Sprechen aufgerufen wurde, rief den Versammelten nur noch zu, daß die Regierungssozialisten unter allen Umständen die Wahrheit unterdrücken wollten.

Ihr böses Gewissen diktiere ihr Verhalten.

Flugblatt der USPD-Hamburg „Die Angst der Regierungssozialisten vor der Abrechnung“, Ende Oktober 1918

Unabhängige Sozialdemokratische Partei Deutschlands,
Hamburg.

Sonnabend, den 26. Oktober 1918,
abends 8 Uhr
große öffentliche

Volksversammlung

in

Bans Gesellschaftshaus, Besenbinderhof 14.

Tagesordnung:

1. Vortrag „Friede und Arbeiterschaft"
   Referent: Reichstagsabgeordneter A. Henke.
2. Diskussion.

Arbeiter, Frauen sorgt für Massenbesuch der Versammlung! Demonstriert für den Frieden!

Der Vorstand.

Druck: Carl H. Schroeder. Verlag: F. Kalweit.

Aufruf der USPD-Hamburg zur Volksversammlung am 26. Oktober 1918

Führende Köpfe der Novemberrevolution in Hamburg: Ferdinand Kalweit, Vorsitzender des provisorischen Arbeiterrates vom 6. bis 11. November 1918. Heinrich Laufenberg, Vorsitzender des Arbeiter- und Soldatenrates vom 11. November 1918 bis 21. Januar 1919. Karl Hense, Vorsitzender des Arbeiter- und Soldatenrates vom 21. Januar bis 24. März 1919, Friedrich Zeller, Vorsitzender des provisorischen Soldatenrates vom 6. bis 10. November 1918, Wilhelm Heise, Vorsitzender des Soldatenrates vom 10. November bis 23. Dezember 1918. Walter Lampl, Vorsitzender des Soldatenrates vom 30. Dezember 1918 bis 8. März 1919. Willi Stürmer, Vorsitzender des Obersten Marinerates vom 16. November 1918 bis 1. März 1919.

Die Rote Fahne

Amtliches Organ des Hamburger Arbeiter- und Soldatenrates

(Sonderausgabe)

Hamburg, Donnerstag, den 7. November 1918, nachmittags.

Das „Hamburger Echo“ erscheint von heute ab unter dem Titel:

„Die Rote Fahne“.

Reveille.

Von Ferd. Freiligrath.

Frisch auf zur Weise von Marseille,
Frisch auf ein Lied mit hellem Ton!
Singt es hinaus als die Reveille
Der neuen Revolution!
Der neuen Revolution!
Der neuen, die mit Schwert und Lanze
Die letzte Fessel bald zerbricht —
Der alten, halben singt es nicht!
Uns gilt die neue nur, die ganze!
Die neue Rebellion!
Die ganze Rebellion!
Marsch, Marsch!
Marsch, Marsch!
Marsch — wär's zum Tod!
Und unsre Fahn' ist rot!

Befehl!

1. Von heute abend an ist um 9 Uhr Polizeistunde. Von 9 Uhr abends bis 5 Uhr morgens dürfen Zivilpersonen auf den öffentlichen Straßen und Plätzen nur dann verkehren, wenn sie im Besitze von Ausweiskarten des Arbeiter- und Soldatenrates sind. Um 9 Uhr darf in keinem der Straße zugekehrten Fenster Licht zu sehen sein, da sonst eventuell geschossen wird. Alle Fenster müssen auch am Tage geschlossen sein. An Zeitungen und sonstigen im Interesse der Oeffentlichkeit auch nachts arbeitenden Betrieben werden Posten ausgestellt.

Arbeiter der Nahrungsmittelbranche und im öffentlichen Dienst stehende Zivilpersonen erhalten Passierscheine vom Arbeiter- und Soldatenrat, Vans' Hotel, Besenbinderhof. Zivilpersonen, welche in der angegebenen Zeit auf der Straße ohne Passierschein angetroffen werden, sind dem Standrecht verfallen.

2. Zivilpersonen haben sofort ihre Waffen im Arbeiter- und Soldatenrat abzugeben. Wer mit Waffen angetroffen wird, wird als Plünderer standrechtlich erschossen.

3. Alle Nahrungsmittelbetriebe haben die Produktion weiterzuführen. Betriebe der Nahrungsmittelindustrie (Bäckereien, Wurst- und Fleischfabriken für Militär und Zivil, Milchbetriebe usw.), die ihren Betrieb einstellen, werden enteignet und vom Arbeiter- und Soldatenrat weitergeführt.

4. Alle Soldaten versammeln sich morgens um 8 Uhr in ihren Kasernen zur Diensteinteilung und zum Verpflegungsempfang.

Hamburg, 7. November 1918.

Der Arbeiter- und Soldatenrat
gez. Kalweit. Zeller.

sein, in dem wir künftig auch den Kampf mit der Feder führen werden

Die revolutionäre Bewegung.

Vor dem Hamburger Rathaus – Fotopostkarte, November 1918. Oben: Sonderausgabe der „Roten Fahne“ (Hamburg) vom 7. November 1918

Einteilung revolutionärer Matrosen zum Sicherheitsdienst im Hamburger Hafengebiet, November 1918. Oben: Minenräumboote im Hamburger Hafen, November 1918

An die Bevölkerung Bremens!

Soldaten, Arbeiter, Parteigenossen!

Was hat sich ereignet? Nichts geringeres als eine Revolution. Ihr Produkt sind die **Arbeiter- und Soldatenräte.**

Über die Aufgabe der Räte kann kein Zweifel sein.

Ausbreitung, Sicherung und Vertiefung der Revolution. Die ganze Macht in die Hände der Arbeiter- und Soldatenräte. Sturz der kapitalistischen Gesellschaftsordnung und damit Aufhebung jeder Art der Ausbeutung und Unterdrückung, richte sie sich gegen eine Klasse, eine Partei, ein Geschlecht oder eine Rasse. Aufrichtung der sozialistischen Gesellschaft.

Das ist das Programm der Arbeiter- und Soldatenräte. Jeder, der es durchführen helfen will, ist willkommen. Jedem, der es bekämpft, werden wir rücksichtslos zu begegnen wissen. Einerlei, wo er stehen mag.

Soldaten, Arbeiter, Parteigenossen! Männer u. Frauen!

Die Stunde der Befreiung hat geschlagen.
Jetzt nutzt sie! Ein Zurück gibt es nicht.

Vorwärts also!

Bremen, den 9. November 1918

Der Arbeiter- und Soldatenrat.

Gruppe bewaffneter Arbeiter und Soldaten in Kiel, November 1918. Oben links: Aufruf des Bremer Arbeiter- und Soldatenrates vom 9. November 1918. Oben rechts: Alfred Henke, der Wortführer der Bremer USDP

Trauerfeier zu Ehren der Revolutionsopfer auf dem Heiligengeistfeld in Hamburg am 24. November 1918. Oben: Ermüdete Frontsoldaten auf dem Weg nach Haus, November 1918

Arbeiter, Bürger!

Das Vaterland ist dem Untergang nahe.

Rettet es!

Es wird nicht bedroht von außen, sondern von innen:

Von der Spartakusgruppe.

Schlagt ihre Führer tot!

Tötet Liebknecht!

Dann werdet ihr Frieden, Arbeit und Brot haben!

Die Frontsoldaten

Sicherheitswehr im Hamburger Rathaus, 9. Januar 1919. Oben: Plakat mit der Aufforderung zur Ermordung Karl Liebknechts, Dezember 1918

Heinrich Laufenberg spricht zu den Arbeitslosen vom Balkon des Rathauses, 27. Dezember 1918

Bildpostkarte zur Erinnerung an die Novemberrevolution, 1918

Generalkommando nach Altona, um die Gründe für die Maßregelungen in Erfahrung zu bringen.[66] Einen Tag später, am 26. Januar, begannen die Arbeiter der Germania-Werft, offenkundig angeregt durch das Beispiel der Torpedowerkstatt, in den Streik zu treten. Die Streikenden versammelten sich mit einem Teil der Friedrichsorter Arbeiter auf dem Wilhelmsplatz und wählten einen zehnköpfigen „Arbeiterrat", der sich in das Gewerkschaftshaus begab, um mit Vertretern der USPD und der MSPD über die Bildung einer Streikleitung zu verhandeln.[67]

Am Montag, den 28. Januar – dem Tag des Streikbeginns in Berlin und anderen Industriezentren – traten sämtliche Kieler Werften geschlossen in den Ausstand, dazu erstmals auch die Arbeiter vieler Metallbetriebe. Insgesamt streikten rund 24 000 Arbeiter.[68] Die Durchführung einer zentralen Streikversammlung auf dem Wilhelmsplatz wurde von Gouverneur Bachmann mit der Begründung untersagt, daß „ein revolutionärer Charakter der Bewegung befürchtet werden" müsse.[69] Um dem Verbot Nachdruck zu verleihen, stellte man auf dem Wilhelmsplatz Maschinengewehre auf, verteilte darüber hinaus über die ganze Stadt militärische Patrouillen und postierte Wachen vor Lebensmittelgeschäften.[70] Zugleich ließ der Gouverneur in einer öffentlichen Bekanntmachung daran erinnern, daß zurückgestellte Wehrpflichtige, die sich länger als 48 Stunden von ihrer Arbeit fernhielten, verpflichtet seien, sich auf dem Bezirkskommando zu melden.[71]

Um den Streikenden Gelegenheit zur Aussprache zu geben, gestattete der Gouverneur für die folgenden Tage geschlossene Versammlungen in fünf großen Kieler Lokalen. Hier verabschiedete man am 29. Januar eine an den Reichskanzler adressierte Resolution, die den Willen der streikenden Arbeiter deutlich zum Ausdruck brachte: „Eine tiefe Friedenssehnsucht beherrscht die große Masse des Volkes. Der Wunsch nach Frieden ist so dringend, daß alles getan werden muß, den Krieg so schnell wie möglich zu beendigen." Unter anderem forderten die Versammelten eine unzweideutige Verzichtserklärung der Reichsregierung auf Annexionen und Kriegsentschädigungen, Mitwirkung des Reichstags bei den Friedensverhandlungen, die sofortige Auflösung und Neuwahl des preußischen Abgeordnetenhauses, durchgreifende Reform der Lebensmittelversorgung, Aufhebung des Belagerungszustandes und der Zensur, Freilassung der politischen Gefangenen und schließlich die Sicherung der Vertrauensleute vor Maßregelungen.[72]

Am 30. Januar ging die Zahl der Streikenden um 5 000 zurück. Der Grund war die inzwischen wirksam gewordene Meldepflicht der Zurückgestellten.[73] Unter dem Eindruck der nachlassenden Protestbereitschaft beschloß die Streikleitung, am kommenden Tag eine Urabstimmung über die Fortsetzung des Kampfes durchzuführen. An ihr beteiligten sich noch rund 10 000 Arbeiter, 6 000 stimmten gegen und 4 000 für einen Abbruch des Streiks. Da aber die Mehrzahl der Streikenden inzwischen wieder in die Betriebe zurückgekehrt war, sah die Streikleitung in dem Votum keine geeignete Basis für weitere Kampfmaßnahmen und empfahl die Beendigung des Ausstands für den nächsten Tag.[74] Am 1. Februar wurde auf allen Kieler Werften wieder gearbeitet.

Vorreiter der Januarstreikbewegung war in Hamburg wiederum die Vulcan-Werft. Am Morgen des 28. Januar, nach der Frühstückspause, legten die Arbeiter die Arbeit nieder und zogen in einem geschlossenen Demonstrationszug von den Landungsbrücken zum Gewerkschaftshaus am Besenbinderhof, das auch in den kommenden Tagen zum Schauplatz erregter Versammlungen werden sollte.[75] Schon in dieser Anfangsphase war für Beobachter die politische Zielrichtung des Streiks unverkennbar. Ein Polizeibericht bemerkte, daß „nach den allgemeinen Gesprächen ... und nach der Haltung der Arbeiter es sich nicht um eine Arbeitsniederlegung zur Abhilfe von Mißständen, sondern um eine allgemeine politische Friedensdemonstration“ handele.[76]

Am 29. Januar 1918 schlossen sich die Belegschaften von Blohm & Voss, der Reiherstieg-Werft und einiger kleinerer Werften sowie die wichtigsten Metallbetriebe in Hamburg der Ausstandsbewegung an, so daß sich die Zahl der Streikenden auf über 20 000 erhöhte.[77] In einer Massenversammlung am Vormittag trat der politische Charakter der Streikbewegung noch deutlicher hervor. Als der Sprecher des Arbeiterausschusses von Blohm & Voss erklärte, es seien „keine politischen Motive“, sondern „rein wirtschaftliche Gründe“ gewesen, die zur Arbeitseinstellung geführt hätten, notierte der überwachende Polizeibeamte: „Rufe: Nicht wahr!“

und „Große Unruhe". Was die Arbeiter antrieb, sprach ein Versammlungsteilnehmer aus: „Wir sollen nicht sagen dürfen, was uns hierher führt: Wir wollen Frieden, Freiheit und Recht!"[78] Im Unterschied zu Kiel blieb freilich der Forderungskatalog der streikenden Hamburger Arbeiter auf die unmittelbaren materiellen Belange reduziert. Unter anderem verlangte man eine Erhöhung der Kartoffelration, energische Bekämpfung des Schleichhandels, Verbesserung der Beförderungsverhältnisse über die Elbe, Erhöhung der Kriegsunterstützung, größeres Entgegenkommen der Meister.[79] Die Friedensfrage blieb ausgeklammert; sie tauchte nur in einer Resolution auf, die sich scharf gegen die annexionistische Propaganda der Vaterlandspartei wandte und klarmachte: „Die Versammlung sieht die beste Versorgung der Arbeiterschaft mit Lebensmitteln in der Herbeiführung eines sofortigen Friedens ohne Annexionen."[80]

Der stellvertretende kommandierende General in Altona reagierte prompt. In einem Telefongespräch mit der Werftleitung von Blohm & Voss erklärte von Falk am Vormittag des 29. Januar, „es müsse jetzt das Militär eingreifen, um unter allen Umständen die Ordnung aufrecht zu erhalten, es dürfte nicht eintreten, daß die Arbeiter sich brüsten könnten, ‘alle Räder stehen still, wenn mein starker Arm dies will'".[81] Noch am selben Tag wurde die Einsetzung außerordentlicher Kriegsgerichte verkündet.[82] Ebenfalls am 29. Januar stellte eine „Verordnung zur Sicherung von Heeres- und Marinebedarf" die vier größten Hamburger Werften unter militärische Leitung. Allen wehrpflichtigen Arbeitern, die bis zum 31. Januar die Arbeit nicht wiederaufgenommen hätten, wurde die militärische Einziehung angedroht.[83] Außerdem ging das Generalkommando in Altona noch einen Schritt über das Kieler Gouvernement hinaus, indem es alle Versammlungen, auch nichtöffentliche, sowie Straßenumzüge untersagte.[84] Um dieses Verbot auch tatsächlich realisieren zu können, forderte die Hamburger Polizeibehörde bei der Kommandantur in Altona Truppen an, die auf zehn Stellen in der Stadt verteilt wurden.[85] Ungeachtet der harten Gegenmaßnahmen erreichte die Streikbewegung in Hamburg am 30. Januar ihren Höhepunkt. Rund 25 000 Arbeiter befanden sich im Ausstand.[86] Unter demonstrativer Mißachtung des tags zuvor erlassenen Verbots versammelten sich am Morgen 7 000 bis 8 000 Arbeiter und Arbeiterinnen zu einer Kundgebung auf dem Heiligengeistfeld, zu der die Gruppe der Linksradikalen aufgerufen hatte. Der Hamburger Polizeipräsident forderte bei der Kommandantur sofort Truppen an, um die Demonstration gewaltsam aufzulösen. Doch bevor die Soldaten das Heiligengeistfeld erreichten, waren die Kundgebungsteilnehmer schon auf den Weg zu Sagebiel, Hamburgs größtem Versammlungslokal, wo man gegen 11 Uhr die vom stellvertretenden Generalkommando gestattete zentrale Streikveranstaltung eröffnete.[87]

Die Versammlung war die größte während des Krieges, und ihre Bedeutung wurde noch dadurch unterstrichen, daß an ihr außer dem Bremer USPD-Reichstagsabgeordneten Henke und dem Vorsitzenden des Metallarbeiterverbands Schlicke fast die gesamte Prominenz der Hamburger MSPD und Gewerkschaften teilnahm. Ihre Anwesenheit dokumentierte, daß die Führungen der alten Arbeiterorganisationen – wie schon zuvor in Kiel und Berlin – entschlossen waren, in die Streikbewegung einzutreten, um nicht völlig den Einfluß auf sie zu verlieren. Am Nachmittag des 30. Januar konstituierte sich im Gewerkschaftshaus eine zentrale Streikleitung. In Anlehnung an das Berliner Vorbild wählten die bestreikten Betriebe Delegierte in einen „erweiterten Arbeiterrat“. Aus dessen Mitte wurden neun Vertreter in einen „engeren Arbeiterrat“ entsandt, denen sich jeweils zwei Vertreter der Mehrheitssozialdemokratie und der USPD, ein Vertreter des Gewerkschaftskartells und die beiden MSPD-Reichstagsabgeordneten Otto Stolten und Heinrich Stubbe zugesellten.[88] Die Polizeibehörde kommentierte das Ereignis: „Durch das Zusammengehen der sozialdemokratischen Mehrheit mit den Unabhängigen ist durch die Streikbewegung eine gewisse Einigung erzielt worden, so daß die Bewegung als eine einheitliche zu bezeichnen ist. Nach der bei der Masse herrschenden Stimmung ist nicht anzunehmen, daß sie streikenden Arbeiter die Arbeit alsbald wieder aufnehmen werden.“[89]

Doch am 31. Januar ging die Streikbeteiligung bereits deutlich zurück. Bei Blohm & Voss fanden sich im Laufe des Tages wieder rund 6 000, auf der Vulcan-Werft dagegen nur 3 000 Arbeiter ein.[90] Die Repressalien der Militärbehörde, vor allem die angedrohte Einberufung der wehrpflichtigen

Arbeiter, zeigten auch in Hamburg Wirkung. Unter dem Eindruck der nachlassenden Streikmoral und ungünstiger Nachrichten über die Streiksituation in Berlin einigte man sich am Abend des 31. Januar im „engeren Arbeiterrat“ darauf, den Kampf abzubrechen, „da es sich um einen politischen Massenstreik handele, dem aus seiner Natur heraus Ziel und Zeitdauer erwachse“.[91] Ein entsprechender Beschluß wurde am Morgen des 1. Februar von den Delegierten der bestreikten Betriebe („erweiterter Arbeiterrat“) gefaßt.[92] Einem Bericht des „General-Anzeiger“ zufolge nahmen die Arbeiter die Entscheidung „im allgemeinen ruhig“ auf.[93] Am 2. Februar wurde in allen Betrieben wieder gearbeitet.

In Bremen begann der Januarstreik erst, als er in Kiel und Hamburg schon fast beendet war. Am Vormittag des 31. Januar legten 3 000 bis 4 000 Arbeiter – nicht einmal die Hälfte der Belegschaft der AG Weser – die Arbeit nieder und versammelten sich auf dem angrenzenden Gelände des Industriehafens in Gröpelingen. Auf Anraten von Mitgliedern des Arbeiterausschusses vertagte man sich auf den Nachmittag; in der Zwischenzeit wollte man sich um eine offizielle Genehmigung bemühen.[94]

Über die Stimmung in der Nachmittags-Versammlung berichtete die „Bremer Bürgerzeitung“: „Ein ruhiger Ernst lag auf den Gesichtern, und die Ordnung war, was wir als selbstverständlich nur erwähnen wollen, durchaus musterhaft.“[95] Das Streikprogramm, das man in der Versammlung verlas und einstimmig billigte, war eine wörtliche Übernahme des 7-Punkte-Forderungskatalogs des Berliner Arbeiterrats – mit einer Ausnahme: In einem zusätzlichen achten Punkt erklärten die streikenden Arbeiter der AG Weser: „Sollten irgendwelche Maßregelungen, Verhaftungen oder Einziehungen zum Militär infolge der Arbeitsniederlegungen erfolgen, so erklären sich die ausständigen Arbeiter bereit, die Arbeit nicht wieder aufzunehmen, bis dieselben rückgängig gemacht sind“.[96]

Die Resonanz des Streiks auf der AG Weser unter den übrigen Bremer Werften und den Metallbetrieben war äußerst gering. Im Laufe des Nachmittags schlossen sich von den 3 600 Arbeitern der Hansa-Lloyd-Werke nur etwa 150 dem Streik an, bei den Atlas-Werken waren es sogar noch weniger.[97] Die Zahlen erhöhten sich auch in den folgenden Tagen nicht wesentlich.[98] Wie in Hamburg reagierten Militär- und Zivilbehörden mit Härte. Bereits am 30. Januar setzte man in Bremen ein außerordentliches Kriegsgericht ein.[99] Am Mittag des 31. Januar wurde die AG Weser unter militärische Leitung gestellt[100], und am 1. Februar drohte die Militärbehörde allen Arbeitern der AG Weser mit der Einberufung zum Heer, falls sie bis zum Morgen des 4. Februar die Arbeit nicht wiederaufgenommen hätten.[101]

Am Abend des 1. Februar bildete sich ein „Aktionsausschuß", dem Delegierte der streikenden Betriebe und je ein Vertreter der Mehrheitssozialdemokratie und der Unabhängigen angehörten.[102] Er versuchte am Morgen des 2. Februar, beim Senat vorstellig zu werden, doch Bürgermeister Donandt lehnte es ab, die streikenden Arbeiter zu empfangen; lediglich dem mehrheitssozialdemokratischen Mitglied im „Aktionsausschuß", Ludwig Waigand, wollte er eine Audienz gewähren.[103] Das entsprach ganz der harten Linie, die der stellvertretende kommandierende General von Falk gegenüber die Streikleitung in Hamburg verfolgt hatte und die er den zivilen Behörden eindringlich zur Nachahmung empfahl.[104]

Da inzwischen in den meisten übrigen Gebieten des Reichs der Streik beendet worden war, beschloß eine Versammlung im Casino am Mittag des 2. Februar den Abbruch der Bewegung auch in Bremen. Am 4. Februar wurde die Arbeit in vollem Umfang wiederaufgenommen.[105]

Der Verlauf des Januarstreiks in Bremen verweist auf eine unverkennbare Schwäche: Er setzte erst ein, als die Streikbewegung ihren Höhepunkt überschritten hatte; ihm fehlte also von vornherein die Kraft, sich zu verbreitern und bislang nicht aktivierte Teile der Arbeiterschaft einzubeziehen.

Der verspätete Streikbeginn in Bremen offenbart, wie wenig koordiniert die Januarstreikbewegung war; von einer zentralen Steuerung, wie die Polizei vermutete[106], kann keine Rede sein. Zugleich wird deutlich, was sich bereits im August 1917 abgezeichnet hatte: Der Einfluß der Linksradikalen auf die betrieblichen Bewegungen war gesunken, denn nicht einmal auf ihrer traditionellen Hochburg, der AG Weser, gelang es ihnen, die Arbeiterschaft voll für den Streik zu mobilisieren.

Zur Rolle der Arbeiterorganisationen

In der DDR-Literatur wurde der Spartakusgruppe und ihrer Flugblattpropaganda ein entscheidender Anteil an der Auslösung der Januar-Streiks zuerkannt. In den norddeutschen Küstenstädten war die Spartakusgruppe freilich gar nicht präsent. Die in Bremen und Hamburg operierenden Linksradikalen lagen mit ihr in ideologischem Streit, vor allem in der Frage des Aufbaus einer eigenen revolutionären Partei der Linken.[107] Das hinderte sie allerdings nicht daran, gelegentlich auch Flugblätter der linken Nachbarorganisation zu verbreiten. Eine größere Verteilung des Spartakusflugblatts „Hoch der Massenstreik! Auf zum Kampf!"[108] läßt sich in Hamburg erst für den 29. und 30. Januar nachweisen, als der Streik schon voll entbrannt war.[109] In Bremen wurde dasselbe Flugblatt am 29. Januar verteilt – ohne irgendetwas zu bewirken.[110] In Kiel ist über die Verbreitung der Spartakus-Flugblätter nichts bekannt.

Eine wichtige Rolle bei der Vorbereitung des Januarstreiks in Kiel spielten hingegen die USPD und die mit ihr verbundenen Obleute in den Betrieben. Darauf deutet schon die Tatsache hin, daß der Streik in der Torpedowerkstatt in Friedrichsort, einer Hochburg der USPD, begann.[111] Unmittelbar nach Bekanntwerden des Streiks beschloß eine Vorstandssitzung der Kieler USPD, auch die anderen Werften zum Streik aufzurufen.[112] Bezeichnenderweise waren es drei führende USPD-Mitglieder – der Maschinenbauer Lothar Popp, der Dreher Emil Theil und der Schlosser Heinrich Strunk –, die auf der ersten öffentlichen Versammlung der streikenden Kieler Werftarbeiter auf dem Wilhelmsplatz am 26. Januar die Ansprachen hielten und den Vorschlag zur Gründung eines „Arbeiterrats" machten.[113] Bekannt ist außerdem, daß der Bremer USPD-Reichstagsabgeordnete Henke, der zugleich die Funktion eines Sekretärs im Bezirk Wasserkante der USPD ausübte, in den Tagen vor Ausbruch des Streiks sich in Kiel aufhielt und in einer Streikversammlung als Redner auftrat.[114] Offenbar hat Henke die Vertrauensleute der USPD in Hamburg frühzeitig über die Kieler Vorgänge unterrichten lassen.[115] Jedenfalls waren die Nachrichten vom Streikausbruch in Kiel vor dem 28. Januar in

Hamburg publik, und sie scheinen auf die Arbeiter auf der Vulcan-Werft mobilisierend gewirkt zu haben. Wie die Direktion der Werft erfuhr, hatten „die Arbeiter aus Sympathien für die Kieler Werftarbeiter ... die Arbeit eingestellt".[116] Daß der Streik auf der Germania-Werft und der Vulcan-Werft sich so schnell auf die übrigen Werften und Betriebe ausdehnen konnte, zeigt freilich, welche spontane Aktionsbereitschaft unter den Werft- und Metallarbeitern vorhanden war. Wenn sie in Bremen erst verspätet zum Durchbruch kam, hängt das offensichtlich entscheidend mit der schwachen Position zusammen, die die USPD gerade hier besaß. Es ist wiederum bezeichnend, daß Henke nach seinem Aufenthalt in Kiel und einem Zwischenabstecher nach Hamburg erst in Bremen eintraf, als man hier bereits über den Abbruch des sinnlos gewordenen Streiks beriet.[117]

Trotz ihrer initiierenden Rolle war die USPD weder in Kiel noch in Hamburg in der Lage, die in Bewegung geratenen Arbeitermassen zu organisieren und zu führen. Um so mehr hat sie von Anfang an eine Zusammenarbeit mit der Mehrheitssozialdemokratie und den Gewerkschaften angestrebt.

In Kiel wurden die Repräsentanten der MSPD und der Gewerkschaften von dem Streik „vollkommen überrascht".[118] Und auch der preußische Gesandte in Hamburg wußte am 29. Januar zu berichten: „Während die Gewerkschaftsführer vor einiger Zeit dem Generalkommando die Nachricht zukommen ließen, es stünden Arbeiterdemonstrationen bevor, scheint sich die gestrige Bewegung gänzlich ohne Wissen der Führer vorbereitet zu haben."[119]

Während in Kiel die Vertreter der MSPD nach einigen Auseinandersetzungen, an denen sich auch der zufällig anwesende Vorsitzende der freien Gewerkschaften Karl Legien beteiligte[120], schon am ersten Streiktag, den 26. Januar, sich entschlossen, zusammen mit den Unabhängigen eine Streikleitung zu bilden, „um ihre Hand mit in der Sache zu behalten"[121], verlegte man sich in Hamburg zunächst auf eine Taktik des Abwartens. Noch am 29. Januar wurden alle Betriebsdelegationen, die im Gewerkschaftshaus anfragten, ob sie sich der Bewegung anschließen sollten, dahingehend beschieden, „daß sie tun müßten, was ihnen richtig erschiene. Die Gewerkschaften hätten mit dem Streik nichts zu tun, die ganze Bewegung sei überhaupt eigentlich kein Streik".[122]

Doch angesichts der raschen Ausweitung der Streikbewegung und ihrer unverkennbaren Politisierung sahen sich die Spitzen der Hamburger MSPD und Gewerkschaften schon bald veranlaßt, aus ihrer Reserve herauszutreten. Im Laufe des zweiten Streiktages faßten die lokalen Parteivorstände und die Kartellkommission nach längeren Beratungen den Beschluß, „der Bewegung ihre Dienste zu leihen".[123] Ausschlaggebend für diese Entscheidung dürfte wie in Kiel die Überlegung gewesen sein, daß sie sich bei einer so breiten Basisbewegung nicht abseits halten und der USPD das Feld überlassen konnten, wenn sie sich nicht um allen Kredit bei den radikalisierten Arbeitern bringen wollten.

Welche Absicht die Gewerkschaftsführung verfolgte, sprach der Jahresbericht des Hamburger Gewerkschaftskartells unverblümt aus: „Die erste Aufgabe der Vertreter von Kartell und Gewerkschaften war nun zunächst, ein weiteres Umsichgreifen der Bewegung zu verhindern, worüber auch eine Übereinstimmung aller dabei in Betracht kommenden Körperschaften erzielt worden ist".[124]

Warum aber gelang es den Leitungen von MSPD und Gewerkschaften so mühelos, maßgeblichen Einfluß auf die Streikbewegung zu gewinnen? Noch in den ersten Streikversammlungen schlug den Gewerkschaftsfunktionären viel Animosität und Mißtrauen entgegen.[125] Doch in dem Maße, wie sie sich scheinbar auf kämpferische Positionen zurückbesannen und auch in der sozialdemokratischen Presse offene Sympathie für die Streikenden laut wurde[126], trat wieder ein anderes Verhaltensmuster hervor: die tiefverwurzelte Neigung der sozialdemokratisch geschulten Arbeiterschaft, sich den alten Autoritäten in der Arbeiterbewegung anzuvertrauen und ihrem Kommando zu folgen. Nichts kennzeichnet dies deutlicher als ein Vorfall, der sich auf der großen Streikversammlung am 30. Januar ereignete: Da die Stimmung äußerst erregt war, verbot der überwachende Polizeibeamte eine Diskussion. Damit provozierte er heftige Proteste der Versammlungsteilnehmer. Doch Otto Stolten, der große alte Mann der Hamburger Sozialdemokratie, mahnte zur Besonnenheit: „Die Hamburger Arbeiter haben sich bisher dadurch ausgezeichnet, daß sie die Dinge in kritischen Situationen zu meistern verstanden. Sie dürfen sich darüber nicht aufregen, was der Beamte angeordnet hat."[127] Und die

Streikenden gehorchten. Sie ließen es zu, daß ein einziger Vertreter der staatlichen Obrigkeit den Verlauf einer Riesenversammlung von weit über 10 000 Arbeitern bestimmte.

Begünstigt wurde der Erfolg der Mehrheitssozialdemokratie freilich auch durch die Haltung der USPD. Diese scheint geradezu erleichtert gewesen zu sein, als die MSPD- und Gewerkschaftsführer ihre Bereitschaft zu erkennen gaben, sich an der Streikleitung zu beteiligen und damit eine Mitverantwortung zu übernehmen. Durch das Zusammengehen der beiden Parteirichtungen während des Streiks schienen die politischen Differenzen zwischen ihnen auf wundersame Weise behoben zu sein und die Wünsche der Arbeiter nach „Beendigung des Bruderkampfes" und nach einheitlichem Handeln in Erfüllung zu gehen. Der liberale Hamburger „General-Anzeiger" kommentierte: „Ein Unterschied zwischen Unabhängigen und Angehörigen der alten Sozialdemokratie besteht nicht. Beide Gruppen marschieren im Augenblick zusammen. Aus dem Munde der Unabhängigen kann man mehr als einmal hören, daß sie nicht daran denken, die Kämpfer im Schützengraben wehrlos zu machen."[128] Ähnliches berichtete Gouverneur Bachmann über eine Unterredung mit den fünf Vertretern der Kieler Streikleitung am 29. Januar: „Die Arbeitervertreter, auch die Unabhängigen, haben einzeln erklärt, es sei ihr größtes Bestreben, die Massen wieder zur Ruhe und zur Arbeit zu bringen."[129]

In ihrer Vorstellung über Dauer und Ziel des Streiks gingen die Vertreter der USPD von vornherein von einer zeitlich auf wenige Tage begrenzten Aktion aus, durch die der Friedenswille der Arbeiterschaft zum Ausdruck gebracht werden sollte.[130] Der Gedanke, den Streik auszuweiten und zu forcieren bis hin zu einer revolutionären Kraftprobe mit den herrschenden Gewalten, lag ihnen fern. Eben dies war jedoch die Absicht der Linksradikalen, die in diesem Punkt ganz mit der Spartakusgruppe übereinstimmten. Während der Kundgebung auf dem Heiligengeistfeld am Vormittag verlangten zwei Sprecher der Linksradikalen nicht nur Aufhebung jeder Zensur, Beendigung des Belagerungszustands und Freilassung der politischen Gefangenen – Forderungen, die auch die USPD unterstützen konnte –, sondern darüber hinaus die Verbrüderung mit den feindlichen Soldaten und den Sturz der Regierung.[131] Damit griffen die Linksradikalen der Entwicklung vor, denn noch war die Situation nicht so zugespitzt, daß die Militärgewalt offen herausgefordert werden konnte. Die Kundgebungsteilnehmer verweigerten sich daher auch der Aufforderung, zum Sitz des stellvertretenden Generalkommandos nach Altona zu ziehen; sie folgten vielmehr dem mahnenden Appell zweier USPD-Redner, die ihnen die Konsequenzen einen solchen Konfrontationsstrategie vor Augen führten und sie aufforderten, sich zur zentralen Streikkundgebung nach Sagebiel zu begeben.

Weder auf den Ausbruch noch auf den Verlauf der Januarstreikbewegung vermochten die Linksradikalen bestimmenden Einfluß auszuüben. Aus der Streikleitung in Hamburg blieben sie ausgeschlossen, und auch in Bremen, ihrer traditionellen Hochburg, war ihre Aufnahme in den „Aktionsausschuß" offenbar nicht einmal diskutiert worden. Wenn sich später Mitglieder der Bremer Linksradikalen rühmten, sie hätten die Januarstreiks „angestiftet"[132], zeugt das von einem Unvermögen, die Wirkung ihrer revolutionären Flugblattpropaganda realistisch einzuschätzen. Die im Januarstreik sichtbar gewordene Isolierung der Linksradikalen von der betrieblichen Basis war nicht allein Folge eines Komplotts von MSPD und USPD[133], sondern auch das Ergebnis der abstrakten Radikalität ihres eigenen Aktionismus, der keine situationsadäquaten Handlungsmöglichkeiten aufzeigte und die Arbeiterschaft daher nur überforderte.

Folgen des Januarstreiks

Von der nach dem Januarstreik einsetzenden Repressionswelle war die Arbeiterschaft in den norddeutschen Küstenstädten in unterschiedlichem Ausmaß betroffen. Der Kieler Gouverneur hatte schon während des Streiks eine flexible Haltung an den Tag gelegt, indem er über den Kieler Militärpolizeimeister mehrfach mit den Streikenden verhandelte und ihnen auch Lokale für Versammlungen offen hielt. Nach dem Streik verzichtete er darauf, die Rüstungsbetriebe unter militärische Leitung zu stellen, weil er sich davon keine günstigen Wirkungen auf die Arbeitsmoral der Werftarbeiter verspach.[134]

In Hamburg wurde die „Militarisierung“ der Werften dagegen voll durchgeführt. Alle wehrpflichtigen Arbeiter, die dem Befehl zur Wiederaufnahme der Arbeit am 31. Januar nicht nachgekommen waren, erhielten ihren Gestellungsbefehl, den sogenannten „roten Schein“. Auf der Vulcan-Werft mußten die Betroffenen am 5. Februar zum Appell antreten. Zwei Stabsoffiziere des Generalkommandos eröffneten ihnen, daß sie dienstlich zur Arbeit auf der Werft kommandiert seien und fortan den Militärgesetzen unterständen. Die militärische Leitung der Werft „werde diejenigen, die sich durch schlechte Führung und Säumigkeit in der Arbeit zur Verwendung auf der Werft nicht eigneten, zur sofortigen Einstellung bei der Truppe eingeben“.[135] Danach mußte jeder Arbeiter vortreten und seine Kriegsbeorderung abgeben, worauf er an seinen Arbeitsplatz zurückgeführt wurde. Dieselbe Prozedur wiederholte sich am 8. Februar bei Blohm & Voss, auf der Reiherstieg-Werft und bei Stülcken und Sohn.[136]

Seine ursprüngliche Absicht, die Eingezogenen für Soldatenlöhnung arbeiten zu lassen, mußte das Generalkommando allerdings als unpraktikabel fallenlassen. Stattdessen wurden allen am Ausstand beteiligten Arbeitern die Kriegsteuerungszulagen gekürzt, auf der Reiherstieg-Werft um ein Drittel, bei Blohm & Voss um die Hälfte und auf der Vulcan-Werft sogar um den vollen Betrag.[137] Ähnliche Abzüge mußten auch die Arbeiter der AG Weser hinnehmen.[138]

Bereits am 18. Februar hob man die „Militarisierung“ der Werften in Hamburg wieder auf. Der Grund: Das stellvertretende Generalkommando konnte die zur Aufsicht über die Betriebe abgestellten Soldaten bei den Ersatztruppenteilen nicht länger entbehren. Die Werftunternehmer, die die „Militarisierung“ ihrer Betriebe zunächst als „äußerst gefährlich“ abgelehnt hatten[139], protestierten jetzt gegen die Aufhebung dieser Maßnahme. Denn diese hatte sich – wie der preußische Gesandte in Hamburg erfuhr – „doch als recht bequem“ erwiesen, um „ihnen mißliebige Arbeiter zu entfernen“.[140] In einem Schreiben an die Norddeutsche Gruppe des Gesamtverbandes Deutscher Metallindustrieller vom 28. Februar bedauerte die Werftdirektion von Blohm & Voss, daß die „Militarisierung“ in einem Augenblick aufgegeben würde, wo „sie eben anfing, nach allen anfänglichen

Rückschlägen einigermaßen günstig auf die Förderung der kriegswichtigen Arbeiten zu wirken".[141]

Ergänzt wurden die Maßregelungen von Generalkommando und Werftleitungen durch eine Strafjustiz gegen die „Rädelsführer" des Streiks. Am 2. Februar sprach das außerordentliche Kriegsgericht in Kiel bereits das Urteil über die USPD-Vorstandsmitglieder, die als Redner auf der ersten Streikversammlung auf dem Wilhelmsplatz hervorgetreten waren: Theil und Strunk erhielten 2 bzw. 1½ Jahre Festung „wegen Landesverrats", Popp 2 Monate Gefängnis „wegen Veranstalten einer nicht genehmigten Versammlung".[142] In zwei weiteren Prozessen wurden Arbeiter, die versucht hatten, das Versammlungsverbot auf dem Wilhelmsplatz am 28. Januar zu durchbrechen, ebenfalls zu Festungs- und Gefängnishaft verurteilt.[143] Das Kriegszustandsgericht in Hamburg verhängte während seiner Tätigkeit im Februar und März 1918 gegen 52 Angeklagte hohe Zuchthaus- und Gefängnisstrafen.[144] Darunter befanden sich auch führende Mitglieder der Hamburger Linksradikalen, die während und nach dem Januarstreik Flugblätter hergestellt und verteilt hatten und durch einen Spitzel an die Polizei verraten worden waren.[145] In Bremen verurteilte man den Dänen Alex Hansen, der als Buchdrucker bei der „Arbeiterpolitik" beschäftigt war, zu 6 Monaten Gefängnis, weil er das Flugblatt der USPD-Reichstagsfraktion „Männer und Frauen des werktätigen Volkes" vom 10. Januar 1918 gedruckt hatte. Nach Verbüßen der Haftstrafe wies man ihn als „lästigen Ausländer" aus.[146]

Trotz der verschärften Repressalien machte sich unter den Werftarbeitern aber keine Resignation breit. Sie gingen vielmehr – wie ein Streikteilnehmer aus Hamburg berichtete – in die Betriebe zurück im „Bewußtsein, daß der Streik aufgeschoben, nicht aufgehoben" sei.[147] In Kiel registrierte das Gouvernement Äußerungen von Arbeitern, daß der Streik „eine politische Demonstration sein sollte und zum mindesten der Erfolg erzielt sei, daß man sich im Massenstreik geübt hätte".[148] In dieser Erfahrung lag ein wichtiger Schritt auf dem Weg zum revolutionären November 1918. Und wieder war es Kiel, das wenige Monate später das Signal zum Aufstand gab.

VIII. „IN HAMBORG IS REVOLUTSCHON!“

Die Umwälzung im Herbst 1918

Im März 1918, nach dem der jungen revolutionären Macht in Rußland aufgezwungenen Separatfrieden von Brest-Litowsk, unternahmen die deutschen Militärs einen letzten Versuch, das Blatt doch noch zu ihren Gunsten zu wenden. Eine große Offensive an der Westfront sollte die Entscheidung des Krieges bringen. Doch nach einigen Anfangserfolgen blieb der deutsche Angriff bald stecken. Die Oberste Heeresleitung hatte ihren letzten Trumpf ausgespielt – und verloren.[1]

Nachdem die Hoffnungen auf einen militärischen Sieg endgültig verflogen waren, traten Kriegsmüdigkeit und Erschöpfung in einem bislang ungekannten Ausmaß hervor. In seinem Stimmungsbericht vom Juli 1918 meldete das Hamburger Kriegsversorgungsamt: „Es ist nicht zu verkennen, daß, wie Erfolge unserer Politik oder unseres Heeres dem Volk in der Heimat über die größten Ernährungsschwierigkeiten hinweghelfen könnten, ebenso das Gefühl der Unabsehbarkeit des Krieges die durch die Ernährungsschwierigkeiten hervorgerufene Mißstimmung noch verstärken muß ... Die Stimmung ist jetzt so, daß es nur des Anstoßes weniger und sich ihrer Verantwortung nicht bewußter Elemente bedarf, um Störungen der geordneten Wirtschaft herbeizuführen.“[2] Einen Monat später mußte das Kriegsversorgungsamt feststellen, daß „selbst bei den besonnenen Arbeiterführern Unzufriedenheit und eine gewisse Erregung sich geltend“ machten[3], und im September 1918 hieß es, daß „keine Ereignisse eingetreten“ seien, die „bessernd auf die gedrückte Stimmung der Bevölkerung hätten wirken können“; diese sei vielmehr durch die schlechten Ernteaussichten „noch weiter ungünstig beeinflußt“ worden.[4]

Die Radikalisierung der Massenstimmung gegen den Krieg

Da die Versorgung sich nicht besserte und die Kriegslage im Westen sich immer mehr verschlechterte, beschleunigte sich auch der Stimmungsabfall rapide. Am 8. August, dem „schwarzen Tag“ des deutschen Westheeres, war unter den Arbeitern der Vulcan-Werft bereits „die Ansicht verbreitet, daß der deutsche Militarismus seinem Zusammenbruch entgegengeht“: „Von der Westfront zurückkommende, zur Arbeitsleistung auf der Werft kommandierte Soldaten sollen gesagt haben, daß es an der Westfront schlecht aussieht. Es sollen sogar geschlossene deutsche Truppenteile zum Feind übergegangen sein.“[5] Tatsächlich häuften sich nach dem Scheitern der deutschen Westoffensive Befehlsverweigerungen und Desertionen, und zwar in einem solchen Ausmaß, daß Historiker neuerdings sogar von einem „verdeckten Militärstreik“ sprechen.[6] Auch in den Heimatgarnisonen gärte es; immer mehr Soldaten weigerten sich, jetzt, wo der Krieg verloren war, noch an die Front transportiert zu werden. Was ein Polizeispitzel Mitte August 1918 einem Gespräch zweier Soldaten in einem Bremerhavener Lazarett ablauschte, entsprach einer weitverbreiteten Stimmung: „Siehst Du, Kamerad, wir sind kaputt, keiner denkt mehr an Sieg, was die Zeitungen schreiben, ist alles Lug und Trug ... Wenn wir jetzt Schluß machen, können wir noch viel retten, Geld und Menschen. Sollen wir uns denn die Knochen kaputt schießen lassen, nur weil die Oberen noch Lust haben zu dieser wahnsinnigen Schlachterei ... Und wenn wir alle zusammenhalten, dann geht das auch, wir machen einfach nicht mehr mit ... Wir kriegen unsere Kameraden so weit, daß sie alle mitmachen wie in Rußland, wir haben ja nichts mehr zu verlieren.“[7]

Als die Oberste Heeresleitung unter Hindenburg und Ludendorff Ende September 1918 mit ihrem Waffenstillstandsgesuch die militärische Niederlage auch offiziell eingestand, war kein Halten mehr. Kriegsmüdigkeit und Friedenssehnsucht griffen stärker um sich als jemals zuvor. Jetzt erfaßte der Radikalisierungprozeß der großstädtischen Bevölkerung auch weite Kreise des Mittelstands. Die plötzliche Erkenntnis, daß alle Opfer und Entbehrungen sinnlos gewesen waren und man sich jahrelang von der Regierung über die wahre Lage hatte täuschen lassen, ließ auch hier die letzten Widerstandskräfte zusammenbrechen. Was der sächsische Gesandte im Oktober 1918 aus der Reichshauptstadt berichtete, traf in gleicher Weise für Hamburg und andere Großstädte zu: „Zwei Stimmungen beherrschen die Massen. Die eine ist eine aufs äußerste gesteigerte Friedenssehnsucht, die andere eine unverkennbare Bitterkeit darüber, daß die früheren Regierungen sich über die Grenzen der deutschen Kraft nicht klargeworden seien und den Glauben an unsere Unbesiegbarkeit so stark genährt hätten, daß sich weite Kreise in falscher Sicherheit wiegten."[8]

Die gleichzeitig mit dem Waffenstillstandsangebot angeordnete „Parlamentarisierung" der Reichsverfassung und den Eintritt der Mehrheitssozialdemokratie in die neue Regierung des Prinzen Max von Baden konnten die großstädtischen Massen demgegenüber nicht als einschneidende Veränderung wahrnehmen. Denn nach wie vor herrschte im Oktober 1918 der Belagerungszustand, wurden Zeitungen zensiert, Versammlungen überwacht und politisch mißliebige Personen verhaftet. Und wie in in Preußen sperrten sich die Vertreter von Macht und Besitz auch in der Hansestadt gegen eine grundlegende Verfassungsreform, vor allem gegen die Einführung des allgemeinen Wahlrechts.

Dadurch gerieten die Führer der Mehrheitssozialdemokratie in Hamburg in eine schwierige Lage; sie brauchten sichtbare Erfolge in der inneren Reformpolitik, um die wachsende Unruhe ihrer Mitglieder und Anhänger zu beschwichtigen. Auf einer Delegiertenversammlung der Landesorganisation der Hamburger SPD am 21. Oktober 1918 kam der Unwille über den schleppenden Gang der Reform deutlich zum Ausdruck. In einem Vier-Punkte-Programm forderten die Delegierten: 1. Beseitigung aller Privilegiertenwahlen; 2. Sofortige Einführung des allgemeinen, gleichen, geheimen und direkten Wahlrechtsrechts zur Bürgerschaft für alle volljährigen Staatsbürger beiderlei Geschlechts; 3. Wahl des Senats durch die Bürgerschaft ohne jede direkte und indirekte Mitwirkung des Senats sowie Aufhebung der lebenslänglichen Amtsdauer; 4. Demokratische Selbstverwaltung. Mit der unverzüglichen Verwirklichung dieses Reformprogramms hofften Hamburgs Mehrheitssozialdemokraten eine revolutionäre Zuspitzung der Lage vermeiden zu können: „Nicht um hier russische Zustände herbeizuführen, sondern gerade um diese zu verhindern, deshalb verlangen wir so schnell wie möglich radikale Reformen."[9]

Doch im Senat dachte man gar nicht daran, dem sozialdemokratischen Reformverlangen nachzugeben, und so blieb den Führern der MSPD gar nichts anderes übrig, als ihre Anhänger weiter zu vertrösten und sie vor „unüberlegten Verzweiflungsschritten" zu warnen: „Je größer die Gefahr, desto unerschütterlicher muß die Ruhe der Volksmassen sein."[10] Mit dieser Taktik des Beruhigens und Abwiegelns verlor die mehrheitssozialdemokratische Parteiführung in Hamburg im Laufe des Oktobers den Anschluß an die sich radikalisierende und zunehmend revolutionsbereite Massenbewegung. Diese sah sich auf die USPD verwiesen, die im Zuge der Lockerung des Repressionssystems in der zweiten Oktoberhälfte sich erstmals öffentlich politisch betätigen konnte und sofort eine rege Versammlungsaktivität entfaltete.[11] Ende Oktober 1918 war man in USPD-Kreisen davon überzeugt, daß die Entwicklung unaufhaltsam auf eine Revolution zutrieb, und begann, sich darauf einzustellen. Daß es dann so schnell gehen würde, damit hatten allerdings auch die vorausschauendsten Vertreter der USPD nicht gerechnet.

Der Beginn der Revolution in Kiel

Die Revolution kam – in den Fußstapfen der Matrosenrevolte. Daß der Funke auf den Großkampfschiffen der kaiserlichen Marine zündete, war kein Zufall. Denn hier, wo Mannschaften und Offiziere auf engstem Raum zusammenlebten und das System des Militarismus seine empörendsten Auswüchse zeitigte, hatte sich seit langem Konfliktstoff angesammelt. Bereits im August 1917 ereigneten sich die ersten Meutereien, die durch brutale Gegenmaßnahmen im Keime erstickt werden konnten. Ende Oktober 1918 war den Matrosen überhaupt nicht mehr einsichtig zu machen, warum sie einer „heroischen Geste" der Admiralität zuliebe – diese plante hinter dem Rücken der neuen Reichsregierung ein letztes Gefecht mit der englischen Flotte – ihr Leben sinnlos opfern sollten. Am 29./30.Oktober verweigerten die Besatzungen der vor Wilhelmshaven ankernden Schlachtschiffe den Befehl. Der Flottenvorstoß mußte aufgegeben werden.

Die Ereignisse überschlugen sich.[12] Auf Geheiß der Flottenleitung beorderte man das besonders aufrührerische III. Geschwader nach Kiel. Es traf am 1. November ein. An Bord der fünf Großkampfschiffe befanden sich mehr als 5 000 Mann Besatzung, darunter auch die 47 Matrosen, die der Geschwaderchef als „Rädelsführer" hatte festnehmen lassen. Unmittelbar nach ihrer Ankunft forderten Matrosen in einer Versammlung im Kieler Gewerkschaftshaus die Freilassung ihrer verhafteten Kameraden. Gleichzeitig nahmen sie Verbindung auf zur örtlichen Leitung der USPD. Gemeinsam wurde für den 3. November zu einer Kundgebung auf dem großen Exerzierplatz aufgerufen. An ihr nahmen 7 000 bis 8 000 Menschen, in der Mehrzahl Matrosen und Arbeiter der Kieler Werften, teil. Im Anschluß an die Versammlung formierten sie sich zu einem Protestmarsch in die Innenstadt. Beim Versuch, eine Absperrung zu durchbrechen, wurde der Zug von Soldaten einer Ausbildungskompanie beschossen. Sieben Tote und 29 Verletzte waren zu beklagen – das Signal zum Aufstand. In den frühen Morgenstunden des 4. November bildeten die Matrosen des Geschwaders und die Marinesoldaten in den Kasernen Soldatenräte; die Offiziere wurden entwaffnet, auf den im Hafen liegenden Schiffen – als Symbol des vollzogenen Umsturzes – rote Fahnen gehißt. Ebenfalls am 4. November beschlossen die Vertrauensleute der Kieler Werften, für den nächsten Tag den Generalstreik auszurufen. Am 5. November war Kiel in der Hand der revolutionären Matrosen und Arbeiter. Zwar gelang es dem nach Kiel entsandten MSPD-Reichstagsabgeordneten Gustav Noske rasch, die Bewegung in der Oststeestadt unter seine Kontrolle zu bringen, doch inzwischen hatte sie sich wie ein Steppenbrand über ganz Norddeutschland ausgebreitet – nach Brunsbüttel, Lübeck, Cuxhaven, Wilhelmshaven, Bremerhaven, Hamburg und Bremen.

Die rote Fahne über Hamburg

Es waren die aufständischen Kieler Matrosen selbst, welche die Flamme des Aufruhrs weitertrugen. In Hamburg platzten die ersten Sendboten der Revolution am Nachmittag des 5. November in eine Versammlung der Delegierten aller Großbetriebe, die darüber beriet, wie man sich zu den Kieler Vorgängen stellen sollte. Zwar gelang es den Führern von MSPD und Gewerkschaften noch einmal, die Entscheidung über Kampfmaßnahmen um zwei Tage zu verschieben, doch dieser Beschluß wurde bereits wenige Stunden später durch eine Massenversammlung im Gewerkschaftshaus, zu der die USPD aufgerufen hatte, außer Kraft gesetzt. Vor über 10 000 begeisterten Zuhörern forderte der Hauptredner des Abends, der USPD-Reichstagsabgeordnete und spätere Volksbeauftragte Wilhelm Dittmann, dazu auf, das revolutionäre Beispiel Kiels auf Hamburg zu übertragen: „Wir stehen vor entscheidenden Wendungen. Der Krieg hat zur Reife gebracht, was sonst noch Jahrzehnte erfordert hätte. Das Alte stürzt, und das Proletariat sieht sich über Nacht vor die Aufgabe gestellt, die politische Macht zu ergreifen. Alle Kleingeisterei und Angst vor der eigenen Unreife gilt es abzulegen ... Hamburg muß sich seinen guten alten Ruf in der Arbeiterbewegung zurückerobern!“[13] Noch während Dittmann sprach, bahnte sich eine Abordnung Kieler Matrosen den Weg zur Rednertribüne. Kurze Zeit später erschien eine Gruppe Infanteristen, die sich aus dem Untersuchungsgefängnis der Kaserne der 76er in der Bundesstraße befreit hatten. Unter unbeschreiblichem Jubel verbrüderten sich Matrosen, Soldaten und Arbeiter.

Als Wilhelm Dittmann am frühen Morgen des 6. November im Schnellzug nach Berlin zurückfuhr, war in Hamburg scheinbar noch alles ruhig. Doch als er die Wandelhalle des Reichstags betrat, stürzte ihm der Verleger Heinrich Dietz, einer der drei Hamburger SPD-Abgeordneten, entgegen: „In Hamborg is Revolutschon, o, Dittmann, in Hamborg is Revolutschon! ... Datt ick datt noch erleben kann, datt freut mi!“ In seinen Erinnerungen kommentiert Dittmann die Szene: „Bei dem alten Mehrheitsmann war der Revolutionär seiner jungen Jahre wieder zum Durchbruch gekommen, er war vor Freude über die Revolution in Hamburg 'aus dem Häuschen'."[14]

Der entscheidende Anstoß zur Umwälzung ging auch in Hamburg von den Matrosen aus. In der Nacht vom 5. auf den 6. November leiteten sie unter Führung des württembergischen Maats Friedrich Zeller den bewaffneten Aufstand ein. Sie bemächtigten sich der im Hafen liegenden Torpedoboote, besetzten den Elbtunnel und fuhren in den Morgenstunden zum Gewerkschaftshaus am Besenbinderplatz. Um das Gebäude wurden Maschinengewehre postiert und Straßenbahnwagen als Barrikaden aufgestellt, denn noch mußte mit Gegenaktionen des stellvertretenden Generalkommandos in Altona gerechnet werden.

Das Erscheinungsbild der Stadt hatte sich am Morgen des 6. November schlagartig gewandelt: „Durch die Straßen hasteten durch rote Fahnen gekennzeichnete und mit bewaffneten Soldaten besetzte Autos. Trupps revolutionärer Arbeiter und Soldaten durchzogen die Stadt. An verschiedenen Straßenecken wurden von Autos aus Ansprachen gehalten. Auf den im Hafen liegenden Kriegsfahrzeugen wurden rote Flaggen gehißt. Als Zeichen der Revolution mußten alle Soldaten ihre Kokarden von den Mützen trennen und ihre Ehrenzeichen ablegen ... Geschäftskundige Leute handelten an den verschiedensten Stellen der Stadt mit roten Bändchen. Revolutionäre schmückten sich mit dem Zeichen der Freiheit, Gleichheit und Brüderlichkeit."[15]

Gegen 7 Uhr morgens wurde der Vorsitzende der Hamburger USPD, Ferdinand Kalweit, von revolutionären Matrosen aus dem Bett geholt und ins Gewerkschaftshaus geleitet. Schon eine Stunde später konstitutierte sich nach dem Kieler Vorbild ein Arbeiter- und Soldatenrat, der sofort mit einer von Kalweit und Zeller gemeinsam unterzeichneten Proklamation „An die Bevölkerung und an die Soldaten Hamburgs und Umgebung" hervortrat: „Mit dem heutigen Tag hat der Arbeiter- und Soldatenrat den größten Teil der politischen Macht in die Hand genommen. Ein Zurück gibt es nicht mehr."[16] Eine Massenversammlung auf dem Heiligengeistfeld, zu der sich gegen 12 Uhr mittags über 40 000 Arbeiter, Matrosen und Soldaten einfanden, stellte sich hinter den Arbeiter- und Soldatenrat und faßte zugleich den Beschluß, zum Sitz des stellvertretenden Generalkommandos nach Altona zu ziehen, um die letzte Bastion der verhaßten Militärgewalt aus dem Weg zu räumen.

Als der Demonstrationszug, von zwei kurzen Feuergefechten an der Reeperbahn aufgehalten, das Gebäude des Generalkommandos in der Palmaille erreichte, fand er es bereits geräumt vor. General von Falk, der noch am Morgen des 6. November vergeblich versuchte, Truppen gegen die revolutionäre Leitung im Gewerkschaftshaus in Marsch zu setzen, hatte mit seinem Stab Altona fluchtartig verlassen. „Zu unserer maßlosen Überraschung", berichtete ein Teilnehmer des Zuges zum Generalkommando, „war der Falke ausgeflogen und niemand wußte, wohin er seinen gar nicht stolzen Flug genommen hatte."[17] Mit der widerstandslosen Kapitulation des stellvertretenden Generalkommandos lag die Macht faktisch beim provisorischen Arbeiter- und Soldatenrat, auch wenn die Existenz von Senat und Bürgerschaft zunächst noch nicht angetastet wurde.

Die Führer der Hamburger Mehrheitssozialdemokratie und Gewerkschaften, die sich bis zuletzt dem Ausbruch der Revolution entgegengestemmt und sich damit selbst ins Abseits manövriert hatten, blieben in den ersten beiden Tagen der Revolution ohne jeden Einfluß auf den Gang der Ereignisse. Ihr Versuch, durch eine rasche Kehrtwende am Morgen des 6. November wieder Anschluß zu gewinnen, kam zu spät. Die politische Führung der Massenbewegung lag eindeutig bei der USPD, der sich nach und nach die aus dem Gefängnis befreiten oder aus dem Felde heimkehrenden Wortführer der Linksradikalen zugesellten. Bei beiden Gruppierungen war anfänglich nicht nur der Wille vorhanden, die politischen Differenzen untereinander zurückzustellen, sondern auch der durch ihre Kriegspolitik kompromittierten MSPD- und Gewerkschaftsführung den Zugang zu den Leitungsinstanzen der revolutionären Bewegung zu versperren. Sowohl die Ausschaltung der Vertreter der alten Sozialdemokratie aus dem provisorischen Arbeiter- und Soldatenrat als auch die Übernahme des „Hamburger Echo" und dessen Umbenennung in „Die Rote Fahne" am Nachmittag des 6. November markierten Schritte in diese Richtung.

Mit der redaktionellen Leitung der „Roten Fahne" wurde Paul Frölich, ein führendes Mitglied der Bremer Linksradikalen und früherer Redakteur des „Hamburger Echo", beauftragt. Nach Fritz Wolffheim, bereits einer der Redner während der Massenversammlung auf dem Heiligengeistfeld, trat damit ein weiterer prominenter Vertreter der Linksradikalen in den Vordergrund der revolutionären Bewegung in Hamburg. Im Laufe des 6. November war Frölich aus der Irrenanstalt Friedrichsberg in Wandsbek, in welcher er auf Befehl des stellvertretenden Generalkommandos festgehalten worden war[18], freigekommen. Bereits die am Morgen des 7. November (noch unter dem alten Namen „Hamburger Echo") erschienene Ausgabe ließ deutlich seine Federführung erkennen. Nach einem Überblick über die revolutionären Ereignisse des vorangegangenen Tages hieß es: „Hamburg, die alte Hochburg der Sozialdemokratie, ist im Besitz des revolutionären Proletariats. Von seinen Zinnen wehen die roten Fahnen und grüßen die Brüder in Lübeck und Kiel, in Brunsbüttel, Rendsburg und Cuxhaven, in Lokstedt und Flensburg, wie sie die Brüder der Baltischen Flotte grüßen, die als erste im Anfang der russischen Revolution das proletarische Banner in den Händen der Matrosen entrollt haben. Mag die Reichsregierung die Beziehungen zur Sowjetrepublik abgebrochen haben – das revolutionäre Hamburg hat durch die Tat bewiesen, daß das Rußland der Räteregierung und die Räteregierung Hamburgs eine Einheit sind, die nichts mehr trennen kann."[19] In einem Leitartikel, der die Überschrift „Es lebe die Revolution!" trug, schlug Frölich Töne an, wie sie im Organ der Hamburger Sozialdemokratie niemals zuvor zu hören gewesen waren und wie man sie später niemals wieder hören sollte: „Die roten Fahnen wehen. Die Massen sind im Fluß. Die Kokarden und Adler werden herabgerissen. Zertreten die Zeichen jahrhundertelanger Schmach und Unterdrückung. Soldaten und Arbeiter verbrüdern sich. Sie erkennen, daß sie die eine Mutter haben: das Volk, die Klasse der Unterjochten, der Heloten des Kapitalismus, der Schlachtopfer des Imperialismus. Die Fesseln sind gesprengt ... Die Soldaten sind zuerst erwacht. Sie erkannten, daß die alte revolutionäre Parole Dantons zuallererst an sie war, die die Waffen tragen, die Parole: Kühnheit, Kühnheit und abermals Kühnheit! Unsere heißen, dankbaren Grüße den roten Blaujacken von Kiel, die das Signal in die deutsche Dämmerung hineinschmetterten. Unser Dank den Matrosen und Feldgrauen, die mutig kämpften auf den Straßen Hamburgs ... Und ihr, russischen Brüder, die ihr zuerst durch ehernen Mund die Völker zur Freiheit aufrieft, die ihr unter den furchtbarsten Schwierigkeiten und Bedrängnissen, die je eine Revolution zu ertragen hatte, mutig ausgehalten habt, euch rufen wir fröhlich zu: Wir kommen, wir kommen! Ça ira! ... Die Feste der Klassenherrschaft ist sturmreif. Sie muß fallen! Arbeiter und Soldaten Hamburgs! Im ersten Kampf seid ihr siegreich geblieben. Glaubt nicht, daß ihr jetzt ruhen könnt. Die schnell erworbene Freiheit könnt ihr euch nur erhalten, wenn ihr sie täglich neu verteidigt. Strenge Zucht und kein Nachlassen in der Wachsamkeit. Und sofort an den Aufbau. An Stelle der finsteren Festung des Kapitalismus gilt es, die lichten Hallen der freien sozialistischen Gesellschaft aufzubauen." Der Artikel schloß: „Es lebe der Sozialismus! Es lebe die deutsche Arbeiterrepublik! Es lebe der Weltbolschewismus!"[20]

Der Kompromiß mit den alten Gewalten

Schon sehr bald wurde jedoch offenbar, daß die von USPD und Linksradikalen im ersten Anlauf errungenen Positionen in einem deutlichen Mißverhältnis zu den realen Kräfteverhältnissen in der Hamburger Arbeiterbewegung standen und vor allem, daß sie auch nicht den Wünschen der Mehrheit der organisierten Arbeiter in der Hansestadt entsprachen. Diese verlangten, nachdem sich MSPD und Gewerkschaften scheinbar auf den Boden der revolutionären Tatsachen gestellt hatten, stürmisch eine Beendigung des „Bruderkampfes" und eine Einigung aller Parteirichtungen. Sie identifizierten die MSPD im Grunde immer noch mit der sozialdemokratischen Vorkriegstradition und waren bereit, die Kriegspolitik der Parteiführung als einmaligen Sündenfall zu verzeihen, wobei deren Sprecher sie durch verbales Anknüpfen an sozialistische Programmpunkte in dieser Haltung bestärkten.

Unter dem Druck solcher Einheitsstimmungen und getrieben von der Sorge, die nötigen Veränderungen ohne Unterstützung der alten Arbeiterorganisationen nicht bewältigen zu können, boten Paul Frölich und Fritz Wolffheim den Hamburger MSPD-Vorständen am 8. November Gespräche über eine politische Zusammenarbeit an. Das Ergebnis der Verhandlungen bedeutete eine wesentliche Korrektur der Entscheidungen vom 6. November: Es sicherte den Vertretern von MSPD und Gewerkschaften eine paritätische Beteiligung in der Exekutive des am 8. November neugewählten „Großen Arbeiterrats" zu, und es stellte ihnen mit der Rückgabe des „Hamburger Echo" wieder ein unentbehrliches Instrument zur Beeinflussung ihrer Anhängerschaft zur Verfügung. Damit glaubten sie sich eine günstige Ausgangsposition geschaffen zu haben, um ihre schwankende Massenbasis in der Arbeiterschaft zu festigen und den Einfluß von USPD und Linksradikalen in den Räteorganen zurückzudrängen.

Die Hoffnung der Hamburger MSPD- und Gewerkschaftsführer, die Massenbewegung des Novembers 1918 rasch in die Bahnen „geordneter Verhältnisse" zurückführen, und das hieß nach ihren Vorstellungen auf ein rein parlamentarisch-demokratisches Reformkonzept beschränken zu können, erhielten einen starken Dämpfer mit dem Auftreten des Mannes, der als Symbolfigur des Widerstands gegen den Krieg großes Prestige in der Hamburger Arbeiterschaft besaß und in den nächsten Wochen zum entscheidenden Gegenspieler der alten Gewalten wurde: Heinrich Laufenberg. Er kehrte am 10. November nach Hamburg zurück, gerade noch rechtzeitig, um als einer der drei Vertreter der Linksradikalen für die dreißigköpfige Exekutive des Arbeiterrats nominiert und in einer Kampfabstimmung zum Vorsitzenden des Gremiums gewählt zu werden. Für Laufenberg votierten auch die drei Vertreter der Unabhängigen und die mehrheitlich zur USPD tendierenden 18 Betriebsdelegierten. Wider Erwarten sahen sich die Vertreter der Mehrheitssozialdemokratie und Gewerkschaften in der Ratsexekutive in eine Minderheitenposition gedrängt.

Mit der Wahl Laufenbergs war eine paradoxe Situation entstanden: Die schwächste der drei sozialistischen Gruppierungen – die Linksradikalen – stellten den Vorsitzenden im wichtigsten Revolutionsorgan. Da Laufenberg faktisch ohne eigene organisatorische Basis operieren mußte – nach den Verfolgungswellen 1917/18 verfügten die Linksradikalen zu Beginn der Revolution noch nicht wieder über eine intakte Organisation[21] –, war er zwangsläufig auf Kompromisse, vor allem mit den ihn stützenden USPD-Vertretern angewiesen, was ihm bei seinen eigenen Gesinnungsgenossen häufig den Vorwurf der Prinzipienlosigkeit eintrug.[22]

Deutlich wurde der geringe Handlungsspielraum Laufenbergs bereits, als er daranging, das Verhältnis zu den alten politischen Institutionen der Hansestadt, Senat und Bürgerschaft, zu klären. Gegen den heftigen Widerstand der MSPD- und Gewerkschaftsvertreter setzte Laufenberg in der Sitzung der Ratsexekutive am 12. November eine Proklamation durch, welche die volle Übernahme der politischen Gewalt durch den Arbeiter- und Soldatenrat und die Absetzung von Senat und Bürgerschaft verkündete.[23] Am Morgen des 13. November wehte vom Rathaus die rote Fahne als äußeres Zeichen der Herrschaft des Arbeiter- und Soldatenrats.

Schon wenige Tage später mußte Laufenberg jedoch einen Schritt zurückweichen. Nachdem maßgebliche Vertreter der hanseatischen Finanz- und Geschäftswelt mit dem Verlust der „Kreditfähigkeit" Hamburgs und dem Zusammenbruch des Versorgungssystems gedroht hatten, falls an dem Beschluß vom 12. November festgehalten würde, setzte man in einer neuen Verordnung des Arbeiter- und Soldatenrates vom 18. November Senat und Bürgerschaft wieder in ihre Funktionen als kommunale Verwaltungskörperschaften ein. Gegen ihre Beschlüsse stand dem Arbeiter- und Soldatenrat, der weiterhin die politische Gewalt beanspruchte, ein Vetorecht zu.[24] Mit diesem Kompromiß blieb die politische Machtfrage in Hamburg unentschieden. Da es dem Arbeiter- und Soldatenrat an geschulten und erfahrenen Fachleuten mangelte, die das Kontrollrecht gegenüber den Verwaltungsbehörden wirksam hätten ausüben können, konnte der alte bürokratische Apparat nahezu ungestört von äußeren Eingriffen weiterarbeiten. Und in dem Maße, wie die Gesamtentwicklung im Reich zuungunsten der Arbeiter- und Soldatenräte lief, begann auch der Senat wieder politische Funktionen zu beanspruchen und die Beschlüsse des Arbeiter- und Soldatenrats zu boykottieren.

Ausblick

Der Machtverlust des Hamburger Arbeiterrats vollzog sich in Raten. Wesentlichen Anteil daran hatte die Führung der Hamburger Mehrheitssozialdemokratie. Nach anfänglicher Zurückhaltung verfolgte sie seit Ende November 1918 in enger Kooperation mit den wirtschaftlichen und politischen Führungsgruppen des hanseatischen Bürgertums einen scharfen Konfrontationskurs gegenüber der linken Mehrheitsfraktion im Arbeiterrat, indem sie deren Arbeit hintertrieb und zugleich durch geschickte Personalpolitik ihre Stellung im Soldatenrat kontinuierlich ausbaute. Der leitende Gesichtspunkt dieser Politik war, die Machtposition des Räteorgans allmählich auszuhöhlen und alle wesentlichen Entscheidungen über die gesellschaftliche und politische Zukunft Hamburgs einem neugewählten Parlament zu überantworten.

Bei einem von gegenrevolutionären Gruppen Anfang Dezember 1918 geplanten Putsch gegen die linke Ratsmehrheit, der sich gerade noch rechtzeitig verhindern ließ, hielt sich die Hamburger Mehrheitssozialdemokratie noch im Hintergrund. Zwar waren die „Echo"-Redakteure Otto Stolten und Emil Krause von einem Mitverschwörer in das Unternehmen eingeweiht worden, sie lehnten aber jede direkte Beteiligung ab, hielten es andererseits auch nicht für nötig, ihre Kontrahenten im Arbeiterrat zu informieren. Nachdem der Reichsrätekongreß in Berlin sich am 19. Dezember 1918 mit großer Mehrheit für die Nationalversammlung und gegen das Rätesystem ausgesprochen und damit die politische Konzeption der Mehrheitssozialdemokratie bestätigt hatte, trat die Führung der Hamburger MSPD zum offenen Angriff gegen die Position der Linken im Arbeiterrat an. Am Neujahrstag 1919 veranstaltete sie eine „Massendemonstration für die sozialdemokratische Regierung Ebert-Scheidemann" auf der Moorweide, und es gelang ihr mindestens dreimal so viele Anhänger zu mobilisieren wie USPD und Linksradikale – seit Januar 1919 Ortsgruppe der KPD (Spartakusbund) – zusammen, die mit einer Gegendemonstration „gegen die Kartätschen-Regierung Ebert-Scheidemann" auf dem Heiligengeistfeld antworteten. Das „Hamburger Echo" sprach von einem „denkwürdigen Datum in der Geschichte der Hamburger Arbeiterbewegung": „Die Massen, die wirklichen Massen haben Stellung genommen, und woran nie zu zweifeln war, das ist offenbar geworden: sie stehen treu zum Banner der Sozialdemokratie."[25]

Nur wenige Tage später, am 11. Januar, nachdem die Werftarbeiter in einen Sympathiestreik mit der Berliner Arbeiterschaft eingetreten und das Gewerkschaftshaus besetzt hatten, riefen die Vorstände von MSPD und Gewerkschaften ein zweites Mal zu einer Demonstration auf, diesmal unter der Parole: „Gegen anarchistischen Terror, für Freiheit und Frieden, für die Sozialdemokratische Partei und die Revolution."[26] Unter dem Massendruck mußte sich die Exekutive des Arbeiter- und Soldatenrats der Forderung nach baldiger Neuwahl des Arbeiterrats beugen. Zermürbt durch die dauernden Attacken erklärte Laufenberg am 20. Januar 1919 seinen Rücktritt. Die Wahlen zur Nationalversammlung vom Tage zuvor hatten der Hamburger Sozialdemokratie eine absolute Mehrheit beschert: Sie erhielt 51,3 Prozent der Stimmen, während auf die USPD nur 6,8 Prozent entfielen.[27] (Die Hamburger Linksradikalen hatten, noch bevor dies auf dem Gründungsparteitag der KPD beschlossen wurde, eine Beteiligung an den Wahlen abgelehnt.) Auch die Bürgerschaftswahlen vom 16. März 1919 brachten, für niemanden überraschend, der Hamburger SPD mit 82 von 160 Mandaten die absolute Mehrheit. Die Selbstabdankung des Arbeiter- und Soldatenrats war danach nur noch ein formaler Akt. Am 26. März wurde in aller Stille die rote Fahne vom Rathaus eingeholt.

Die Wahlen zur Nationalversammlung und zur Bürgerschaft bestätigten, was sich schon in den Demonstrationen von Anfang Januar 1919 abgezeichnet hatte: Eine große Mehrheit der Hamburger Arbeiter folgte immer noch der alten sozialdemokratischen Führung, die ihnen eine Verankerung der politischen und sozialen Errungenschaften der Revolution in einem „sozialistischen Gemeinwesen" versprach. Die Desillusionierung über die Politik der MSPD setzte auf breiter Basis erst seit Frühjahr 1919 ein, nachdem erkennbar geworden war, daß die Führung der alten Sozialdemokratie die Grundsätze, unter denen sie einst angetreten war, nicht mehr befolgte und bereit war, alle Ansätze, der Revolution doch noch eine sozialistische Wendung zu geben, mit allen ihr zur Verfügung stehenden Machtmitteln zu bekämpfen, einschließlich des Einsatzes gegenrevolutionärer Freikorps.

Anmerkungen

Kapitel I

1 Thomas Nipperdey, Deutsche Geschichte 1866-1918. Bd. II: Machtstaat vor der Demokratie, München 1992, S. 778 f.
2 Vgl. vor allem Jeffrey T. Verhey, The „Spirit of 1914". The Myth and the Rhetoric of Unity in World War I Germany. Phil. Diss. University of California, Berkeley 1991; Michael Stöcker, Augusterlebnis 1914 in Darmstadt. Legende und Wirklichkeit, Darmstadt 1994; Christian Geinitz, Kriegsfurcht und Kampfbereitschaft. Das Augusterlebnis in Freiburg. Eine Studie zum Kriegsbeginn 1914, Essen 1998.
3 Vgl. zum folgenden auch Volker Ullrich, Kriegsalltag. Hamburg im Ersten Weltkrieg, Köln 1982, S. 10 ff.
4 Hamburger Correspondent vom 26.7.1914.
5 Hamburger Nachrichten vom 26.7.1914.
6 Hamburger Nachrichten vom 27.7.1914.
7 Hamburger Fremdenblatt vom 31.7.1914.
8 Hamburger Correspondent vom 26.7.1914.
9 Hamburger Nachrichten vom 29.7.1914.
10 Richard J. Evans, Kneipengespräche im Kaiserreich. Stimmungsberichte der Hamburger Politischen Polizei 1892-1914, Reinbek bei Hamburg 1989, S. 415.
11 Hamburger Echo (HE) vom 28./29.7.1914.
12 Überwachungsbericht über die Versammlung in Bergedorf, 28.7. 1914; Staatsarchiv (StA) Hamburg, Politische Polizei zu S 20132.
13 Richard J. Evans, Kneipengespräche im Kaiserreich, S. 416.
14 Vgl. Hamburger Fremdenblatt vom 31.7.1914.
15 Hamburger Nachrichten vom 1.8.1914.
16 Hamburger Correspondent vom 2.8.1914.
17 Zitiert nach: Volker Ullrich, Kriegsalltag, S. 13.
18 Zitiert nach Heinz Wohlgemuth, Burgkrieg, nicht Burgfriede! Der Kampf Karl Liebknechts, Rosa Luxemburgs und ihrer Anhänger um die Rettung der deutschen Nation in den Jahren 1914-1916, Berlin 1963, S. 49.
19 HE vom 31.7.1914.
20 StA Hamburg, Kriegsakten des Senats A I b.
21 HE vom 31.7.1914.
22 Zitate: HE vom 4., 7., 11., 13.7.1914
23 HE vom 11.8.1914.
24 Robert Neddermeyer, Es begann in Hamburg ... Ein deutscher Kommunist erzählt aus seinem Leben, Berlin/DDR 1980, S. 71.

25 Zitiert nach: Wolfgang Kruse, Krieg und nationale Integration. Eine Neuinterpretation des sozialdemokratischen Burgfriedensschlusses 1914/15, Essen 1993, S. 58 f.

26 Wilhelm Eildermann, Jugend im ersten Weltkrieg – Tagebücher, Briefe, Erinnerungen, Berlin 1972, S. 61.

27 Hamburger Fremdenblatt vom 5.7.1914. Zur „Spionitis" und Kriegspsychose im August 1914 vgl. auch: Hellmut von Gerlach, Die große Zeit der Lüge. Der Erste Weltkrieg und die deutsche Mentalität (1871-1921). Hrsg. von Helmut Donat und Adolf Wild. Mit einem Nachwort von Walter Fabian, Bremen 1994, S. 29-40; Benjamin Ziemann: Front und Heimat. Ländliche Kriegserfahrungen im südlichen Bayern 1914-1923, Essen 1977, S. 52 f.

28 Theodor Lessing, Wir machen nicht mit! Schriften gegen den Nationalsozialismus und zur Judenfrage. Hrsg. von Jörg Wollenberg unter Mitarbeit von Helmut Donat, Bremen 1997, S. 23.

29 Hamburger Nachrichten vom 9.8.1914.

30 Edith Hagener, „Es lief sich so sicher an Deinem Arm". Briefe einer Soldatenfrau 1914, Weinheim/Basel 1986, S. 41. – Ähnlich ging es in der Hauptstadt zu. „Banden zogen durch Berlin", schreibt Hellmut von Gerlach, „um die fremdländischen Aufschriften auszurotten … In der Provinz ging man noch etwas radikaler vor. Herr von Vietinghoff-Scheel, Stellvertretender Kommandierender General in Stetin, belegte mit dem Militärverbot die Hôtels, die sich weiter Hôtels nannten. Und das Stellvertretende Generalkommando in Kassel bedrohte jedes Hôtel mit Schließung, das diese Bezeichnung nicht verdeutschte." Hellmut von Gerlach, Die große Zeit der Lüge, S. 28 f. Zu Recht stellt Peter Gay im Blick auf den August 1914 fest: „Und Chauvinismus, dieses geballte kollektive Schwelgen in primitiven Denk- und Gefühlsweisen, ist die pathologische Form des Nationalismus." Peter Gay, Kult der Gewalt. Aggression im bürgerlichen Zeitalter, München 1996, S. 645.

31 Hamburger Fremdenblatt vom 15.8.1914.

32 Hamburger Nachrichten vom 6.8.1914.

33 HE vom 11.8.1914.

34 HE vom 13.8.1914.

35 HE vom 21.8.1914.

36 StA Hamburg, Kriegsakten des Senats C II g 6.

37 Ebd.

38 Zitiert nach: Volker Ullrich, Kriegsalltag, S. 21.

39 Edith Hagener, Briefe einer Soldatenfrau, S. 68 und 77.

Kapitel II

1 Vgl. abwägend: Susanne Miller, Burgfrieden und Klassenkampf. Die deutsche Sozialdemokratie im Ersten Weltkrieg, Düsseldorf 1974, S. 31 ff.; Die Gewerkschaften in Weltkrieg und Revolution 1914-1919. Bearb. von Klaus Schönhoven, Köln 1985, Dok. 2-4: Konferenz der Verbandsvorstände am 2.8., 5.8. und 17.8.1914, S. 75-102, hier S. 93 f.

2 Zitiert nach: Susanne Miller, Burgfrieden und Klassenkampf, S. 81.

3 Siehe als Beispiel den Stimmungsbericht des Berliner Polizeipräsidenten vom 5.9.1914: „Kriminalbeamte, die dienstlich viel in Arbeiterkreisen zu tun haben, wollen es kaum glauben, daß es dieselben Leute sind, die noch vor kurzem in Protestversammlungen die Internationale hochleben ließen und jetzt patriotisch überschäumen." Zitiert nach: Berichte des Berliner Polizeipräsidenten zur Stimmung und Lage der Bevölkerung in Berlin. 1914-1918. Bearb. von Ingo Materna und Hans-Joachim Schreckenbach unter Mitarbeit von Bärbel Holtz, Weimar 1987, S. 7. – Die beste Analyse der widersprüchlichen Stimmungslage der Arbeiterschaft im August/September 1914 jetzt: Wolfgang Kruse, Krieg und nationale Integration. Eine Neuinterpretation des sozialdemokratischen Burgfriedensschlusses 1914/15, Essen 1993, S. 90 ff.

4 Gerald D. Feldman, Armee, Industrie und Arbeiterschaft in Deutschland 1914 bis 1918, Berlin/Bonn 1985, S. 41.

5 Vgl. Helga Kutz-Bauer, Arbeiterschaft, Arbeiterbewegung und bürgerlicher Staat in der Zeit der Großen Depression. Eine regional- und sozialgeschichtliche Studie zur Geschichte der Arbeiterbewegung im Großraum Hamburg 1873 bis 1890, Bonn 1988.

6 Zur Entwicklung der Hamburger SPD vor 1914 vgl. Volker Ullrich, Die Hamburger Arbeiterbewegung vom Vorabend des Ersten Weltkrieges bis zur Revolution 1918/19. Bd. 1, Hamburg 1976, S. 73 ff.

7 Vgl. Karl-Ernst Moring, Die Sozialdemokratische Partei in Bremen 1890-1914. Reformismus und Radikalismus in der Sozialdemokratischen Partei Bremens, Hannover 1968.

8 Vgl. zu Laufenberg die Personalakte in: StA Hamburg, Politische Polizei, S 11360.

9 Zur Altoner „Preßdebatte" vgl. Volker Ullrich, Die Hamburger Arbeiterbewegung, Bd. 1, S. 105 f.; zu Herz siehe die Personalakte in: StA Hamburg, Politische Polizei, S 13613.

10 Zu Wolffheim siehe die Personalakte in: StA Hamburg, Politische Polizei, S 19561.

11 So Gustav Stengele an Karl Kautsky, 23.11.1914. In: Internationa-

les Institut für Sozialgeschichte (IISG) Amsterdam, Nachlaß Karl Kautsky, DXXI. 403.

12 Siehe dazu unten S. 41 f.

13 In: Heinrich Laufenberg/Fritz Wolffheim/Carl Herz, Organisation, Krieg und Kritik. Dokumente zu den Hamburger Parteidebatten, Hamburg 1915, S. 16.

14 Zitate in: HE vom 5.8.1914; 11.8.1914.

15 Zu den Einzelheiten vgl. Volker Ullrich, Die Hamburger Arbeiterbewegung, Bd. 1, S. 166 f.

16 HE vom 13.11.1914.

17 Vgl. Heinrich Laufenberg/Fritz Wolffheim/Carl Herz, Organisation, Krieg und Kritik, S. 37-40.

18 HE vom 15.12.1914.

19 Heinrich Laufenberg an Arthur Crispien, 14.1.1915; Stiftung Archiv der Parteien und Massenorganisationen der DDR im Bundesarchiv (SAPM/BA) Berlin, ZP-Nl 1/62.; Vgl. auch Paul Frölich an Alfred Henke 17.12.1914: „Wenn man übrigens hört wie die leitende Klique dort [d.h. in Hamburg] arbeitet, so kann man glauben, daß sie wirklich um ihre Existenz kämpft.“ In: Archiv der sozialen Demokratie (AdsD) Bonn, Nachlaß Alfred Henke.

20 HE vom 21.3.1915.

21 HE vom 5.1.1915.

22 Eine ausführliche Analyse der Delegiertenversammlungen der Landesorganisation bei Volker Ullrich, Die Hamburger Arbeiterbewegung, Bd. 1, S. 207 ff. (Zitat S. 209).

23 StA Hamburg, Politische Polizei, S 19561.

24 Vgl. Heinrich Laufenberg, Massen und Führer, Hamburg 1919, S. 20. Ein Jahr später wurde auch Carl Herz eingezogen. – Wie sehr auch die Berliner Opposition durch Einziehungen und Verhaftungen geschwächt wurde, schilderte Franz Mehring in einem Brief an Carl Herz vom 19.9.1915: „Wir sind hier etwas niedergeschlagen da unsere besten Leute nach und nach weggekapert worden sind.“ In: IISG Amsterdam, Nachlaß Carl Herz A/52.

25 Heinrich Laufenberg/Fritz Wolffheim, Imperialismus und Demokratie. Ein Wort zum Weltkrieg, Hamburg 1914, S. 3.

26 Heinrich Laufenberg/Fritz Wolffheim, Demokratie und Organisation. Grundlinien proletarischer Politik, Hamburg 1915, S. 3.

27 Heinrich Laufenberg/Fritz Wolffheim/Carl Herz, Organisation, Krieg und Kritik, S. 37-40.

28 Heinrich Laufenberg/Fritz Wolffheim, Imperialismus und Demokratie, S. 1.

29 Heinrich Laufenberg/Fritz Wolffheim/Carl Herz, Organisation, Krieg und Kritik, S. 16.

30 Ebd., S. 10.

31 Ebd., S. 64.

32 Heinrich Laufenberg/Fritz Wolffheim, Demokratie und Organisation, S. 4.

33 Heinrich Laufenberg/Fritz Wolffheim/Carl Herz, Organisation, Krieg und Kritik, S. 25.

34 Heinz Wohlgemuth, Burgkrieg, nicht Burgfriede! S. 84.

35 HE vom 28.5.1915.

36 Heinrich Laufenberg/Fritz Wolffheim, Demokratie und Organisation, S. 44.

37 So Hans Manfred Bock, Syndikalismus und Linkskommunismus von 1918-1923, Meisenheim am Glan 1969, S. 78 und S. 274 f.

38 Karl Kautsky, Die Sozialdemokratie im Kriege. In: Die Neue Zeit, 33. Jg. (1914/15). Bd. 1, Nr. 1, 2.10.1914, S. 1-8, besonders S. 4.

39 Vgl. Volker Ullrich, Die Hamburger Arbeiterbewegung. Bd. 1, S. 120 ff.

40 Heinrich Laufenberg/Fritz Wolffheim/Carl Herz, Organisation, Krieg und Kritik, S. 75.

41 Ebd., S. 75 f.

42 Gustav Stengele an Karl Kautsky, 1.4.1911. In: IISG Amsterdam, Nachlaß Karl Kautsky, DXXXI. 397.

43 Vgl. Heinrich Laufenberg an Alfred Henke, 21.9.1914: „Die Masse kann nicht sprechen, u[nd] die betäubenden Schläge lassen sie nicht zum Überblick über das kommen, was vorgeht. Die Führerschaft zu einem sehr großen Teil concentriert sich rechts." AdsD, Bonn, Nachlaß Alfred Henke Kas. I; Vgl. auch Paul Frölich an Alfred Henke, 17.12.1914: „Es sollte mich nicht wundern, wenn gerade Hamburg einer der Plätze sein sollte, die am meisten für die Regeneration der Partei tun werden. Dann würde es endlich einmal eine seiner Arbeiterschaft würdige Rolle spielen." Ebd., Kas. I.

44 Heinrich Laufenberg an Arthur Crispien, 14.1.1915. In: SAPM/BA Berlin, ZP-Nl 1/62.

45 Siehe die Personalakte Alfred Henkes. In: StA Hamburg, Politische Polizei, S 20923.

46 Vgl. Erhard Lucas, Die Sozialdemokratie in Bremen während des Ersten Weltkrieges, Bremen 1969, S. 25 ff.

47 Heinrich Laufenberg an Alfred Henke, 21.9.1914; AdsD Bonn, Nachlaß Henke, Kas. I.

48 Heinrich Laufenberg/Fritz Wolffheim/Carl Herz, Organisation, Krieg und Kritik, S. 17 und S. 57; Vgl. auch Franz Mehring an Alfred Henke, 2.9.1914: „Sie erwerben sich durch Ihre tapfere Haltung ein großes Verdienst um die Partei. Die Bremer Bürgerzeitung kann sich jetzt die führende Stellung in der Partei erobern, die früher die Leipzigerin inne hatte." AdsD Bonn, Nachlaß Henke, Kas. I.

49 Vgl. Paul Frölich an Alfred Henke 17.12.1914. In: Ebd., Kas. I.

50 Vgl. Franz Mehring an Alfred Henke 2.9.1914. In: Ebd., Kas. I.

51 Ein gedrucktes Exemplar des Briefes befindet sich im AdsD Bonn, F/3: Ordner Parteikonflikt im Ersten Weltkrieg.

52 Vgl. Rudolf Lindau, Zu Fragen der Räte und der Linken in der deutschen Arbeiterbewegung. In: Die Oktoberrevolution und Deutschland, Berlin 1958, S. 138.

53 Erinnerungsbericht von Willi Steinfatt: Die Jugendbewegung nach dem 4. August 1914 (1969); Privatsammlung des Verfassers.

54 Die Fahndung der Politischen Polizei nach dem Flugblatt blieb erfolglos. Vgl. Mitteilung des Polizeipräsidenten Dr. Roscher an die Militärkommision des Senats, 1.6.1915. In: StA Hamburg, Kriegsakten des Senats B II g 2.

55 Vgl. Manfred Scheck, Zwischen Weltkrieg und Revolution. Zur Geschichte der Arbeiterbewegung in Württemberg 1914-1920, Köln/Wien 1981, S. 51 ff.

56 Fritz Rück, Vom 4. August bis zur russischen Revolution. Ein Beitrag zur Geschichte der kommunistischen Bewegung in Deutschland, Leipzig 1920, S. 18; zur Verbreitung der Broschüren von Laufenberg/Wolffheim in der Bremer Jugendorganisation vgl. Wilhelm Eildermann, Jugend im ersten Weltkrieg, S. 105, S. 109, S. 111 und S. 218.

57 Vgl. Wilhelm Pieck, Der Kampf der Linken gegen die Burgfriedenspolitik. Erinnerungen 1920. In: ders., Gesammelte Reden und Schriften. Bd. 1, Berlin 1959, S. 335.

58 Vgl. Leipziger Volkszeitung vom 10.12.1914 und vom 3.5. 1915; Bremer Bürgerzeitung vom 19.12.1914.

59 Vorwärts vom 21.4.1915.

60 Vgl dazu: Susanne Miller, Burgfrieden und Klassenkampf, S. 87 f. (auf der Basis der Tagebuchaufzeichnungen Arthur Crispiens).

61 Heinrich Laufenberg an Alfred Henke, 21.9.1914. In: AdsD Bonn, Nachlaß Alfred Henke, Kas. I. Zu den zeitlich parallel laufenden Plänen Rosa Luxemburgs vgl. Heinz Wohlgemuth, Karl Liebknecht. Eine Biographie, Berlin 1973, S. 273.

62 Vgl. Erhard Lucas, Die Sozialdemokratie in Bremen, S. 30.

63 Im Brief an Henke vom 21.9.1914 sprach Laufenberg die Hoffnung aus, „in Berlin, wo ich nächsten Monat den ersten Schritt zu tun gedenke, noch den einen oder anderen zu finden, der pekuniär mittut". AdsD Bonn, Nachlaß Alfred Henke, Kas. I.

64 Karl Radek an Alfred Henke, 23.10.1914. In: Ebd., Kas. I.

65 Vgl. Heinz Wohlgemuth, Die Entstehung der KPD, Berlin 1968, S. 48 f.

66 Heinrich Laufenberg an Arthur Crispien, 14.1.1915. In: SAPM/BA Berlin, ZP-Nl 1/62.

67 Heinrich Laufenberg/Fritz Wolffheim/Carl Herz, Organisation, Krieg und Kritik, S. 73. – Eine andere Position vertrat Anton Pannekoek in einem Brief an Alfred Henke vom 29.10.1914. Für ihn war die SPD nach dem 4. August 1914 nicht mehr identisch mit der vor dieser Wende: „Eine Partei, die nicht nur zu 9/10tel aus völlig unbewußten Elementen besteht, sondern bei der außerdem fast alle leitenden Kräfte jetzt bewußt den Nationalismus verteidigen, ist nicht mehr das unbezweifelte Werkzeug des Sozialismus". Deshalb müsse man sich freimachen von „der alten Ehrfurcht, in der wir aufgewachsen sind", das heißt von dem Dogma, daß die Einheit der Partei unantastbar sei. Das bedeutete auch für Pannekoek nicht, daß nun gezielt auf die Spaltung der Partei hingearbeitet werden sollte; aber man müsse sich doch vorbereiten, „mit der Möglichkeit zu rechnen". AdsD Bonn, Nachlaß Alfred Henke, Kas. I.

68 Vgl. Walter Barthel, Die Linken in der deutschen Sozialdemokratie im Kampf gegen Militarismus und Krieg, Berlin 1958, S. 238; Heinz Wohlgemuth, Karl Liebknecht, S. 293. Im März 1915 hatte der Berliner Polizeipräsident bereits gemeldet, daß „die Berliner Gruppe der radikalen Opposition unter Julian Borchardts Leitung demnächst nicht nur Flugblätter, sondern auch Broschüren" herausgeben wolle, „zu deren Abfassung bereits Mehring und Laufenberg gewonnen sein sollen". Archiv des Auswärtigen Amtes Bonn, Europa Generalia 82, Nr. 1. Bd. 24.

69 Vgl. das Unterschriftenverzeichnis. In: Dokumente und Materialien zur Geschichte der deutschen Arbeiterbewegung. Reihe II. Bd. 1: Juli 1914-Oktober 1917, Berlin 1958, S. 173.

70 Johann Knief an Rudolf Franz, ohne Datum, zitiert nach Gerhard Engel, Die politisch-ideologische Entwicklung Johann Kniefs (1880-1919). Phil. Diss., Berlin 1967, S. 218; vgl. auch Wilhelm Eildermanns Tagebuch-Eintragung vom 17.9.1915: „Knief sprach mit meinem Bruder Heinrich über eine Reise, die er zusammen mit Frölich nach Hamburg gemacht hatte. Er äußerte sich sehr kritisch über die Hamburger Linken, besonders über Heinrich Laufenberg und Fritz Wolffheim, die unklare Ansichten hätten und sehr unsichere Kantonisten seien." Wilhelm Eildermann, Jugend im ersten Weltkrieg, S. 252.

71 Vgl. Carl Herz an Karl Kautsky, 6.11.1914: „Sie würden gerade in der gegenwärtigen Situation durch die Autorität Ihres Namens sehr viele Leute hier in Hamburg zur Besinnung bringen. Das ist aber gerade hier infolge der Stimmung des 'Echo' und weiter Parteikreise unbedingt nötig." IISG Amsterdam, Nachlaß Karl Kautsky, DXII. 538.

72 Bremer Bürgerzeitung vom 30.5.1916.

73 Vgl. Karl-Ernst Moring, Die Sozialdemokratische Partei in Bremen, S. 201 ff.

74 Vgl. Erhard Lucas, Die Sozialdemokratie in Bremen, S. 25 ff. und S. 30 ff.

Kapitel III

1 Eine befriedigende Darstellung liegt noch nicht vor. Für die Sicht der früheren DDR-Geschichtsschreibung vgl. die materialreiche Studie: Siegfried Scholze, Die Entwicklung der revolutionären deutschen Arbeiterjugendbewegung von der Jenaer Osterkonferenz 1916 bis zum Internationalen Jugendtag im September 1916, Greifswald 1968; ebenso Harri Wiederhöft, Die revolutionäre Arbeiterjugendbewegung Deutschlands – ihre Rolle und Entwicklung in der Zeit der Vorbereitung und Durchführung der Novemberrevolution. November 1917 bis Januar 1919, Greifswald 1970. Die Ergebnisse dieser beiden Dissertationen sind auch eingegangen in das von einem Autorenkollektiv herausgegebene Werk: Geschichte der deutschen Arbeiterjugendbewegung 1904-1945, Berlin/DDR 1973 (Lizenausgabe Dortmund 1973).

2 Vgl. Johannes Schult, Die Hamburger Arbeiterbewegung als Kulturfaktor. Ein Beitrag zur Hamburger Kulturgeschichte, Hamburg 1954, S. 49 ff.; ders., Geschichte der Hamburger Arbeiter 1890-1919, Hannover 1967, S. 222 ff.

3 Zur Mitgliederentwicklung vgl. Geschäftsbericht der Zentralkommission für das Arbeiterbildungswesen von Hamburg-Altona und Umgebung für das Jahr 1911/12, S. 21, und 1913/14, S. 14.

4 Vgl. Johannes Schult, Hamburger Arbeiterbewegung, S. 55 f.

5 Vgl. Volker Ullrich, Die Hamburger Arbeiterbewegung. Bd. 1, S. 126 f.

6 Vgl. Rudolf Lindau, Die Jugendbewegung in Hamburg-Altona. In: Arbeiterjugend, Nr. 15, 19.7.1913.

7 Johannes Schult, Hamburger Arbeiterbewegung, S. 60.

8 Zu Laufenberg und seiner Rolle in der Hamburger Vorkriegssozialdemokratie vgl. Volker Ullrich, Die Hamburger Arbeiterbewegung. Bd. 1, S. 118 ff.

9 Vgl. Heinrich Stubbe (Vorsitzender der SPD-Landesorganisation) an Rudolf Lindau, 21.2.1914; Abschrift in Privatsammlung des Verfassers.

10 Wilhelm Lamszus, Das Menschenschlachthaus. Bilder vom kommenden Krieg, Hamburg/Berlin 1912; zu Lamszus vgl. auch die Personalakte in: StA Hamburg, Politische Polizei, S 18966.

11 HE vom 2.8.1914

12 Vgl. zu den Einzelheiten: Zur Aufklärung! Tatsachenmaterial zur Beurteilung der Verhältnisse im Jugendbund. Hrsg. im Namen von zwanzig Leitern des Jugendbundes von H. Telge, A. Rehberg, F. Demuth, W. Martens, Hamburg 1915.

13 Vgl. Protokoll der Delegiertenversammlung des Jugendbundes am 21.10. und 6.11.1915; Abschrift in Privatsammlung des Verfassers.

14 Vgl. Protokoll der Delegiertenversammlung des Jugendbundes am 30.12.1915; Abschrift in Privatsammlung des Verfassers.

15 Rudolf Lindau, Der Kampf der Hamburger Arbeiterjugend gegen den imperialistischen Krieg. In: Deutschlands Junge Garde – 50 Jahre Arbeiterbewegung, Berlin/DDR 1955, S. 87.

16 Vgl. z.B. eine Tagebuch-Eintragung Meta Heberleins vom 13.5.1915 über eine Wanderung des Distrikts Barmbek: „Distrikt-Wanderung nach Großkoppel-Trittau bei Boberg ... Am Ziel eine Maifeier, bestehend aus einer Ansprache von R. Lindau, ein paar Rezitationen und Gesang. Zurück wurde ein Demonstrationszug durch Wandsbek gemacht." Abschrift in Privatsammlung des Verfassers.

17 Jugend-Internationale. Die elf historischen Nummern der Kriegsausgabe 1915-1918, Berlin 1921 (Neudruck 1972); zur Verbreitung in Hamburg vgl. Neustädter Feldpost vom 8.4.1916 und vom 10.3. 1917.

18 Protokoll der Delegiertenversammlung des Jugendbundes am 13.2.1916; Abschrift in Privatsammlung des Verfassers.

19 Vgl. den Versammlungsbericht in: HE vom 6.3.1916; ferner den Überwachungsbericht der Politischen Polizei. In: StA Hamburg, Politische Polizei, Nr. 965 Vers.

20 Feldpostbrief vom 5.3.1916; Kopie in Privatsammlung des Verfassers.

21 Neustädter Feldpost vom 11.3.1916.

22 Leipziger Volkszeitung vom 6.3.1916; vgl. auch Bremer Bürgerzeitung vom 7.3.1916.

23 Arbeiter-Jugend vom 25.3.1916

24 StA Hamburg, Politische Polizei, Nr. 334 Vers. Bd. XVI.

25 Vgl. Abbruch oder Aufbau? Ein Wort zur Abwehr. Hrsg. von Max Uhlig, Hamburg 1916, S. 18.

26 Zur Aufklärung! Die Maßnahmen der Hamburg-Altonaer Parteiorganisationen und des Gewerkschaftskartells in den Einrichtungen der Jugendorganisation und des Bildungswesens seit Ausbruch des Krieges, Hamburg 1916, S. 4 und 10 f.

27 Abbruch oder Aufbau? S. 31

28 Ebd., S. 19.

29 Proletarier-Jugend – Mitteilungsblatt der Freien Jugendorganisation von Hamburg-Altona und Umgegend, Nr. 1, 15.4.1916. – Das Blatt erschien bis Juli 1917 in einer Auflage von 3 000 Exemplaren.

30 Vgl. die Spendenliste. In: Proletarier-Jugend, Nr. 2, 15.5. 1916.

31 Abbruch oder Aufbau? S. 15; Johannes Schult, Hamburger Arbeiter, S. 316.

32 Vgl. Abbruch oder Aufbau? S. 19.

33 Vgl. Aufruf des Vorstandes der „Freien Jugendorganisation" an die Abteilungen, 30.4.1916; Abschrift in Privatsammlung des Verfassers.

34 Proletarier-Jugend, Nr. 6, 1.9.1916.

35 Vgl. Zirkular Arthur Rehbergs (Vorsitzender der „Freien Jugendorganisation") an die Distrikte, 9.7.1916; Kopie in Privatsammlung des Verfassers.

36 Erinnerungen an die Heimat – Mitteilungen Hamburger Jugendbündler an ihre Genossen im Felde. – Seit Nr. 6 (Januar 1917) erschien das Blatt als „Beilage für die im Felde stehenden Leser der 'Proletarier-Jugend'".

37 Vgl. die Anwesenheitsliste der Konferenz. In: Ottokar Luban, Die Auswirkungen der Jenaer Jugendkonferenz 1916 und die Beziehung der Zenrale der revolutionären Arbeiterjugend zur Führung der Spartakusgruppe. In: Archiv für Sozialgeschichte. Bd. 11, 1971, S. 194 f.

38 Bericht des Büros für Sozialpolitik, 17.7.1916; Politisches Archiv des Auswärtigen Amtes Bonn, Europa Generalia 82, Nr. 1. Bd. 27.

39 Aufzeichnung des Oberwachtmeisters Zufall, 19.8.1916, StA Hamburg, Politische Polizei, Abl. 38, Nr. 44.

40 Vgl. Volker Ullrich, Kriegsalltag, Köln 1982, S. 48 ff.

41 Aufzeichnung Zufalls, 19.8.1916, mit der Notiz Polizeipräsident Stürkens vom 21.8.1916: „Es wird zu erörtern sein, wie diesen Treibereien der Jugendlichen entgegenzutreten ist."

42 Bericht des Polizeiinspektors Droessler, 23.8.1916; von Stürken am 25.8.1916 an das stellvertretende Generalkommando weitergeleitet mit der Bitte, „wegen Auflösung der Organisation gefälligst Verfügung treffen zu wollen". StA Hamburg, Kriegsakten des Senats, A II p 197.

43 StA Hamburg, Kriegsakten des Senats, A II p 197.

44 Überwachungsbericht der Politischen Polizei. In: StA Hamburg, Politische Polizei, Nr. 880 Vers. Bd. 1.

45 HE vom 22.10.1916.

46 Vgl. Johannes Schult, Hamburger Arbeiter, S. 318.

47 Johannes Schult, Hamburger Arbeiterbewegung, S. 65.

48 Vgl. die Aufzeichnung des Polizeiassistenten Lüthje, 2.12.1916, und des Oberwachtmeisters Zufall, 21.12. 1916. In: StA Hamburg, Politische Polizei, Nr. 1065 Vers.

49 Arthur Rehberg, Vom 3. März über den 31. August zum 8. September. In: Proletarier-Jugend, Nr. 7, Oktober 1916.

50 Vgl. z.B. den Artikel „Vom roten Feldpostmeister". In: Proletarier-Jugend, Nr. 7, Oktober 1916.

51 Vgl. Richard Gyptner, Stürmische Novembertage in Hamburg. In: Vorwärts und nicht vergessen – Erlebnisberichte aktiver Teilnehmer der Novemberrevolution 1918/19, Berlin/DDR 1958, S. 237.
52 StA Hamburg, Politische Polizei, S 20459 und S 20405.
53 Vgl. die redaktionelle Vorbemerkung. In: Proletarier-Jugend, Nr. 7, Oktober 1916.
54 Aufzeichnung des Polizeiinspektors Droessler, 23.8. 1916. Zur Datierung der Einziehung Lindaus: Neustädter Feldpost, Nr. 28, 2.9. 1918.
55 Vgl. zur Beobachtung Rehbergs: StA Hamburg, Politische Polizei, S 20922.
56 Vgl. StA Hamburg, Politische Polizei, S 20405 und 20922.
57 Vgl. Die Junge Garde, 4. Jg., Nr. 5, 1.11.1921: Auszug aus den Akten der Politischen Polizei.
58 Vgl. StA Hamburg, Politische Polizei, S 20405.
59 Vgl. StA Hamburg, Politische Polizei, S 20850.
60 Vgl. Neustädter Feldpost, Nr. 34, Weihnachten 1916; Aufzeichnung des Distriktkommissars Scholz, 13.1.1917; StA Hamburg, Politische Polizei, S 20405.
61 Zu Karl Plättner, der in den frühen zwanziger Jahren als „mitteldeutscher Bandenführer" berühmt wurde, bereitet der Verfasser eine Biographie vor.
62 Vgl. die Verordnung des stellvertretenden Generalkommandos, 14.9.1917; StA Hamburg, Politische Polizei, Nr. 1066 Vers.

Kapitel IV

1 Vgl. Manfred Gailus/Heinrich Volkmann (Hrsg.), Der Kampf um das tägliche Brot. Nahrungsmangel, Versorgungspolitik und Protest 1770-1990, Wiesbaden 1994.
2 Vgl. für Berlin: Robert Scholz, Ein unruhiges Jahrzehnt: Lebensmittelunruhen, Massenstreiks und Arbeitslosenkrawalle in Berlin 1914-1923. In: Pöbelexzesse und Volkstumulte in Berlin. Zur Sozialgeschichte der Straße (1830-1980). Hrsg. von Manfred Gailus, Berlin 1984, S. 79-123; für Hamburg: Volker Ullrich, Kriegsalltag. Hamburg im Ersten Weltkrieg, Köln 1982, S. 51-72; für Hannover: Friedhelm Boll, Massenbewegungen in Niedersachsen 1906-1920. Eine sozialgeschichtliche Untersuchung zu den unterschiedlichen Entwicklungstypen Braunschweig und Hannover, Bonn 1981, S. 201-206; für Nürnberg: Klaus-Dieter Schwarz, Weltkrieg und Revolu-

tion in Nürnberg. Ein Beitrag zur Geschichte der deutschen Arbeiterbewegung, Stuttgart 1971, S. 146-154; für Chemnitz: Stephan Pfalzer, Der „Butterkrawall" im Oktober 1915. Die erste größere Antikriegsbewegung in Chemnitz. In: Demokratie und Emanzipation zwischen Saale und Elbe. Beiträge zur Geschichte der sozialdemokratischen Arbeiterbewegung bis 1933. Hrsg. von Helga Grebing, Hans Mommsen und Karsten Rudolph, Essen 1993, S. 196-201.

3 HE vom 28.10.1914.

4 Walther F. Classen, Leiter des Volksheims Hammerbrook, an das stellv. Generalkommando, 8.3.1915; StA Hamburg, Kriegsversorgungsamt, II a 6.

5 HE vom 16.5.1915.

6 Wilhelm Kießling an den Vorsitzenden der Kriegshilfe, Senator Lattmann, 25.3.1915; StA Hamburg, Allgemeine Armenanstalt II 454. Bd.5.

7 HE vom 16.5.1915. Zu den Kriegsküchen vgl. auch: Anne Roerkohl, Hungerblockade und Heimatfront. Die kommunale Lebensmittelversorgung in Westfalen während des Ersten Weltkrieges, Stuttgart 1991, S. 230 ff.

8 HE vom 3.8.1915.

9 HE vom 21.7.1915.

10 StA Hamburg, Kriegsakten des Senats B II b 365 b.

11 StA Hamburg, Kriegsakten des Senats B II b 365 a.

12 StA Hamburg, Kriegsakten des Senats B II b 365 b.

13 HE vom 26.11.1915.

14 Lebensmittelkommission der SPD, Gewerkschaften und Konsumvereine an den Senat, 16.5.1916; StA Hamburg, Kriegsversorgungsamt, II a 38. – Zu den Lebensmittelschlangen vgl. auch: Ute Daniel, Arbeiterfrauen in der Kriegsgesellschaft. Beruf, Familie und Politik im Ersten Weltkrieg, Göttingen 1989, S. 217.

15 Monatsbericht des stellv. Generalkommandos IX.AK für Mai 1916; Bundesarchiv-Militärarchiv (BA-MA) Freiburg, F 4415/XX.64b. Bd. 1.

16 Emil Krause/Emil Hüffmeier/Wilhelm Wiesner an Senat, 11.3.1916; StA Hamburg, Kriegsversorgungsamt, II a 38.

17 Protokoll des geschäftsführenden Ausschusses der Kriegshilfe, 4.4.1916; StA Hamburg, Allgemeine Armenanstalt II 454. Bd. 9.

18 Protokoll des Speiseausschusses der Kriegshilfe, 30.6.1916; StA Hamburg, Allgemeine Armenanstalt II 198. Bd. 1.

19 StA Hamburg, Kriegsversorgungsamt, I a 59.

20 StA Hamburg, Politische Polizei, Abl. 38 Nr. 44. Hunger und Friedenssehnsucht waren es auch, die später zu weitergehenden politischen Forderungen führen sollten. Hans Paasche, Kapitänleutnant a.D., rief z.B. in einem im August 1917 verfaßten Flugblatt zum

Generalstreik auf, indem er u.a. die Not des Volkes mit dem Überfluß der Herrschenden konfrontierte und schrieb: „Gebt nur Eure kümmerlichen Goldringe der Dynastie, während die Hohenzollernfamilie von goldenem Tafelgeschirr weiterspeist; laßt Eure Eltern an Unterernährung sterben und Eure Kinder vor Hunger wimmern, während die kaiserlichen Rosse Hafer fressen". Hans Paasche, „Ändert Euren Sinn!" Schriften eines Revolutionärs. Hrsg. von Helmut Donat und Helga Paasche, Bremen 1992, S. 189.

21 Aufzeichnung des Distriktkommissars Pilger, 19.8.1916; StA Hamburg, Politische Polizei, Abl. 38 Nr. 44.

22 Aufzeichnung des Wachtmeisters Burow, 21.8.1916; ebd.

23 Aufzeichnung des Wachtmeisters Dreier, 21.8.1916; ebd.

24 Anzeige gegen Paul Schulz, 21.8.1916; ebd.

25 Aufzeichnung des Wachtmeisters Dreier, 21.8.1916; ebd.

26 Ebd.

27 Vgl. Aufzeichnung des Polizeipräsidenten Stürken, 8.9.1916; StA Hamburg, Kriegsakten des Senats A II p 233.

28 Vgl. die Strafliste sowie die Strafakten in StA Hamburg, Politische Polizei, Abl. 38 Nr. 44.

29 Korpsverordnungsblatt vom 22.8.1916; StA Hamburg, Kriegsakten des Senats C II 1 13, Vol. I.

30 Haftsache Frau Böhmer, 19.8.1916; StA Hamburg, Politische Polizei, Abl. 38 Nr. 44.

31 Der Brief mit Poststempel vom 21.8.1916 war adressiert an die Polizei-Wache Hammerbrookstraße; ebd.

32 Der Brief mit Eingangsvermerk vom 2.9.1916 war adressiert „An die Behörden"; ebd.

33 Abschrift in: StA Hamburg, Kriegsakten des Senats A II p 233.

34 Kommandantur Altona an Militärkommission des Senats, 31.8. 1916; StA Hamburg, Militärkommission des Senats R.45.

35 Emil Krause an das Kriegsversorgungsamt, 29.11.1916; StA Hamburg, Kriegsversorgungsamt II a 43.

36 Stellvertretendes Generalkommando IX.AK, Abwehr-Abt., an Polizeibehörde Hamburg, 17.11.1916; StA Hamburg, Politische Polizei, Abl. 38 Nr. 44.

37 StA Hamburg, Politische Polizei, Abl. 38 Nr. 45. – Zu den sogenannten „Jammerbriefen" aus der Heimat vgl. Bernd Ulrich, Die Augenzeugen. Deutsche Feldpostbriefe in Kriegs- und Nachkriegszeit 1914-1933, Essen 1997, S. 156 ff.

38 Überwachungsbericht über die Versammlung der Kriegsküchenfrauen, 13.2.1917; StA Hamburg, Politische Polizei, Nr. 890 Vers. Bd. I.

39 Datiert vom 23.2.1917; StA Hamburg, Politische Polizei, Abl. 38 Nr. 45.

40 Aufzeichnung des Wachtmeisters Gangin, 9.8.1917; ebd.

41 Meldung Polizeikommissar Ulrichs an Polizeidirektion Harburg, 13.1.1917; StA Hannover, Oberpräsidium 122a, XXXIV Nr. 365. Bd. 1.

42 Vgl. Protokoll der 21. Sitzung des Kriegsversorgungsamts, 24.2.1917; StA Hamburg, Kriegsversorgungsamt I a 12. Bd. 2.

43 Bericht des Polizeipräsidenten Stürken über die Unruhen, 28.2.1917; StA Hamburg, Kriegsakten des Senats A II p 233.

44 Bürgermeister Wandsbek an Regierungspräsident Schleswig, 24. und 26.2.1917; Landesarchiv (LA) Schleswig, Abt. 309, Nr. 8306.

45 Polizeiamt Altona an Regierungspräsident Schleswig, 27.2.1917; ebd.

46 Landrat Harburg an Regierungspräsident Lüneburg, 28.2. 1917; StA Hannover, Oberpräsidium 122a, XXXIV Nr. 365. Bd. 1.

47 Monatsbericht des Kriegsversorgungsamts, 22.3.1917; StA Hamburg, Kriegsversorgungamt I a 19b. Bd.2.

48 Polizeikommissar Ulrichs an Polizeidirektion Harburg, 13.1. 1917; (wie Anm. 41).

49 Handschriftlicher Vermerk des Polizeipräsidenten Stürken, 28.2. 1917; StA Hamburg, Politische Polizei, Abl. 38 Nr. 45.

50 Stellvertretendes Generalkommando, IX.AK, 8.3.1917; LA Schleswig, Abt. 309, Nr. 8305.

51 Stellvertretendes Generalkommando, IX.AK, 11.4.1917; StA Hamburg, Militärkommission des Senats R.45.

52 Aufzeichnung des Wachtmeisters Gangin, 13.4.1917; StA Hamburg, Politische Polizei, Abl. 38 Nr. 45.

Kapitel V

1 Hartfrid Krause, USPD. Zur Geschichte der Unabhängigen Sozialdemokratischen Partei Deutschlands. Frankfurt a.M. 1975. – Im Mittelpunkt der bislang besten Untersuchung zur USPD-Geschichte von Robert F. Wheeler, USPD und Internationale. Sozialistischer Internationalismus in der Zeit der Revolution, Frankfurt/M./Berlin/Wien 1975, steht die Frage des Anschlusses an die Internationale. Die Frühgeschichte der USPD tritt demgegenüber zurück.

2 Susanne Miller, Burgfrieden und Klassenkampf. Die deutsche Sozialdemokratie im Ersten Weltkrieg, Düsseldorf 1974. S. 168.

3 Leipzig: Kurt Schneider, Der politisch-ideologische Differenzierungsprozeß der Leipziger Arbeiterbewegung während des Ersten

Weltkrieges, Phil. Diss., Leipzig 1964; Gotha: Ewald Buchsbaum, Die Linksentwicklung der Gothaer Arbeiterbewegung von 1914-1920. Phil. Diss., Halle 1965; Nürnberg: Klaus-Dieter Schwarz, Weltkrieg und Revolution in Nürnberg. Ein Beitrag zur Geschichte der deutschen Arbeiterbewegung, Stuttgart 1971; Bremen: Erhard Lucas, Die Sozialdemokratie in Bremen während des Ersten Weltkrieges, Bremen 1969; Hamburg: Volker Ullrich, Die Hamburger Arbeiterbewegung vom Vorabend des Ersten Weltkrieges bis zur Revolution 1918/19. 2 Bde., Hamburg 1976; Braunschweig/Hannover: Friedhelm Boll, Massenbewegungen in Niedersachsen 1906-1920. Eine sozialgeschichtliche Untersuchung zu den unterschiedlichen Entwicklungstypen Braunschweig und Hannover, Bonn 1981; Hamborn/Remscheid: Erhard Lucas, Arbeiterradikalismus. Zwei Formen von Radikalismus in der deutschen Arbeiterbewegung, Frankfurt a.M. 1976; Unterweserorte: Jörg Berlin, Die Arbeiterbewegung in den Küstenstädten der Nordsee zwischen Ems und Elbe vom Vorabend des Ersten Weltkrieges bis zum Ausbruch der Revolution 1918/19, Phil. Diss., Hamburg 1981; Düsseldorf: Mary Nolen, Social democracy and society. Working class radicalism in Düsseldorf 1880-1920, Cambridge 1981; Köln: Manfred Faust, Sozialer Burgfrieden im Ersten Weltkrieg. Sozialistische und christliche Arbeiterbewegung in Köln, Essen 1992.

4 Vgl. Susanne Miller, S. 152 ff.

5 HE vom 13.2.1918, Überwachungsbericht über die Delegiertenversammlung der Landesorganisation, 11.2.1917; StA Hamburg, Politische Polizei Nr. 880 Vers. Bd. 1.

6 Siehe dazu oben S. 25 ff.

7 Zu den Hintergründen vgl. Arthur Rehberg, Irrtum oder Absicht?, Hamburger Volks-Zeitung vom 14.6.1919.

8 Arbeiterpolitik Nr. 9 vom 3.3.1917: Aus unserem Tagebuch, 28.2. 1917.

9 Leipziger Volkszeitung (künftig zitiert: LVZ) vom 15.3.1917; Rückblickend: Karl Lerbs, Die USPD in Hamburg und die Revolution, Hamburger Volks-Zeitung vom 7.11.1919.

10 August Ziehl (Hrsg.), Geesthacht. 60 Jahre Arbeiterbewegung, Hamburg-Altona 1958, S. 24 f.

11 Ebd., S. 25.; LVZ vom 5. 4. 1917.

12 Berichte in: Mitteilungsblatt des Verbandes der sozialdemokratischen Wahlvereine Berlins und Umgebung Nr. 6 vom 6.5.1917: Die Scheidung in Hamburg; HE vom 6. 5. 1917; General-Anzeiger für Hamburg-Altona vom 3.5.1917: „Es wird gesagt, daß sich von den 600 Teilnehmern 300 in die Mitgliederliste der neuen Partei hatten aufnehmen lassen."

13 LVZ vom 19. 5. 1917: Die Unabhängige Sozialdemokratie in Hamburg.
14 General-Anzeiger für Hamburg-Altona vom 9. 5. 1917.
15 Zitiert in: HE vom 6.5.1917.
16 Meta Marr, geb. Heberlein, Meine Erinnerungen an die USP-Hamburg während des 1. Weltkrieges 1914-1918. (MS. 1970), z. T. veröff. in: Volker Ullrich, Kriegsalltag. Hamburg im Ersten Weltkrieg, Köln 1982, S. 146 ff., hier S. 148.
17 StA Hamburg, Politische Polizei S 20650. Die Angabe erhielt den Zusatz: „genaue Zahl nicht bekannt". – In einem Verzeichnis des Polizeiamts Altona vom Juni 1918 wurden 38 Personen namentlich aufgeführt, die „hier als Mitglieder der U.S.P.D. bekannt sind". (Nieders. StA Wolfenbüttel 133 Neu, Nr. 2282, Polizeiamt Altona an Polizeidirektion Braunschweig, 28.6.1918).
18 Zur Mitgliederentwicklung im 1. Wahlkreis: HE vom 26.4.1917; 2. Wahlkreis: HE vom 24.6.1917; 3. Wahlkreis: HE vom 5.6.1917.
19 Volker Ullrich, Die Hamburger Arbeiterbewegung, Bd. 1, S. 429.
20 Vgl. Susanne Miller, S. 169 ff.
21 Vgl. Manfred Faust, S. 242.
22 Zur Vorkriegsentwicklung in der Hamburger Arbeiterbewegung: Volker Ullrich, Die Hamburger Arbeiterbewegung, Bd. 1, S. 66 ff.
23 Ebd., S. 207 ff., 294 ff.
24 Siehe oben S. 46 ff.
25 StA Hamburg, Senat Kriegsakten, A II p 129, Stellv. Generalkommando IX.AK an Garnisonskommandos und oberste Zivilverwaltungsbehörden, 18.7.1918.
26 Wilhelm Dittmann an August Klesy, 10. 8. 1917 (Abschrift in: StA Hamburg, Politische Polizei S 10923).
27 Bericht in: Mitteilungsblatt des Verbandes der sozialdemokratischen Wahlvereine Berlins und Umgebung, Nr. 7 vom 19.5.1918.
28 StA Hamburg, Politische Polizei Nr. 880 Vers., Bd. I, Stellv. Generalkommando IX.AK an Polizeipräsident Hamburg., 3.11.1917.
29 Überwachungsbericht ebd.; ferner: HE vom 25.11.1917.
30 HE vom 25.11.1917.
31 StA Hamburg, Senat Kriegsakten, A II p 129, Runderlaß des stellv. Generalkommandos IX.AK, 11.12.1917.
32 Überwachungsbericht. In: StA Hamburg, Politische Polizei Nr. 888 Vers., Bd. I.
33 Archiv der sozialen Demokratie (AdsD), Bonn, Nachlaß Wilhelm Dittmann, Kas. I, Eingabe Wilhelm Dittmanns an Kriegsamt Berlin, 3.3.1917.
34 HE vom 21.4.1917 und Richtigstellung: HE vom 28.4.1917.
35 AdsD Bonn, Nachlaß Wilhelm Dittmann, Kas. I, Kriegsamt Berlin an Wilhelm Dittmann, 15.9.1917.

36 Vgl. dazu unten S. 82 f.

37 Das Kriegstagebuch des Reichstagsabgeordneten Eduard David 1914 bis 1919, Düsseldorf 1966. S. 18 (Tagebuch-Eintragung von 17.8.1914): „Eine ganz unglaubliche Wandlung. Düwell schäumt über von nationaler Begeisterung. Das ist derselbe Mann, der bis vor kurzem zu den schlimmsten, verbohrtesten Straßenrevolutionären gehörte."

38 StA Hamburg, Politische Polizei S 11488.

39 StA Hamburg, Politische Polizei S 11488, Polizeiamt Gotha an Polizeibehörde Hamburg, 10.7.1917. – Im September 1918 schied Düwell aus der Redaktion des „General-Anzeigers" aus (LVZ vom 13.9.1918). Seit Oktober 1918 hielt er sich wieder in Hamburg auf. StA Hamburg, Politische Polizei ad S 4550, Aufzeichnung des Wachtmeisters Lüthje, 25.10.1918.

40 HE vom 22.7. und 25.7.1917.

41 StA Hamburg, Politische Polizei S 14760.

42 StA Hamburg, Politische Polizei Nr. 1065 Vers., Stellv. Generalkommando IX.AK an Polizeipräsident Hamburg., 15.5.1917.

43 Protokoll über die Verhandlungen des Gründungsparteitages der USPD vom 6. bis 8. April 1917 in Gotha. Hrsg. von Emil Eichhorn, Berlin 1921, S. 47 ff.

44 HE vom 3.5.1917; General-Anzeiger für Hamburg-Altona vom 3.5.1917.

45 HE vom 14.6.1917; Ewald Buchsbaum, S. 70.

46 Bundesarchiv-Militärarchiv (BA-MA) Freiburg, F 3440/XXV.c, Kommando Marinestation Ostsee, Kiel, an Staatssekretär Reichsmarineamt, Berlin, 11.9.1917.

47 HE vom 3.5.1917.

48 StA Hamburg, Politische Polizei S 20923, Organisationsstatut für Bezirk Wasserkante, 10.6.1917.

49 Partei-Mitteilungen für die Organisationen der Unabhängigen Sozialdemokratie Deutschlands, Bezirk Wasserkante, Nr. 1 vom 11.8. 1917, S. 1.

50 StA Hamburg, Senat Kriegsakten, A II p 129, Verordnung des stellv. Generalkommandos IX. AK, 16.8.1917.

51 Vgl. Erhard Lucas, Sozialdemokratie in Bremen, S. 80 ff.

52 Jörg Berlin, S. 515, Anm. 4.

53 StA Hamburg, Politische Polizei S 20923, Polizeipräsident Kiel an Polizeipräsident Hamburg, 21.8.1917.

54 Ebd.; HE vom 28.8.1917.

55 BA-MA Freiburg, F 1573/C.XXX.III.223. Bd. 3, Marinestation Ostsee, Kiel, an Armeeabteilung Kriegsministerium, Berlin, 29.11. 1917; vgl. auch: Wilhelm Dittmann, Die Marinejustizmorde von 1917 und die Admirals-Rebellion von 1918, Berlin 1926, S. 84.

56 Berichte der Wilhelmshavener Polizei über die Treffen Henkes mit dem Werftarbeiter Büdeler, dem Vertrauensmann der USPD in Wilhelmshaven, vom 17. und 19.6.1917 (BA-MA Freiburg, F 5474/Ef.933, Bd. 1).; Jörg Berlin, S. 513.

57 StA Bremen, Senatsregistratur M2.h2, Nr. 71.

58 StA Hamburg, Politische Polizei S 20923, Stellv. Generalkommando IX.AK an Hamburger Senat, 8.7.1918. BA-MA Freiburg, F 5474/Ef.933. Bd. 1. – Aufzeichnung des Kriminalkommissars Witowski von der Abwehrstelle der Kommandantur Wilhelmshaven, 12.9.1918.

59 Im August 1917 wurde einer der Wortführer der Bremer USPD, Adam Frasunkiewicz, verhaftet und bis zum 31. Oktober 1918 in militärischer Sicherheitshaft gehalten (Adam Frasunkiewicz, Vor zwei Jahren, Hamburger Tribüne Nr. 22 vom 6.11.1920).

60 Nieders. StA Wolfenbüttel 133 Neu, Nr. 2277, Bericht über die Generalversammlung des Ortsvereins Bremen der USPD, 18.7.1918.

61 Frasunkiewicz, Vor zwei Jahren, Hamburger Tribüne Nr. 22 vom 6.11.1920.

62 Zu den Linksradikalen in Wilhelmshaven und Rüstringen: Karl Baier, Matrosen und Werftarbeiter Schulter an Schulter. In: 1918. Erinnerungen von Veteranen der deutschen Gewerkschaftsbewegung an die Novemberrevolution (1914-1920), Berlin 1958, S. 262 ff.; Jörg Berlin, S. 512 ff.

63 Vgl. für September 1917 die Vorgänge in: BA-MA Freiburg, F5474/Ef.933. Bd. I; für Anfang Februar 1918: Jörg Berlin, S. 465 f.

64 Friedhelm Boll, S. 166.; Jörg Berlin, S. 515, Anm. 5, nennt die Zahl von 60 Mitgliedern der USPD-Ortsgruppe Hannover für Mitte 1918.

65 Max Wulf an Otto Günther, 21.5.1917 (Korrespondenz Otto Günther, Abschrift im Besitz des Verfassers). – Die Zahl wurde bestätigt in einem Interview des Verfassers mit Lothar Popp am 2.10.1970.

66 Partei-Mitteilungen, S. 7.

67 Lothar Popp, Von der Springflut zum Sumpf. Hamburger Volks-Zeitung vom 10.11.1919. – Aussageprotokoll in der Untersuchungssache gegen den Oberheizer Loge vom 1.10.1917 (BA-MA Freiburg, E 5474/Ef.933. Bd. 1).; Wilhelm Dittmann, S. 22 f.; Jörg Berlin, S. 420.

68 Bericht der Kieler Polizei vom 2.9.1917. Abgedruckt in: Hans-Joachim Bernhard, Unveröffentlichte Dokumente zum Aufstand in der deutschen Hochseeflotte im Sommer 1917. In: Zeitschrift für Geschichtswissenschaft V, 1957, S. 1062.; BA-MA Freiburg, F 3440/XXV.c, Kommando Marinestation, Kiel, an Staatssekretär Reichsmarineamt, Berlin, 11.9.1917.; Wilhelm Dittmann, S. 49 f.

69 Dirk Dähnhardt, Revolution in Kiel. Der Übergang vom Kaiserreich zur Weimarer Republik 1918/19, Neumünster 1978. S. 35.

70 Siehe dazu unten S. 120 und 145.

71 Siehe dazu unten S. 157.

72 Partei-Mitteilungen, S. 7.

73 August Ziehl, S. 25.

74 Landrat Stormarn an Regierungspräsident Schleswig, 11.7. 1918: „Die unabhängige Sozialdemokratie hat im Kreise Stormarn nur in der Gemeinde Bramfeld einigermaßen Fuß fassen können." (Landesarchiv Schleswig, Abt. 309„ Nr. 8306).

75 Polizeibehörde Hamburg an stellv. Generalkommando Altona IX.AK, 27.7.1918, über eine Versammlung der USPD in Eckernförde, in der Henke einen Vortrag hielt (StA Hamburg, Politische Polizei S 20923).

76 Alfred Henke an Ferdinand Kalweit, 26.8.1917: „Für Bremerhaven muß ich 300 Mitgliedsbücher und 500 Marken beiderlei Geschlechts mithaben." (Abschrift in: StA Bremen, Senatsregistratur M2.h2, Nr. 71).

77 Hansjörg Zimmermann, Die Sozialdemokratie im Kreis Herzogtum Lauenburg von den Anfängen bis 1933. In: Rainer Paetau/ Holger Rüdel (Hrsg.), Arbeiter und Arbeiterbewegung in Schleswig-Holstein im 19. und 20. Jahrhundert, Neumünster 1987, S. 251.

78 Vgl. Meta Marr, geb. Heberlein. In: Volker Ullrich, Kriegsalltag, S. 147.

79 Ebd.; Karl Lerbs, Die USPD in Hamburg und die Revolution. Hamburger Volks-Zeitung, 7.11.1919.

80 Meta Marr, geb. Heberlein. In: Volker Ullrich, Kriegsalltag, S. 148 f.

81 Meta Heberlein an Arthur Marr, 22.7.1918 (Korrespondenz Meta Marr, Abschrift im Besitz des Verfassers).

82 August Klesy und Walter Rühl wurden – wie Paul Dittmann – noch im Laufe des Jahres 1917 eingezogen. Den Kassiererposten übernahm die erst achtzehnjährige Kontoristin bei der „Produktion", Meta Heberlein (Meta Marr, geb. Heberlein: Meine Erinnerungen, In: Volker Ullrich, Kriegsalltag, S. 146 f.)

83 München: Karl-Ludwig Ay, Die Entstehung einer Revolution. Die Volksstimmung in Bayern während des Ersten Weltkrieges, Berlin 1968, S. 192 ff.; Nürnberg: Klaus-Dieter Schwarz, S. 226 f.

84 Louis Cahnbley, Versuch einer Biographie. Unveröffentlichtes Manuskript. Hamburg 1967, S. 5.

85 Typisch für diese Gruppe dürfte die Biographie der Oberlehrerin Katharina Kuhn sein. (StA Hamburg, Politische Polizei S 20624; Vgl. Volker Ullrich, Kriegsalltag, S. 109 ff.).

86 StA Hamburg, Politische Polizei S 15564.

87 Partei-Mitteilungen, S. 1.

88 Abgedruckt in: Eugen Prager, Geschichte der USPD. Entstehung und Entwicklung der Unabhängigen Sozialdemokratischen Partei Deutschlands, Berlin 1922 (Nachdruck 1970), S. 152 ff.; in Hamburg wurde die Verbreitung des Aufrufs vom 12.4.1917 verboten (StA Hamburg, Politische Polizei Abl. 38, Nr. 48).

89 Partei-Mitteilungen, S. 2.

90 Peter Kuckuck, Bremen in der Deutschen Revolution 1918-1919. Revolution Räterepublik, Restauration, Bremen 1986, S. 33, 305.

91 Siehe dazu unten S. 154.

92 Vgl. z.B. die Anmeldung einer Frauen-Mitgliederversammlung der USPD am 15.5.1918 durch Ferdinand Kalweit, die vom stellv. Generalkommando IX.AK verboten wurde (StA Hamburg, Politische Polizei Nr. 1065 Vers.).

93 HE vom 15.5.1917.

94 Aufzeichnung des Kriminalkommissar Witowski von Abwehrstelle Kommandantur Wilhelmshaven, 12.9.1918: Die Mitglieder der USPD „sind gröftenteils auf der Vulcanwerft, die als Haupttätigkeitsfeld der Partei angesehen wird, beschäftigt". (BA-MA Freiburg, F 5474/Ef.933. Bd.1).

95 So der Schlosser Hans Schnoor, der Metalldreher Friedrich Sickert und der Dreher Heinrich Keese (Personalakten StA Hamburg, Politische Polizei S 20920, 16617, 20909).

96 Siehe dazu unten S. 146.

97 StA Hamburg, Politische Polizei Nr. 762 Vers. Bd. III.; zu Bergmann: StA Hamburg, Politische Polizei 12162.

98 Kiel: Aufzeichnung des Kriminalschutzmanns Hager, 3.9.1918 (BA-MA Freiburg, F 1662/C.XXXXVI. 17); Hamburg: Aufzeichnung des Kriminalkommissars Witowski, Wilhelmshaven, 12.9.1918 (BA-MA Freiburg, F 5474/Ef. 933. Bd. 1).

99 Ebd., Witowski, 12.9.1918.

100 AdsD Bonn, Nachlaß Emil Barth, Kas. II, Ferdinand Kalweit an Emil Barth, 23.9.1918. – Vgl. auch die Aufzeichnung des Kriminalwachtmeisters Stavenhagen, Wilhelmshaven, 30.9.1918: „Wie aus Abschriften von Briefen hervorgeht, welche ich in Hamburg eingesehen habe, schreiben die Anhänger der Partei selbst, daß ihre Sache bis jetzt noch keine richtige Grundlage hat und, bis diese geschaffen, noch viel Arbeit auszuführen ist." (BA-MA Freiburg, F 5474/Ef. 933. Bd. 1).

101 StA Hamburg, Senat Kriegsakten, A II p 202, Bericht des Polizeiinspektors Kuesfeld, 31.10.1918.

102 BA-MA Freiburg, F 5474/Ef. 933. Bd. 1, Rundbericht des Hamburger Polizeipräsidenten Stürken, 26.10.1918.

103 StA Hamburg, Senat Kriegsakten, A II p 129, Bericht des Polizeiinspektors Kuesfeld, 23. 10. 1918. – Auch Mitgliederversammlun-

gen der USPD unterlagen jetzt keinem Verbot mehr. Vgl. Anfrage Polizeipräsident Stürkens, 28.10.1918 und Antwort stellv. Generalkommandos IX.AK., 29.10.1918 (StA Hamburg, Politische Polizei Nr. 1066 Vers.).

104 StA Hamburg Senat Kriegsakten, A II p 129, Vortrag Sanders im Senat, 23.10.1918.

105 StA Hamburg, Politische Polizei ad S 4550.

106 Mitteilungsblatt des Verbandes der sozialdemokratischen Wahlvereine Berlins und Umgebung, Nr. 31, 3.11.1918. – LVZ, 1.11.1918.

107 Neue Hamburger Zeitung, 27.10.1918. – General-Anzeiger für Hamburg-Altona, 28.10.1918. – HE, 29.10.1918.

108 Neue Hamburger Zeitung vom 27.10.1918.

109 USPD-Flugblatt Ende Oktober 1918 „Die Angst der Regierungssozialisten vor der Abrechnung“ (StA Hamburg, Politische Polizei Abl. 38 Nr. 49). – Nach Angabe derselben Quelle erfolgten allein nach der USPD-Versammlung vom 26.10.1918 483 Neuaufnahmen.

110 HE vom 30.10.1918

111 Ebd.

112 Wie Anm. 109.

113 Meta Heberlein an Arthur Marr, 31.10.1918 (Korrespondenz Meta Marr, Abschrift im Besitz des Verfassers).

114 StA Hamburg, Politische Polizei Nr. 1066 Vers, Überwachungsbericht Mitgliederversammlung Kreisverein Hamburg-Altona USPD, 1.11.1918.

115 Bericht der Kieler Kriminalschutzmänner Persson und Hager, 28.10.1918 (BA-MA Freiburg, F 1662/C.XXXXVI.17). Die beiden Kieler Polizeibeamten hatten den Auftrag erhalten, die Kieler Vertrauensmänner der USPD auf ihrer Fahrt nach Hamburg unauffällig zu begleiten und „deren Vorhaben und Verbleib in Hamburg festzustellen“. Unter den gegebenen Umständen war es ihnen jedoch nicht möglich, „vertraulich etwas Näheres über den Verlauf und den Zweck der Vertrauensmänner-Sitzung sowie über weitere Vorhaben und dort getroffene Abmachungen der USPD zu erfahren“.

116 BA-MA Freiburg., F 1662/C.XXXXVI.17, Aufzeichnung des Kriminalschutzmanns Hager v. 29.10.1918.

117 Lothar Popps Urteil, es habe eine „planmäßige Vorbereitung der Revolution durch die revolutionäre Arbeiterschaft“ gegeben, ist eine nachträgliche Konstruktion (Lothar Popp/Karl Artelt, Ursprung und Entwicklung der November Revolution 1918, Kiel 1919, S. 10).

118 Aufzeichnung des Kriminalschutzmannes Hager vom 3.11.1918 betr. heimliche Versammlung von Marinemannschaften am 2. No-

vember 1918“ (BA-MA Freiburg, F 1662/CXXXXVI. 18). – Dirk Dähnhardt, S. 57.

119 Lothar Popp/Karl Artelt, Ursprung und Entwicklung der Novemberrevolution, S. 11.

120 Siehe dazu unten S. 163.

Kapitel VI

1 Manuskript „Die Haltung der Arbeiterpolitik“, auszugsweise zitiert in: Zentralpolizeistelle Bayern an Polizeidirektion Braunschweig, 6.5 1918; Niedersächsisches Staatsarchiv (Nieders. StA) Wolfenbüttel, 133 Neu Nr. 2235.

2 So Gerhard Engel, Die politisch-ideologische Entwicklung Johann Kniefs (1890-1919). Untersuchungen zur Geschichte der Bremer Linksradikalen. Phil. Diss. Berlin 1966, S. 331.

3 Karl Heinz Roth, Die „andere“ Arbeiterbewegung und die Entwicklung der kapitalistischen Repression von 1880 bis zur Gegenwart. Ein Beitrag zum Neuverständnis der Klassengeschichte in Deutschland, München 1974, S. 45.

4 Vgl. Susanne Miller, Burgfrieden und Klassenkampf, S. 114 und 162.

5 Vgl. zum folgenden auch: Volker Ullrich, Die Hamburger Arbeiterbewegung vom Vorabend des Ersten Weltkrieges bis zur Revolution 1918/19. 2 Bde., Hamburg 1976 (dort auch weitere Nachweise).

6 Siehe dazu oben S. 69 f.

7 Arbeiterpolitik (AP), 2. Jg., Nr. 9, 3.3.1917: Aus unserem Tagebuch, 28.2.1917.

8 Siehe dazu oben S. 71.

9 AP, 2. Jg., Nr. 9, 3.3.1917.

10 Vgl. Volker Ullrich, Die Hamburger Arbeiterbewegung. Bd. I, S. 429, sowie Bd. II, S. 149.

11 Johann Knief an Rudolf Franz, 18.9.1916; zitiert in: Gerhard Engel, Entwicklung Johann Kniefs, S. 229, Anm. 147.

12 Vgl. Admiralstab der Marine, Abt. G. an Stellvertretenden Generalstab der Armee. Abt. IIIb, 5.3.1918: „In einem beim Marinekorps wegen Hochverrats anhängigen Verfahren gegen den Werftarbeiter Waldemar Loch ... ist festgestellt worden, daß in Hamburg ein linksradikaler 'Internationaler Sozialistischer Arbeiterverein' (Statuten anbei) besteht, der numerierte Mitgliedsbücher führt und auch unter den Heeresangehörigen Agitation betrieben hat.“ Bundesarchiv-Militärarchiv (BA-MA) Freiburg, F4453/Ms. 7b1a, Bd. 1.

13 Siehe dazu unten S. 101 ff.

14 In einem Brief an Karl Kautsky vom 10.8.1916, der von seinem Wohnsitz in Altrahlstedt adressiert war, klagte Laufenberg darüber, daß ihm „der elende Schreibstubendienst wenig freie Zeit" lasse. IISG Amsterdam, Nachlaß Karl Kautsky, DXV.

15 Vgl. zu den Einzelheiten: Volker Ullrich, Kriegsalltag, S. 105 ff. (dort auch Angaben über weitere Denunziationen von MSPD- und Gewerkschaftsführern in Hamburg).

16 Dazu zählten vor allem der Zigarrenhändler Friedrich Hörmann, Wortführer der Opposition im Distrikt Uhlenhorst, und die auf den Werften beschäftigten Arbeiter Anton Willaschek und Otto Gralke, beide oppositionelle Bezirksführer im Distrikt Hamm. Näheres in Volker Ullrich, Die Hamburger Arbeiterbewegung. Bd. I, S. 430 f.

17 Siehe dazu oben S. 46 ff.

18 Vgl. die biographischen Daten in Hermann Weber, Die Wandlungen des deutschen Kommunismus. Bd. II, Frankfurt a.M. 1970, S. 208 f.

19 Vgl. die umfangreiche Anklageschrift des Oberreichsanwalts in Leipzig gegen Plättner und Becker vom Juni 1918 in: Bundesarchiv Berlin, Oberreichsanwalt beim Reichsgericht C 147.17, Bd. 1.

20 Vgl. die biographischen Daten in Hermann Weber, Die Wandlungen des deutschen Kommunismus. Bd. II, S. 149 f.

21 Louise Wegener heiratete Wolffheim am 9.5.1923; sie starb in Hamburg am 11.4.1970.

22 Auguste Lindau (geb. Helm) war seit 1912 mit Rudolf Lindau verheiratet. Vgl. ihren Personalbogen in: StA Hamburg, Politische Polizei, S 13424. – Zur Verbindung mit der Spartakusgruppe: StA Hamburg, Politische Polizei, S 20926.

23 Karl Heinz Roth, Arbeiterklasse und Arbeiterorganisationen – Deutschland 1890-1920. In: Bergmann/Janssen/Klein (Hrsg.), Autonomie im Arbeiterkampf, Hamburg/München 1978, S. 110. – Vgl. auch Ute Daniel, Arbeiterfrauen in der Kriegsgesellschaft. Beruf, Familie und Politik im Ersten Weltkrieg, Göttingen 1989, S. 235.

24 Vgl. Aussageprotokoll Alfred von Stümers, 28.8.1918: Die Linksradikalen „haben durch diese Überschrift ihren Gegensatz zu den Unabhängigen Sozialisten zum Ausdruck bringen und den Lesern zu erkennen geben wollen, daß die Flugblätter von ihnen, den Linksradikalen, herrührten" StA Hamburg, Politische Polizei, S 13424.

25 Flugblatt „Arbeiter und Arbeiterinnen!" in: StA Hamburg, Politische Polizei, Abl. 38 Nr. 45.

26 Flugblatt „Der rote Schrecken" in: StA Hamburg, Politische Polizei, Abl. 38 Nr. 48

27 Vgl. die Vorgänge in: Ebd.

28 Vgl. StA Hamburg, Politische Polizei, S 20773.
29 Vgl. Stellvertretender Generalstab der Armee, Abt. IIIb, an Kriegsministerium, 23.2.1918; BA-MA Freiburg, F 6062/IX. 1.3.-10., Bd. 1.
30 Vgl. Aufzeichnung des Wachtmeisters Piper, 16.2.1918; StA Hamburg, Politische Polizei, S 10510-Hamburg-Conv.3.
31 Vgl. Karl Retzlaw, Spartakus. Aufstieg und Niedergang. Erinnerungen eines Parteiarbeiters, Frankfurt a.M. 1971, S. 42 f., 45, 65.
32 Siehe dazu unten S. 147 ff.
33 Aufzeichnung der Zivilschutzmänner Sakowski und Christensen, 30.1.1918; StA Hamburg, Politische Polizei, S 20510-Hamburg-Conv.3.
34 Flugblatt „Arbeiter, Arbeiterinnen". In: StA Hamburg, Politische Polizei, Abl. 38 Nr. 49.
35 Flugblatt „Arbeiter, Proletarier!" In: StA Hamburg, Politische Polizei, S 20510-Hamburg-Conv.3.
36 Flugblatt „Kameraden, Volksgenossen!" In: Ebd.
37 Vgl. Mitteilung der Kriminalpolizei Wilhelmshaven, 2.3.1918, und des Kommandos S. M.8 „Frankfurt" an Kommandantur Wilhelmshaven, 4.3.1918; BA-MA Freiburg, F 5473/Ef. 928, Bd. 1.
38 Vgl. Bekanntmachung des Stellvertretenden Generalkommandos IX.AK, 12.2.1918; StA Bremen, Senatsregistratur M.2.h.2, Nr.71. – HE vom 10.3.1918.
39 Vgl. zur Spitzelrolle Stümers Volker Ullrich: Kriegsalltag, S. 134 ff.
40 Siehe die Urteilsschrift vom 27.3.1918; StA Hamburg, Politische Polizei, S 20898.
41 Vgl. Emil Barth, Aus der Werkstatt der deutschen Revolution, Berlin o.J. (1920), S. 30.
42 Die Fotografien sind erhalten in einem gesonderten Umschlag in: StA Hamburg, Politische Polizei, S 13424.
43 Polizeibehörde Hamburg an Senatskommision für die Reichs- und Auswärtigen Angelegenheiten, 10.6.1918; StA Hamburg, Politische Polizei, S 13424.
44 Aufzeichnung der Wachtmeister Ramming und Piper sowie des Oberwachtmeisters Zufall vom 21.6.1918; StA Hamburg, Politische Polizei, S 20230-Deutschland.
45 Ferdinand Kalweit an Emil Barth, 23.9.1918; AdsD Bonn, Nachlaß Emil Barth, Kas. ll.
46 Vgl. Rundbericht Polizeipräsident Stürkens vom 26.10.1918; BA-MA Freiburg, F 5474/Ef 933, Bd. 1.
47 AP, 2. Jg., Nr. 10, 10.3.1917.
48 Abdruck der Erklärung in: AP, 2. Jg., Nr. 15, 14.4.1917.
49 AP, 2. Jg., Nr. 18, 5.5.1917.
50 AP, 2. Jg., Nr. 30, 28.7.1917.

51 Oberkommando in den Marken an die stellvertretenden Generalkommandos, 26.9.1917, mit Verzeichnis der Konferenzteilnehmer; BA-MA Freiburg, F 5474/Ef 933. Bd. 1.

52 Vgl. Gerhard Engel, Entwicklung Johann Kniefs, S. 365 f.

53 AP, 3. Jg., Nr. 16, 20.4.1918: Der Weg zur Einheitsorganisation.

54 Vgl. das Schreiben eines Mitglieds der Essener Gruppe der Linksradikalen an Alice Ahrens, Leiterin der „Arbeiterpolitik" nach Kniefs Weggang aus Bremen, 8.9.1918: „Was uns fehlt, ist die geschlossene einheitliche Organisation für das ganze Reich. Zu letzten Weihnachten war ja die Gründung der Partei vollzogen, aber wir hörten seit dieser Zeit nichts mehr davon." Nieders. StA Wolfenbüttel 133 Neu, Nr.2253

55 Stellvertretender Generalstab der Armee, Abt. IIIb Berlin, an Kriegsministerium, 23.2.1918; BA-MA Freiburg, F 6062/IX. 13.-10., Bd. 1.

56 Abgedruckt in: Leo Stern (Hrsg.), Die Auswirkungen der großen Sozialistischen Oktoberrevolution auf Deutschland. Archivalische Forschungen zur Geschichte der deutschen Arbeiterbewegung. Bd. 4/III, Berlin 1959, S. 1131 ff.

57 Vgl. Stellvertretender Generalstab der Armee, Abt. IIb, an G-Stelle Haag, Admiralstab der Marine Abt.G. und Abwehrstelle Nord, 4.5.1918; BA-MA Freiburg, F 5473/Ef. 928, Bd. 2.

58 Auszüge aus dem Brief in: StA Hamburg, Politische Polizei, S 13424

59 Vgl. Oberkommando in den Marken an das Kriegsministerium, 7.4.1918: Leo Stern, Auswirkungen, S. 1282 ff. – Mit neuen Quellen: Ottokar Luban, Ermittlungen der Strafverfolgungsbehörden gegen Mathilde Jacob und Leo Jogiches (1915-1918). In: Internationale wissenschaftliche Korrespondenz zur Geschichte der deutschen Arbeiterbewegung, 31. Jg. (1995), Heft 3, S. 323 ff.

60 Vgl. zum folgenden: Aufzeichnung der Wachtmeister Ramming und Piper, 3.4.1918; StA Hamburg, Politische Polizei, S 13424.

61 Aufruf „Kameraden, Genossen und Genossinnen" (März 1918). Abgedruckt in: Leo Stern, Auswirkungen, S. 1310.

62 Vgl. Aufzeichnung des Schutzmanns Harbeck, 4.4.1918; StA Hamburg, Politische Polizei, S 13424.

63 Vgl. F(ritz) W(olffheim), Der 6. November. In: Hamburger Volkswart, 1. Jg., Nr. 7, 15.11.1921, S. 4.

64 Abgedruckt in Leo Stern, Auswirkungen, S. 1723 ff.

65 Der Kommunist (Bremen), Nr. 1, 1.1. 1919.

Kapitel VII

1 Vgl. vor allem die repräsentative Darstellung: Autorenkollektiv (Hrsg.), Deutschland im Ersten Weltkrieg. Bd. III, Berlin/DDR 1969, S. 135-178.

2 Siehe dazu Jürgen Kocka, Klassengesellschaft im Krieg. Deutsche Sozialgeschichte 1914-1918, Göttingen 1973 (Taschenbuchausgabe: Frankfurt a.M. 1988).

3 Friedhelm Boll, Massenbewegungen in Niedersachsen 1906-1920. Eine sozialgeschichtliche Untersuchung zu den unterschiedlichen Entwicklungstypen Braunschweig und Hannover, Bonn 1981.

4 Mit dem Beitrag wird eine Reihe von Studien fortgeführt, die ich zur Sozialgeschichte und Arbeiterbewegung Hamburgs im Ersten Weltkrieg vorgelegt habe: Die Hamburger Arbeiterbewegung vom Vorabend des Ersten Weltkrieges bis zur Revolution 1918/19. 2 Bde., Hamburg 1976; Kriegsalltag. Hamburg im ersten Weltkrieg, Köln 1982; Massenbewegungen in der Hamburger Arbeiterschaft im Ersten Weltkrieg. In: A. Herzig/D. Langewiesche/A. Sywottek, Arbeiter in Hamburg. Unterschichten, Arbeiter und Arbeiterbewegung seit dem ausgehenden 18. Jahrhundert, Hamburg 1983, S. 407-418.

5 Vgl. Helmut Kral, Streik auf den Helgen. Die gewerkschaftlichen Kämpfe der deutschen Werftarbeiter vor dem ersten Weltkrieg, Berlin/DDR 1964; Marina Cattaruzza, Arbeiter und Unternehmer auf den Werften des Kaiserreichs, Stuttgart 1988; Johanna Meyer-Lenz, Schiffbaukunst und Werftarbeit in Hamburg 1838-1896, Frankfurt a.M. 1995.

6 Nach Aufstellung des Reichsmarineamts vom Juli 1918; BA-MA Freiburg, F 4418/XXI. 25, Bd. 1.

7 Vgl. Aufzeichnung des Reichsmarineamts über den Arbeiterbestand auf den Kaiserlichen Werften und Privatwerften, 13.3.1915; BA-MA Freiburg, F 6172/II. 3a, Bd. 2.

8 Blohm & Voss beschäftigten 1917 durchschnittlich 990 Arbeiterinnen (Blohm & Voss an Staatssekretär des Reichsmarineamts, 28.12.1917; BA-MA Freiburg, F 6447/AXXXV. 434a, Bd. 2). – Auf der Vulcan-Werft waren im Januar 1916 256 Arbeiterinnen beschäftigt (Bericht über den Stand der Arbeitsverhältnisse auf den Vulcan-Werken Hamburg, 13.1.1916; BA-MA Freiburg, F 6448/AXXXV.434b Bd. 1). – Im Oktober 1916 arbeiteten bei Blohm & Voss 423 Kriegsgefangene (Mitteilung der Baubeaufsichtigung des Reichsmarineamts, 7.10. 1916; BA-MA Freiburg, F 6447/AXXXV. 434a, Bd. 1). Auf der Vulcan-Werft waren im Januar 1918 359 russische Kriegsgefangene beschäftigt (Mitteilung der Baubeaufsichtigung, 9.1.1918; ebd., Bd. 2).

9 Blohm & Voss an Staatssekretär des Reichsmarineamts, 30.10. 1917; BA-MA Freiburg, F 6447/AXXXV. 434a, Bd. 2.

10 Arbeitgeberverband Unterweser an Staatssekretär des Reichsmarineamts, 20.8.1915; BA-MA Freiburg, F 6174/XX. 3a, Bd. 10.

11 Vgl. Bericht der Fabrikenkommission über die Besuche auf den Werften im Februar 1916; BA-MA Freiburg, F 6448/ AXXXV. 434b, Bd. 1.

12 Überwachungsbericht über die Delegiertenversammlung der Reiherstieg-Schiffswerft, 18.9.1916; StA Hamburg, Politische Polizei, Nr. 406a Vers., Bd. III.

13 Für Hamburg: Volker Ullrich, Die Hamburger Arbeiterbewegung. Bd. 1, S. 249; für Kiel: Dirk Dähnhardt, Revolution in Kiel. Der Übergang vom Kaiserreich zur Weimarer Republik 1918/19, Neumünster 1978, S. 31; für Bremen: Wilhelm Eildermann, Jugend im ersten Weltkrieg. Tagebücher, Briefe, Erinnerungen, Berlin/DDR 1972, S. 215.

14 Dazu allgemein Hans-Joachim Bieber, Gewerkschaften in Krieg und Revolution. Arbeiterbewegung, Industrie, Staat und Militär in Deutschland 1914-1920, T. I. Hamburg 1981, S. 296 ff.

15 HE vom 8.8.1918.

16 Vgl. Denkschrift über die Lohn- und Arbeitsbedingungen auf den deutschen Seeschiffswerften, Stuttgart 1917, S. 22.

17 Ebd., S. 22 f.

18 HE vom 8.8.1918.

19 Denkschrift über Maßnahmen zur Versorgung der Marine-Industrie mit Arbeitskräften 1914/1918; BA-MA Freiburg F 4418/XXI. 25, Bd. 1.

20 Besprechung der Lebensmittelkommission mit dem Arbeiterausschuß der AG Weser, 2.11.1917; StA Bremen, Kriegsdeputation 4,2 – B 111.

21 Aktennotiz der Fa. Blohm & Voss über eine Besprechung mit Vertretern des Kriegsversorgungsamts und Vertrauensleuten der Vulcan-Werft, 30.1.1918; StA Hamburg, Blohm & Voss Nr. 827.

22 Siehe Hansa-Lloyd Werke an Lebensmittelkommission der Kriegsdeputation, 3.4.1917; StA Bremen, Kriegsdeputation 4,2 – B 76; ferner das Schreiben des Präsidenten des Kriegsernährungsamtes an den Minister des Innern über die Streiks auf den Kieler Werften, 12.4.1917; LA Schleswig, Abt. 309, Nr. 8306.

23 Ende Februar 1917 führten z.B. die Bohrer auf der Vulcan-Werft an 7 Nachmittagen einen Streik für ihre Anerkennung als Schwerstarbeiter, um in den Genuß der für diese Kategorie vorgesehenen Zusatz-Brotkarte zu kommen. (Aufzeichnung des Wachtmeisters Gangin, 3.3.1917; StA Hamburg, Politische Polizei, Abl. 38 Nr. 45).

24 Oberbürgermeister in Kiel an Regierungspräsident in Schleswig, 3.4.1917; LA Schleswig, Abt. 309, Nr. 8306.

25 Jürgen Kocka, Klassengesellschaft im Krieg, S. 44.

26 Vgl. Aufzeichnung des Gewerberats Dr. Rasch über Arbeiterverhältnisse auf den Werften, 11.12.1917; StA Hamburg, Politische Polizei, S 20510-Hamburg-Conv. 3.

27 Besprechung der Lebensmittelkommission mit dem Arbeiterausschuß der AG Weser, 2.11.1917; StA Bremen, Kriegsdeputation 4,2 – B 111.

28 Vgl. Aufzeichnung des Wachtmeisters Hasse über den Streik bei Blohm & Voss, 28.10.1916; StA Hamburg, Politische Polizei, S 20230-Hamburg. – Polizeipräsident Kiel an Regierungspräsident in Schleswig über Streik auf der Germania-Werft, 30.3.1917; LA Schleswig, Abt. 309, Nr. 8306.

29 Vgl. z.B. Überwachungsbericht über die Betriebsversammlung der Kesselschmiede und Winkelschmiede der Vulcan-Werft, 24.1. und 28.1.1917, StA Hamburg, Politische Polizei, Nr. 406a Vers., Bd. III.

30 Siehe die Eingabe des Arbeiterausschuss an die Direktion der Howaldtswerke, 23.4.1917; LA Schleswig, Abt. 309, Nr. 10745. – Denkschrift über die Lohn- und Arbeitsbedingungen, S. 30 f.

31 Vgl. dazu Dirk Stegmann, Die Erben Bismarcks. Parteien und Verbände in der Spätphase des Wilhelminischen Deutschlands, Köln/Berlin 1970, S. 508.

32 Vgl. Marina Cattaruzza, „Organisierter Konflikt“ und „Direkte Aktion“. Zwei Formen des Arbeiterkampfes am Beispiel der Werftarbeiterstreiks in Hamburg und Triest (1880- 1914). In: Archiv für Sozialgeschichte, XX. Jg./1980, S. 343 ff.; dies., Arbeiter und Unternehmer, S. 213 ff.

33 Siehe dazu allgemein Gerald D. Feldman/Eberhard Kolb/Reinhard Rürup, Die Massenbewegungen der Arbeiterschaft in Deutschland am Ende des Ersten Weltkrieges (1917-1920). In: Politische Vierteljahrsschrift, 13. Jg./1972, S. 87.

34 Vgl. Regierungspräsident in Schleswig an Minister des Innern, 26.7.1916; LA Schleswig, Abt. 309, Nr. 8305. – Ferner Dirk Dähnhardt, Revolution in Kiel, S. 37 f.

35 Siehe die Auszüge aus dem Senatsprotokoll, 11.4., 16.6., 27.6.1916; StA Bremen, Senatsregistratur 3 – M.2.h.2. Nr. 71; Bericht des 6. Polizeidistrikts, 14.6.1916; StA Bremen Kriegsdeputation 4.2.– B.34. – Vgl. auch Doris Kachulle (Hrsg.), Die Pöhlands im Krieg. Briefe einer Arbeiterfamilie aus dem 1. Weltkrieg, Köln 1982, S. 129 ff. und 137 ff.

36 Dazu Erhard Lucas, Die Sozialdemokratie in Bremen während des Ersten Weltkrieges, Bremen 1969.

37 Vgl. den ausführlichen Bericht der Bremer Polizeidirektion, 5.7. 1916; StA Bremen, Senatsregistratur 3 – M.2.h.2. Nr. 71. Doris Kachulle, Die Pöhlands im Krieg, S. 140 f.

38 Siehe dazu oben S. 59 ff., 48 f.

39 Vgl. dazu Volker Ullrich, Die Hamburger Arbeiterbewegung. Bd. 1, S. 264 ff.

40 Polizeipräsident in Kiel an Regierungspräsident in Schleswig, 28.3. 1917; LA Schleswig, Abt. 309, Nr. 8306.

41 Oberbürgermeister in Kiel an Regierungspräsident in Schleswig, 29.3.1917; LA Schleswig, Abt. 309, Nr. 8306.

42 Polizeipräsident in Kiel an Regierungspräsident in Schleswig, 12.4. 1917; LA Schleswig, Abt. 309, Nr. 8306.

43 Vgl. die Berichte der Polizeidistrikte vom 31.3.1917; StA Bremen, Kriegsdeputation 4.2. – B. 34.

44 Oberbürgermeister in Kiel an Regierungspräsident in Schleswig, 29.3.1917; LA Schleswig, Abt. 309, Nr. 8306.

45 Vgl. Polizeipräsident in Kiel an Regierungspräsident in Schleswig, 29.3.1917; Regierungspräsident in Schleswig an Minister des Innern, 24.4.1917; LA Schleswig, Abt. 309, Nr. 8306.

46 Auszug aus dem Protokoll einer Besprechung mit der Direktion der AG Weser, 2.4.1917; StA Bremen, Kriegsdeputation 4,2 – B. 76.

47 Auf einer Protestversammlung der Werftarbeiter der Unterweserorte am 3.4.1917 in Bremerhaven ging ein Redner auf die russische Revolution ein und erklärte, „daß auch hier auf solche Weise Wandel geschaffen werden könne". StA Bremen, Senatsregistratur 3 – M.2.h.2. Nr. 71.

48 Monatsbericht des stellvertretenden Generalkommandos IX. AK., 3.4.1917; BA-MA Freiburg, F 4415/XX. 64 b, Bd. 1.

49 Siehe dazu oben S. 64 ff.

50 Nur die auf den Hamburger Werften beschäftigten Wilhelmsburger Werftarbeiter legten am 27. Februar 1917 die Arbeit nieder und begaben sich in geschlossenem Zug nach Wilhelmsburg, um dort gegen die unzureichende Lebensmittelversorgung zu protestieren. (Landrat Harburg an Regierungspräsident in Lüneburg, 28.2.1914; StA Hannover, Oberpräsidium 122a, XXXIV Nr. 365, Bd. 1).

51 Vgl. Volker Ullrich, Die Hamburger Arbeiterbewegung. Bd. 1, S. 369 ff.

52 Ebd., S. 366 f.

53 Aufzeichnung des Polizeiinspektors Droessler, 30.1.1917; StA Hamburg, Politische Polizei, Abl. 38 Nr. 44.

54 Oberbürgermeister in Kiel an Regierungspräsident in Schleswig, 3.4.1917; LA Schleswig, Abt. 309, Nr. 8306.

55 Zur Vorkriegsentwicklung der Hamburger Arbeiterbewegung vgl. Volker Ullrich, Die Hamburger Arbeiterbewegung. Bd. 1, S. 66 ff.

56 Siehe dazu oben S. 68 ff., 92 ff.

57 Siehe dazu oben S. 85 f.

58 Dirk Dähnhardt, Revolution in Kiel, S. 32 f.

59 Vgl. Lothar Popp, Ursprung und Entwicklung der Novemberrevolution 1918. Wie die deutsche Republik entstand, Kiel 1919, S. 5.

60 Ebd., S. 6.

61 Erhard Lucas, Die Sozialdemokratie in Bremen, S. 84 ff.

62 Siehe dazu oben S. 94 f.; 1918 sollen die Bremer Linksradikalen nur noch „einige 80 Köpfe" gezählt haben (Aufzeichnung der Polizeidirektion Bremen, 24.6.1918; StA Bremen, Senatsregistratur 3 – M.2.h.2. Nr. 71).

63 Vgl. Bericht über die Generalversammlung des Ortsvereins der Bremer USPD, 18.7.1918; NStA Wolfenbüttel 133 Neu, Nr. 2277.

64 Vgl. die Berichte zum Auguststreik 1917 in: StA Bremen, Polizeidirektion 4.14 – KR. A. 13. Vgl. dazu auch: Dirk Hemje-Oltmanns, Materielle Bedingungen der Entwicklung des Verhältnisses von Sozialreform und Revolution in Deutschland (1890-1924) unter besonderer Berücksichtigung der Bremer Werftarbeiterbewegung, München 1983, S. 136 f.

65 Friedhelm Boll, Spontaneität der Basis und politische Funktion des Streiks 1914-1918. Das Beispiel Braunschweig. In: Archiv für Sozialgeschichte, XVII. Jg./1977, S. 361.

66 Siehe den Bericht des Gemeindevorstehers in Friedrichsort an den Landrat in Eckernförde, 29.1.1918; LA Schleswig, Abt. 309, Nr. 8306.

67 Bericht des Gouverneurs Bachmann an den Staatssekretär des Reichsmarineamts in Berlin über den Streik in Kiel vom 25.-31. Januar 1918, 9.2.1918; BA-MA Freiburg, F 4453/MS. 7 a. 1 a, Bd. 1.

68 Polizeipräsident in Kiel an Regierungspräsident in Schleswig, 28.1.1918; LA Schleswig, Abt. 309, Nr. 8306.

69 Bericht des Gouverneurs Bachmann, 9.2.1918 (wie Anm. 67).

70 Ebd.

71 Abgedruckt in: Kieler Neueste Nachrichten Nr. 25 vom 30.1.1918. Ausschnitt in LA Schleswig, Abt. 309, Nr. 943.

72 Abschrift in: LA Schleswig, Abt. 309, Nr. 8306.

73 Polizeipräsident in Kiel an Regierungspräsident in Schleswig, 30.1.1918; LA Schleswig, Abt. 309, Nr. 8306.

74 Polizeipräsident in Kiel an Regierungspräsident in Schleswig, 1.2.1918; LA Schleswig, Abt. 309, Nr. 8306.

75 HE vom 29.1.1918; Überwachungsbericht über die Versammlung der Arbeiter von der Vulcan-Werft, 28.1.1918; StA Hamburg, Politische Polizei, S 20230-Deutschland.

76 Polizeibehörde Hamburg an stellvertretendes Generalkommando in Altona, 28.1.1918; StA Hamburg, Kriegsakten des Senats Dz 139.

77 HE vom 30.1.1918.

78 Überwachungsbericht über die Versammlung der Werftarbeiter, 29.1.1918; StA Hamburg, Politische Polizei, S 20230-Deutschland.

79 Abgedruckt in: HE vom 30.1.1918.

80 Ebd.

81 Aktennotiz der Fa. Blohm & Voss, 2.2.1918; StA Hamburg, Blohm & Voss Nr. 827.

82 Verfügung des stellvertretenden Generalkommandos vom 29.1. 1918 in: StA Hamburg, Senatskommission für die Justizverwaltung IEb. 14 a. 14, Vol. I.

83 StA Hamburg, Politische Polizei, S 20510-Hamburg-Conv. 3.

84 Verordnung des Stellvertrenden Generalkommandos vom 29.1. 1918, im Anhang zum Bericht von Falks an den Obermilitärbefehlshaber vom 3.2.1918; BA-MA Freiburg F 5473/Ef. 928, Bd. 2.

85 Vgl. Notiz des Polizeipräsidenten Stürken, 30.1.1918; StA Hamburg, Politische Polizei, S 20510-Hamburg-Conv. 3.

86 Vgl. das Verzeichnis des Polizeiinspektors Droessler vom 30.1. 1918; StA Hamburg, Politische Polizei, S 20510-Hamburg-Conv. 3. – Übersicht über Verlauf und Umfang der Streiks vom 25.1. bis 2.2. in den hauptsächlichen Werftbetrieben; BA-MA Freiburg F 4453/ MS. 7 b. 1 a., Bd. 1.

87 HE vom 31.1.1918; Überwachungsbericht über die Versammlung der streikenden Arbeiter Hamburgs, 30.1.1918; StA Hamburg, Politische Polizei, S 20230-Deutschland.

88 Siehe den Bericht von Martin Wulf in: Neustädter Feldpost, Nr. 60, 16.2.1918.

89 Bericht der Polizeibehörde Hamburg, 30.1.1918; StA Hamburg, Politische Polizei, S 20510-Hamburg-Conv. 3.

90 Polizeiliche Meldungen über den Stand der Streikbewegung, 31.1. 1918; BA-MA Freiburg, F 4453/MS. 7 b. 1 a, Bd. 1.

91 HE vom 1.2.1918.

92 Vgl. Königlich Preußische Gesandtschaft an Graf von Hertling, 1.2.1918; Politisches Archiv des Auswärtigen Amtes Bonn (AA), Deutschland Nr. 152, Bd. 4.

93 General-Anzeiger für Hamburg-Altona vom 1.2.1918.

94 Polizeidirektion Bremen an die Polizeikommission des Senats, 31.1. 1918; StA Bremen, Senatsregistratur 3 – M.2.h.2. Nr. 71.

95 Bremer Bürgerzeitung (BBZ) vom 1.2.1918.

96 Abgedruckt in: Ebd. – Das Streikprogramm des Groß-Berliner Arbeiterrats in: Deutschland im Ersten Weltkrieg, Bd. III, S. 150 f.

97 Telegramm des Bremer Senats an das Reichsamt des Innern, 31.1. 1918; StA Bremen, Senatsregistratur 3 – M.2.h.2. Nr. 71.

98 Polizeidirektion Bremen an Polizeikommission des Senats, 2.2.1918: Danach streikten auf der AG Weser am 2.2. noch 3239, bei den Atlas-Werken noch 15 und den Hansa-Lloyd-Werken noch 500 Arbeiter. StA Bremen, Senatsregistratur 3 – M.2.h.2. Nr. 71.

99 Vgl. Erhard Lucas, Die Sozialdemokratie in Bremen, S. 96.

100 Aktennotiz der Fa. Blohm & Voss, 2.2.1918, über ein Telefonat mit

dem Direktor der AG Weser, Dr. Tetens; StA Hamburg, Blohm & Voss Nr. 827.

101 BBZ vom 2. 2. 1918.

102 Ebd.

103 Auszug aus dem Senatsprotokoll, 5.2.1918; StA Bremen, Senatsregistratur 3 – M.2.h.2 Nr. 71.

104 Rundschreiben des stellvertretenden Generalkommandos Altona, 25.2.1918, LA Schleswig Abt. 309, Nr. 943.

105 BBZ vom 4.2.1918.

106 Vgl. Polizeipräsident Stürken an Kommandantur in Altona, 6.2.1918; StA Hamburg, Politische Polizei, S 20510-Hamburg-Conv. 3.

107 Vgl. Volker Ullrich, Die Hamburger Arbeiterbewegung. Bd. 1, S. 404 ff.

108 Abgedruckt u. a. in: Dokumente und Materialien zur Geschichte der deutschen Arbeiterbewegung. Reihe II. Bd. 2, Berlin/DDR 1958. S. 67 ff.

109 Vgl. Bericht des Polizeipräsidenten Stürken an die Senatskommission für die Reichs- und auswärtigen Angelegenheiten, 9.2.1918; StA Hamburg, Politische Polizei, S 20510-Hamburg-Conv. 3.

110 Vgl. Erhard Lucas, Die Sozialdemokratie in Bremen, S. 96.

111 Siehe Dirk Dähnhardt, Revolution in Kiel, S. 34.

112 Lothar Popp, Ursprung und Entwicklung der Novemberrevolution 1918, S. 7.

113 Ebd.

114 Bericht des Gouverneurs Bachmann vom 15.2.1918; BA-MA Freiburg, F 4453/MS. 7 b. 1 a, Bd. 1.

115 Die Tatsache eines „Kurierdienstes" der USPD zwischen Bremen, Hamburg und Kiel während des Januarstreiks bestätigt Meta Marr (geb. Heberlein), die seinerzeit Kassiererin des Kreisvereins der USPD in Hamburg-Altona war (Meine Erinnerungen an Alfred Henke. Unveröffentlichtes Manuskript, Hamburg 1966, S. 2).

116 Aufzeichnung des Wachtmeisters Piper, 28.1.1918; StA Hamburg, Politische Polizei, S 20510 Hamburg-Conv. 3.

117 Verhandlungen der Bremischen Bürgerschaft vom Jahre 1918, Bremen 1918, S. 66 (Protokoll der Sitzung vom 27.2. 1918).

118 Bericht des Gouverneurs Bachmann vom 9.2.1918; BA-MA Freiburg, F 4453/MS. 7 b. 1 a, Bd. 1.

119 Königlich Preußische Gesandtschaft von Graf von Hertling, 29.1. 1918; AA Bonn, Deutschland Nr. 152, Bd. 4.

120 Lothar Popp, Ursprung und Entwicklung der Novemberrevolution 1918, S. 7 f.

121 Bericht des Gouverneurs Bachmann vom 9.2.1918; BA-MA Freiburg, F 4453/MS. 7 b. 1 a, Bd. 1.

122 Gewerberat Dr. Rasch an Polizeipräsident Stürken, 29.1.1918; StA Hamburg, Kriegsakten des Senats Dz 139.

123 22. Bericht des Hamburger Gewerkschaftskartells. Geschäftsjahr 1918, Hamburg 1919, S. 9.

124 Ebd.

125 Vgl. etwa die Äußerung des Gewerkschaftsbeamten Blecke: „Ich verstehe die höhnischen Zwischenrufe nicht, die sich gegen uns als Gewerkschaftsbeamte richten." Überwachungsbericht über die Versammlung der Arbeiter von der Vulcan-Werft, 28.1.1918; StA Hamburg, Politische Polizei S20230-Deutschland.

126 Siehe besonders den Artikel im HE vom 30.1.1918.

127 HE vom 31.1.1918.

128 General-Anzeiger für Hamburg-Altona vom 31.1.1918.

129 Bericht des Gouverneurs Bachmann vom 9.2.1918; BA-MA Freiburg, F 4453/MS. 7 b. 1 a, Bd. 1.

130 Vgl. Lothar Popp, Ursprung und Entwicklung der Novemberrevolution 1918, S. 8.

131 Aufzeichnungen der Zivilschutzmänner Sakowski und Christensen, 30.1.1918; StA Hamburg, Politische Polizei, S 20510-Hamburg-Conv. 3.

132 Aufzeichnung des Polizeiwachtmeisters Steinhoff, 6.7.1918; StA Bremen, Senatsregistratur 3 – M.2.h.2. Nr. 71.

133 Vgl. Rundschreiben der linksradikalen Hamburger Jugend, 1.2.1918: „Diese frisch-fröhliche Wiedervereinigung (von USPD und MSPD – V. U.) hat jetzt den neuen Verrat besiegelt." (Kopie im Besitz des Verfassers).

134 Bericht des Gouverneurs Bachmann vom 9.2.1918; BA-MA Freiburg, F 4453/MS. 7 b. 1 a, Bd. 1.

135 Stellvertretender kommandierender General von Falk an Obermilitärbefehlshaber 11.2.1918; BA-MA Freiburg F 5473/ Ef. 928, Bd. 2.

136 Militärische Leitung der Werften an den Polizeioberst Niemann, 4.2.1918; StA Hamburg, Politische Polizei, S 20510-Hamburg-Conv. 3.

137 Aufzeichnung des Wachtmeisters Piper vom 25.2.1918; ebd.

138 Verhandlungen der bremischen Bürgerschaft vom Jahre 1918, S. 67.

139 Aktennotiz der Fa. Blohm & Voss vom 2.2.1918.

140 Königlich Preußischer Gesandter an Graf von Hertling, 18.2.1918; AA Bonn, Deutschland Nr. 122, Bd. 5.

141 StA Hamburg, Blohm & Voss Nr. 827.

142 Polizeipräsident in Kiel an Regierungspräsident in Schleswig, 4.2. 1918; LA Schleswig, Abt. 309, Nr. 8306.

143 Polizeipräsident in Kiel an Regierungspräsident in Schleswig, 19.2., 28.2.1918; LA Schleswig Abt. 309, Nr. 943.

144 Vgl. Statistik des Kriegszustandsgerichts; StA Hamburg, Senatskommission für die Justizverwaltung IEb. 14 a, Vol.1.
145 Siehe dazu oben S. 101 f.
146 Polizeidirektion Bremen an die Polizeidirektion Braunschweig, 4.7. 1918, Nieders. StA Wolfenbüttel 133 Neu Nr. 2253.
147 Brief Martin Wulfs vom 5.7.1918 in: Neustädter Feldpost Nr. 72 vom 3.10.1918.
148 Bericht des Gouverneurs Bachmann, 15.2.1918; BA-MA Freiburg, F 4453/MS. 7 b. 1 a, Bd. 1.

Kapitel VIII

1 Vgl. Volker Ullrich, Als der Thron ins Wanken kam. Das Ende des Hohenzollernreiches 1890-1918, Bremen 1993, S. 159 ff.
2 Monatsbericht des Kriegsversorgungsamts, 24.7.1918; StA Hamburg, Kriegsversorgungsamt I a 19b, Bd. 2.
3 Monatsbericht des Kriegsversorgungsamts, 24.8.1918; ebd.
4 Monatsbericht des Kriegsversorgungsamts, 24.9.1918; ebd.
5 Bericht des Schutzmanns Buse, 8.8.1918; StA Hamburg, Politische Polizei, Abl. 38 Nr. 49.
6 Vgl. Wilhelm Deist, Verdeckter Militärstreik im Kriegsjahr 1918? In: Wolfram Wette (Hrsg.), Der Krieg des kleinen Mannes. Eine Militärgeschichte von unten, München/Zürich 1992, S. 146-167. – Zahlreiche Dokumente in Bernd Ulrich/Benjamin Ziemann: Frontalltag im Ersten Weltkrieg, Frankfurt a.M. 1994, bes. S. 177 ff.
7 Zitiert nach Jörg Berlin (Hrsg.), Die deutsche Revolution 1918/19. Quellen und Dokumente, Köln 1979, S. 110.
8 Zitiert nach Leo Stern (Hrsg.), Auswirkungen. Bd. IV, S. 1668.
9 Überwachungsbericht über die Delegiertenversammlung der Landesorganisation der SPD Hamburgs, 21.10.1918; StA Hamburg, Politische Polizei, Nr. 880 Vers., Bd. II.
10 HE vom 9.10.1918.
11 Vgl. dazu oben S. 87 ff.
12 Vgl. zum folgenden Dirk Dähnhardt, Revolution in Kiel, S. 53 ff.
13 Wilhelm Dittmann, Erinnerungen. Bearb. und eingel. von Jürgen Rojahn. Bd. 2, Frankfurt a.M./New York 1995, S. 550.
14 Ebd., S. 552. – Vgl. zum folgenden Volker Ullrich, Die Hamburger Arbeiterbewegung. Bd. 1, S. 619 ff.
15 Paul Neumann, Hamburg unter der Regierung des Arbeiter- und Soldatenrats, Hamburg 1919, S. 6 f.
16 Abdruck der Proklamation in: Ebd., S. 8.

17 HE vom 7.11.1918.

18 Vgl. die Vorgänge in StA Hamburg, Kriegsakten des Senats Xw.

19 HE vom 7.11.1918.

20 Ebd.

21 Vgl. dazu oben S. 103.

22 Dieser Vorwurf spiegelt sich auch noch in der sehr kritischen Beurteilung Laufenbergs durch Rudolf Lindau wider: Rudolf Lindau, Während der Novemberrevolution in Hamburg. In: Vorwärts und nicht vergessen. Erlebnisberichte aktiver Teilnehmer der Novemberrevolution 1918/19, Berlin 1958, S. 257.

23 Abgedruckt in Paul Neumann, Hamburg unter der Regierung des Arbeiter- und Soldatenrats, S. 25. – Vgl. auch Protokoll der 5. Sitzung der Exekutive, 12.11.1918; StA Hamburg, Arbeiter- und Soldatenrat 1, Bd. 1, T. 1.

24 Abgedruckt in Paul Neumann, Hamburg unter der Regierung des Arbeiter- und Soldatenrats, S. 31.

25 HE vom 2.1.1919.

26 HE vom 11.1.1919.

27 Vgl. das Wahlresultat in: Sozialdemokratischer Verein für das hamburgische Staatsgebiet. Jahresbericht der Landesorganisation für die Geschäftsjahre 1914 bis 1919, Hamburg 1920, S. 40.

Ausgewählte Literatur

Autorenkollektiv (Hrsg.): Deutschland im Ersten Weltkrieg, 3 Bde., Berlin/DDR 1968/69

Ay, Karl-Ludwig: Die Entstehung einer Revolution. Die Volksstimmung in Bayern während des Ersten Weltkriegs, Berlin 1968

Berlin, Jörg: Die Arbeiterbewegung in den Küstenstädten der Nordsee zwischen Ems und Elbe am Vorabend des Ersten Weltkriegs bis zum Ausbruch der Revolution 1918/19, Phil. Diss. Hamburg 1981

Berliner Geschichtswerkstatt (Hrsg.): August 1914: Ein Volk zieht in den Krieg, Berlin 1989

Bieber, Hans-Joachim: Gewerkschaften in Krieg und Revolution. Arbeiterbewegung, Industrie, Staat und Militär in Deutschland 1914-1920, 2 Bde., Hamburg 1981

Boll, Friedhelm: Massenbewegungen in Niedersachsen 1906-1920. Eine sozialgeschichtliche Untersuchung zu den unterschiedlichen Entwicklungstypen Braunschweig und Hannover, Bonn 1981

Cattaruzza, Marina: Arbeiter und Unternehmer auf den Werften des Kaiserreichs, Stuttgart 1988

Dähnhardt, Dirk: Revolution in Kiel. Der Übergang vom Kaiserreich zur Weimarer Republik 1918/19, Neumünster 1978

Daniel, Ute: Arbeiterfrauen in der Kriegsgesellschaft. Beruf, Familie und Politik im Ersten Weltkrieg, Göttingen 1989

Dittmann, Wilhelm: Erinnerungen. Bearbeitet und eingeleitet von Jürgen Rojahn, 3 Bde., Frankfurt am Main/New York 1995

Eildermann, Wilhelm: Jugend im Ersten Weltkrieg. Tagebücher, Briefe, Erinnerungen, Berlin/DDR 1972

Engel, Gerhard: Die politisch-ideologische Entwicklung Johann Kniefs (1880-1919), Phil. Diss. Berlin/DDR 1967

Evans, Richard J. (Hrsg.): Kneipengespräche im Kaiserreich. Stimmungsberichte der Hamburger Politischen Polizei 1892-1914, Reinbek bei Hamburg 1989

Faust, Manfred: Sozialer Burgfrieden im Ersten Weltkrieg. Sozialistische und christliche Arbeiterbewegung in Köln, Essen 1992

Feldman, Gerald D.: Armee, Industrie und Arbeiterschaft in Deutschland 1914 bis 1918, Berlin/Bonn 1985

Gailus, Manfred (Hrsg.): Pöbelexzesse und Volkstumulte in Berlin. Zur Sozialgeschichte der Straße (1830-1980), Berlin 1984

Gay, Peter: Kult der Gewalt. Aggression im bürgerlichen Zeitalter, München 1996

Geinitz, Christian: Kriegsfurcht und Kampfbereitschaft. Das Augusterlebnis in Freiburg. Eine Studie zum Kriegsbeginn 1914, Essen 1998

Gerlach, Hellmut von: Die große Zeit der Lüge. Der Erste Weltkrieg und die deutsche Mentalität (1871-1921). Hrsg. von Helmut Donat und Adolf Wild, Bremen 1994

Hagener, Edith: „Es lief sich so sicher an Deinem Arm." Briefe einer Soldatenfrau 1914, Weinheim/Basel 1986

Hirschfeld, Gerhard/Krumeich, Gerd /Renz, Irina: Keiner fühlt sich mehr als Mensch... Erlebnis und Wirkung des Ersten Weltkriegs, Essen 1993

Hirschfeld, Gerhard / Krumeich, Gerd / Langewiesche, Dieter / Ullmann, Hans-Peter: Kriegserfahrungen. Studien zur Sozial- und Mentalitätsgeschichte des Ersten Weltkriegs, Essen 1997

Kachulle, Doris (Hrsg.): Die Pöhlands im Krieg. Briefe einer Arbeiterfamilie aus dem 1. Weltkrieg, Köln 1982

Kocka, Jürgen: Klassengesellschaft im Krieg. Deutsche Sozialgeschichte 1914-1918, Göttingen 1973

Krause, Hartfried: USPD. Zur Geschichte der Unabhängigen Sozialdemokratischen Partei Deutschlands, Frankfurt/M. 1975

Kruse, Wolfgang: Krieg und nationale Integration. Eine Neuinterpretation des sozialdemokratischen Burgfriedensschlusses 1914/15, Essen 1993

Kruse, Wolfgang (Hrsg.): Eine Welt von Feinden. Der Große Krieg 1914-1918, Frankfurt am Main 1997

Kuckuck, Peter: Bremen in der deutschen Revolution 1918-1919. Revolution, Räterepublik, Restauration, Bremen 1986

Kundrus, Birthe: Kriegerfrauen. Familienpolitik und Geschlechterverhältnisse im Ersten und Zweiten Weltkrieg, Hamburg 1995

Lucas, Erhard: Die Sozialdemokratie in Bremen während des Ersten Weltkriegs, Bremen 1969

Michalka, Wolfgang (Hrsg.): Der Erste Weltkrieg. Wirkung, Wahrnehmung, Analyse, München 1994

Miller, Susanne: Burgfrieden und Klassenkampf. Die deutsche Sozialdemokratie im Ersten Weltkrieg, Düsseldorf 1974

Moring, Karl-Ernst: Die Sozialdemokratische Partei in Bremen 1890-1914. Reformismus und Radikalismus in der Sozialdemokratischen Partei Bremens, Hannover 1968

Paasche, Hans: „Ändert Euren Sinn!" Schriften eines Revolutionärs. Hrsg. von Helmut Donat und Helga Paasche (= Schriftenreihe Geschichte & Frieden, Bd. 2), Bremen 1992

Retzlaw, Karl: Spartakus. Aufstieg und Niedergang. Erinnerungen eines Parteiarbeiters, Frankfurt am Main 1971

Roerkohl, Anne: Hungerblockade und Heimatfront. Die kommunale Lebensmittelversorgung in Westfalen während des Ersten Weltkriegs, Stuttgart 1991

Scholze, Siegfried: Die Entwicklung der revolutionären deutschen Arbeiterjugendbewegung von der Jenaer Osterkonferenz 1916 bis zum Internationalen Jugendtag im September 1917, Phil. Diss. Greifswald 1968

Schwarz, Klaus-Dieter: Weltkrieg und Revolution in Nürnberg. Ein Beitrag zur Geschichte der deutschen Arbeiterbewegung, Stuttgart 1971

Stöcker, Michael: Augusterlebnis 1914 in Darmstadt. Legende und Wirklichkeit, Darmstadt 1994

Ullrich, Volker: Die Hamburger Arbeiterbewegung vom Vorabend des Ersten Weltkriegs bis zur Revolution 1918/19, 2 Bde., Hamburg 1976

Ullrich, Volker: Kriegsalltag. Hamburg im Ersten Weltkrieg, Köln 1982

Ullrich, Volker: Als der Thron ins Wanken kam. Das Ende des Hohenzollernreiches 1890-1918, Bremen 1993

Ullrich, Volker: Die nervöse Großmacht. Aufstieg und Untergang des deutschen Kaiserreichs 1871-1918, Frankfurt am Main 1997

Ulrich, Bernd: Die Augenzeugen. Deutsche Feldpostbriefe in Kriegs- und Nachkriegszeit 1914-1933, Essen 1997

Ulrich, Bernd/Ziemann, Benjamin (Hrsg.): Frontalltag im Ersten Weltkrieg. Wahn und Wirklichkeit. Quellen und Dokumente, Frankfurt am Main 1994

Wette, Wolfram (Hrsg.): Der Krieg des kleinen Mannes. Eine Militärgeschichte von unten, München/Zürich 1992
Wieland, Lothar: Die Verteidigungslüge. Pazifisten in der deutschen Sozialdemokratie 1914-1918 (= Schriftenreihe Geschichte & Frieden, Bd. 9), Bremen 1998
Ziemann, Benjamin: Front und Heimat. Ländliche Kriegserfahrungen im südlichen Bayern 1914-1923, Essen 1997

Bildnachweis

Staatsarchiv Hamburg
S. 122 (oben), 124, 125, 126, 128, 129 (oben), 130 (unten), 134 (unten), 135, 136, 137, 138 (oben), 139, 141 (unten), 142 (unten), 143

Museum für Hamburgische Geschichte
S. 130 (oben und Mitte), 131 (unten), 132, 133 (oben rechts), 138 (unten), 144

Hamburger Bibliothek für Sozialgeschichte
und Arbeiterbewegung
S. 121 (oben), 123

Gedenkstätte Ernst Thälmann, Hamburg
S. 121 (unten)

Archiv Donat Verlag
S. 122 (unten), 126, 129, 131 (oben), 133 (oben links), 133 (unten), 134 (oben), 140 (oben), 141 (oben), 142 (oben)

Bibliographische Notiz

Einige Beiträge dieses Buches sind bereits als Aufsätze in Zeitschriften oder Sammelbänden veröffentlicht worden, und zwar:

Kapitel 2:
Internationale wissenschaftliche Korrespondenz zur Geschichte der Arbeiterbewegung, 28. Jg. (1992), S. 210-222.
Kapitel 3:
Jahrbuch des Archivs der Jugendbewegung, Bd. 14 (1982/83), S. 29-46.
Kapitel 5:
Zeitschrift des Vereins für Hamburgische Geschichte, Bd. 79 (1993), S. 133-162.
Kapitel 6:
Karsten Linne/Thomas Wohleben (Hrsg.): Patient Geschichte. Für Karl Heinz Roth, Frankfurt am Main 1993, S. 80-99.
Kapitel 7:
Zeitschrift des Vereins für Hamburgische Geschichte, Bd. 71 (1985), S. 45-74.

Die Beiträge wurden für diese Publikation überarbeitet und auf den neuesten Stand gebracht.

Die im Buch zitierten unveröffentlichten Quellen stammen – sofern sie sich nicht im Privatbesitz des Verfassers befinden – aus folgenden Archiven: Staatsarchiv Hamburg; Staatsarchiv Bremen; Landesarchiv Schleswig; Staatsarchiv Hannover; Niedersächsisches Staatsarchiv, Wolfenbüttel; Bundesarchiv-Militärarchiv, Freiburg; Archiv der sozialen Demokratie, Bonn; Archiv des Auswärtigen Amtes, Bonn; Internationales Institut für Sozialgeschichte, Amsterdam; Archiv der Parteien und Massenorganisationen der DDR im Bundesarchiv, Berlin.

Personenregister

Das Register hat Sergio Hoffmann erstellt.